이제 몸을 챙깁니다

바디풀니스, 진정한 나로 살기 위한 첫걸음

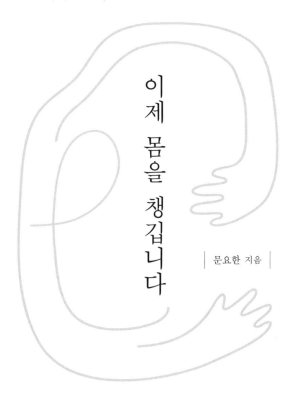

이제 몸을 챙깁니다

문요한 지음

해냄

몸과 함께 살아가는 삶으로

오래전 일입니다. 처음으로 정신과의원을 개원하고 얼마 되지 않아 정신 건강 관련 강의를 나간 적이 있습니다. 시민을 대상으로 한 강의는 처음이라 잔뜩 긴장했습니다. 분위기를 부드럽게 할 마음으로 청중에게 질문을 던졌습니다.

"마음이 어디에 있습니까?"

많은 사람들은 심장 주변을 가리켰고, 어떤 사람들은 머리를 가리켰습니다. 저는 머리를 가리키며 우리는 마음이 가슴에 있다고 착각하지만 사실 마음이란 뇌의 화학작용이라고 이야기했습니다.

너무 단호하게 이야기를 했을까요? 순간 정적이 흘렀습니다. 마음이 가슴에 있다고 대답한 사람들 심정은 어땠을까요? 마음이 가슴에 있다고 대답한다면 그것은 틀린 것일까요?

마음이 힘들거나 아프면 머리도 무겁지만 팔다리에 힘이 없고, 어깨가 처집니다. 입맛도 없고, 가슴도 답답하며, 눈도 뜨고 싶지 않습니다. 마음이 이렇게 온몸에 있다는 것을 우리는 실제 몸으로 느끼고 사는데 마음이 머리에만 있다니요?

그 시절에 저는 마음이 몸과 별개라고 생각했고, 몸은 뇌의 통제를 받는 부속기관 정도로 여겼습니다. 그렇게 생각했으니 몸에 대해서는 기본적인 관심조차 갖지 않았습니다.

도대체 그랬던 사람이 왜 몸에 대한 책을 쓰게 되었을까요? 그것도 정신과의사가 말이지요.

돌아보면 제가 몸을 외면했던 시간은 꽤 뿌리가 깊습니다. 어려서부터 몸이 약하고 운동을 못했기에 몸을 쓰는 활동을 자연스럽게 피해 다녔습니다. 아이들과 공을 차기보다 혼자 책을 보는 시간이 많았습니다. 청소년기가 되자 '나는 누구인가?' '어떻게 살아야 하는가?'라는 고민을 책상에 앉아 했고, 책에서 답을 찾으려고 했습니다. 대학 시절 내내 삶은 버겁고 고민은 끊이지 않아 정신과를 선택했습니다. 그 후로는 더욱더 머리로만 살았습니다. 하루 종일 진료실에 앉아 상담했습니다.

그렇게 마흔 중반이 되었습니다. 중년은 몸의 이상 신호와 함께 시작되었습니다. 위장 장애가 심해졌고, 콜레스테롤 수치가 올라가고, 한 번씩 가슴의 격통이 나타났습니다. 당장 생활하는 데 문제가 없었기에 대수롭지 않게 생각했습니다. 많은 일을 해내는 것이 유능함이라고 여겼던 터라 몸을 돌보는 것은 늘 순위 밖이었습니다.

2013년부터는 부쩍 몸이 무겁고 피곤해졌습니다. 앉았다 일어설 때마다 한숨이 나왔습니다. 휴식 시간을 늘려도 마찬가지였습니다. 집중도 잘 되지 않아 상담 시간에 다른 생각에 빠져 상담 내용을 놓치는 경우가 한두 번이 아니었습니다.

그러다가 그해 여름에 너무 생생한 꿈을 꾸었습니다. 길을 걷는데 몸이 말을 듣지 않았습니다. 자꾸 비틀거렸습니다. 옆 사람에게 내 몸이 왜 이러느냐고 묻고 싶었지만 말이 나오지 않았습니다. 이내 길에서 고꾸라졌습니다.

장면은 바뀌어 저는 병원 중환자실에 누워 있었습니다. 아내와 아이들이 저를 보며 울고 있었습니다. '난 괜찮아. 울지 마!'라고 말 하려는데 목소리가 나오지 않고 손가락 하나도 움직일 수 없었습니다. 그 상황이 너무 답답하고 슬퍼서 울고 싶은데 울음조차 가슴에 걸려 올라오지 않았습니다. 꿈속의 저는 전신마비 상태였습니다.

그러다가 꿈에서 깼습니다. 순간 막혔던 울음이 가슴 밑둥치에서부터 터져나왔습니다. 꿈이라는 것을 알았지만 한동안 울음이 멈춰지지 않았습니다. 며칠째 그 꿈과 함께 살았습니다. 그 꿈은 머리라는 극장에서 상영되었지만 그 꿈을 만든 것은 제 몸이었습니다. 몸은 그 꿈을 통해 몸을 외면하는 제게 심각한 경고를 보내주었습니다. 삶을 전면적으로 수정하지 않는다면 정말 그렇게 될 것 같았습니다.

고민 끝에 긴 휴식을 갖기로 했습니다. 미래의 은퇴 후 시간을 미리 대출받아 쓰고 천천히 갚기로 마음먹었습니다. 자발적 안식년을 갖게 된 것입니다. 그 시간 동안 주로 여행을 다녔습니다. 사실 그것은 머리가 아니라 몸의 결정이었습니다. 몸이 원해서 길 위에 섰고, 몸이 "이제 됐다!"고 이야기를 할 때쯤 여행은 끝이 났습니다.

그 시간 동안 머리는 잠잠해지고 몸이 깨어났습니다. 몸의 감각이 깨어나자 삶의 속도가 조절되었고, 삶의 현재성을 회복할 수 있었습니다. 밥을 먹을 때 밥에, 대화를 나눌 때 대화에, 길을 걸을 때 제 몸에 마음이 함께 했습니다. 몸이 있는 곳에 마음이 함께 머무른 것입니다. 가분수 같은 머리로 사는 삶이 뒤집어지고 진분수 같은 몸으로 사는 삶을 보냈습니다.

몸의 깨어남은 여행이 끝난 뒤로도 이어졌습니다. 수시로 몸에 주의를 기울이게 되고, 몸과 이야기를 나누게 되었습니다. 이는 식습관을 비롯한 생활습관의 변화로 이어졌습니다. 운전을 하거나 대중교통을 이용하는 대신 걸어 다녔고, 습관적으로 먹던 밥과 국 대신 채소와 과일을 먹게 되었고, 일상에서 몸의 자세와 움직임을 느끼며 일상 활동을 운동으로 여기게 되었습니다.

치유에 대한 관점도 달라졌습니다. 언어로 하는 상담을 벗어나 몸을 통한 마음의 치유와 훈련에 관심을 갖게 되었습니다. 신체 심리학 이론과 소매틱스(somatics) 프로그램 등을 접하고 이를 일상에서 좀더 쉽게 접근할 수 있도록 '치유 걷기'나 '몸챙김 프로그램' 등을 만들었습니다.

이제 몇 년 동안 펼쳐온 몸으로의 여정을 한 권의 책에 담았습니다. 이 책은 몸의 감각을 깨워 몸과 마음을 연결시키고 몸을 통해 건강뿐 아니라 마음과 삶을 돌보기를 권하는 몸의 심리학입니다.

물론 시중에는 건강과 관련된 책들이 수도 없이 많고, 우리 시대의 몸에 대한 관심은 아주 뜨겁습니다. 각종 뷰티 산업은 불황을 모른 채 성장하고, 사람들은 의료인 뺨칠 정도로 온갖 의학 정보를 꿰차고 있고, 정기적인 검진으로 병을 초기에 찾아내어 치료하고, 몸에 좋다는 음식과 약품을 먹고, 많은 시간과 돈을 들여 운동을 하고 외모를 관리합니다.

그러나 이러한 몸 열풍에도 불구하고 우리 몸은 더욱 소외되어 가고 있습니다. 과거에 몸은 그냥 몸이었다면, 이 시대의 몸은 그 자체로 하나의 자본이자 권력이며, 자기 관리의 증표입니다. 형식적으로는 계급과 신분이 사라진 이 시대에 자동차, 아파트 혹은 출신 대학 등이 자신을 드러내는 새로운 신분재(身分財) 역할을 하고 있다면, 그 중에서 가장 두각을 나타내는 것은 바로 '몸'입니다.

몸은 언제 어디서나 내가 어떤 사람인지를 드러내고 있습니다. 소고기에 등급이 매겨지는 것처럼 우리 사회에서는 몸에 암묵적인 등급이 매겨집니다. '예쁘고 젊고 건강하게 보이는 몸'만이 가치 있는 이 사회에서 '추하고 늙고 병든 몸'은 설 자리가 없습니다. 사회적 지위를 뜻하는 '신분(身分)'이라는 한자처럼 정말 '몸이 나뉘는' 사회가 된 것입니다.

몸이 권력이 된 사회에서 몸은 그 고유성과 전체성을 잃고 자기과시의 수단이 되거나 반대로 자기혐오의 대상이 됩니다. 그렇기에 누군가는 몸에 고통을 줄 정도로 몸을 관리하고, 누군가는 몸을 방치할 정도로 함부로 대하는 극과 극의 모습이 공존합니다. 그러나 양상은 다르지만 몸과 마음이 단절되어 있다는 점에서는 다를 게 없습니다.

몸에 지나치게 신경을 쓰든 방치하든 사람들은 정작 일상에서 몸을 잘 느끼지 못합니다. 위장은 배가 부르다고 신호를 보내는데 계속 음식을 먹는다거나, 몸은 아프다는 신호를 보내는데 계속 무시하고 일이나 운동을 하거나, 체력은 10분 뛰는 것조차 버거운데 머리로는 두 시간을 뛰어야겠다고 계획하거나, 몸은 상대와 있는 게 싫은 데 웃으며 긴 대화를 나누고 있습니다. 이런 몸과 마음의 단절이야말로 심각한 자기 분열이며, 현대인들의 심신을 교란시키는 가장 큰 원인입니다.

이제 우리의 몸과 마음은 만나야 합니다. 우리는 몸에 기반을 두고 살아가야 합니다. 몸과 마음이 연결될 때 '몸뚱이'가 아니라 '몸'이 될 수 있습니다. 그것이 동물의 몸뚱이와 다른 인간의 몸입니다.

이를 위해 우리는 일상에서 몸을 챙겨야 합니다. 그것이 이 책의 주제입니다. 다만 이 책에서 말하는 '몸챙김(bodyfulness)'은 건강을 챙기는 것을 넘어섭니다. 몸과 함께 살아가는 것을 말합니다. 이 '몸챙김'이라는 말 속에는 '몸존중(body-esteem)' '몸자각(body-awareness)' 그리고 '몸돌봄(body-care)'의 세 가지 의미가 담겨 있습니다.

한마디로 '몸챙김'이란 '순간순간 따뜻한 주의를 몸에 기울이는 것'을 말합니다. 내 몸을 삶의 동반자로 여기고 일상생활 속에서 내 몸이 어떻게 느끼고 무엇을 경험하는지를 잘 알아차려 몸에 기반하여 살아가는 것입니다.

놀랍게도 몸에 대한 자각은 심신의 건강과 생활 습관의 개선은 물론 삶의 풍요로움으로 우리를 이끕니다. 몸에 주의를 기울이는 것은 굳어버린 뇌와 의식을 깨우는 지름길이기 때문입니다.

그렇다고 마음이 중요하지 않다는 의미가 아닙니다. 이 책에서 말하는 '몸'은 마음의 상대어가 아니라 '마음이 깃든 몸(mindful body)'이기 때문입니다. 그에 비해 '몸챙김'의 상대어인 '몸놓침 (bodylessness)'은 '마음이 깃들지 않은 몸(mindless body)'을 뜻합니다. 즉, 몸을 느끼지 못하며 살아가는 것을 말합니다.

이 책에서도 편의상 몸과 마음을 구분해서 사용할 때가 있지만 사실 우리의 마음은 온몸에 걸쳐 있습니다. 우리는 당연히 뇌를 두개골 안의 신경조직이라고 생각하지만 뇌는 온몸 구석구석에 퍼져 있습니다. 몸, 뇌, 마음이라는 말은 인간을 보다 잘 이해하기 위해 구분한 것일 뿐, 실제로는 통합적으로 기능하고 있습니다.

생명의 역사가 이를 말해 줍니다. 먼 옛날 세포가 모여 몸이 되었고, 몸에 신경이 만들어지며 능동적인 움직임이 시작되었고, 그 신경이 중추와 말초로 분화되면서 뇌가 출현했으며, 뇌가 진화하면서 의식이 나타났습니다.

물론 인간의 의식은 자기를 초월하고 우주를 품을 정도로 광대무변하지만, 기본적으로 뇌와 마음은 몸을 돕기 위해 만들어진 몸의 일부라고 볼 수 있습니다. 몸은 단지 뇌와 마음의 하부기관이 아니라 그 뿌리입니다.

그렇기에 우리 몸은 삶의 중심이며 세계와 관계 맺고 자기를 이해하는 근본적인 기반입니다. 머리로 자기를 이해하고 세상을 살아가면 혼란스럽지만, 몸을 잘 느끼고 살아가면 삶은 보다 간결해집니다.

몸챙김이 이루어지면 마음챙김(mindfulness)이 이루어지고, 마음챙김이 이루어지면 삶챙김(lifefulness)이 이루어집니다.

이 책을 쓰는 동안 저를 낳아준 아버지는 담도암으로 세상을 떠났습니다. 아버지는 한 인간의 '죽어감(dying)'을 통해 많은 이야기를 들려주었습니다. 그 이야기들이 있었기에 이 책은 더욱 온기를 띠었고 생명력이 풍부해졌습니다.

끝으로 아주 긴 시간 동안 이 책을 함께 만들어온 해냄출판사 이혜진 편집주간과 박신애 팀장에게 감사드립니다. 우리는 '몸 심리학'이라는 미지의 땅을 향해 긴 항해를 함께 했습니다.

그리고 책이 출간되기 전에 원고를 살펴보고 좋은 의견들을 보내주신 분들이 있습니다. 중간에 길을 잃기도 해서 생각보다 많은 시간이 걸렸지만 이제 그 긴 여정이 일단락되었습니다. 그분들이 있었기에 무사히 닻을 내릴 수 있었습니다. 감사합니다.

2019년 가을
문요한

7 몸이 깨어나면 삶이 깨어납니다

일러두기

본문에서는 모두 당사자의 동의를 구한 사례를 수록하였고, 사례자를 보호하기 위해 가명으로 표기하는 등 몇 가지 사항을 변경했습니다.

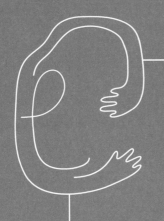

1장

지금,
당신의 몸은
어디에 있나요?

1

"아플 시간도 없습니다"

대형 회계 법인에서 근무하는 40대 초반의 회계사 지훈 씨는 얼마 전 응급실에 실려 갔습니다. 팀원들과 회식을 끝내고 일어서는데 머리가 핑 돌며 정신을 잃고 쓰러졌습니다. 지훈 씨는 심한 빈혈 상태였는데, 입원을 해서 수혈을 받아야 할 정도였습니다. 빈혈의 원인은 위궤양으로 인한 만성 출혈이었습니다.

빈혈이 있을 정도로 출혈이 지속되었는데도 지훈 씨는 이를 모른 채 일에 파묻혀 있었던 것입니다. 그냥 가끔씩 속이 불편하고 어지러웠을 뿐입니다. 병원에 달려온 지훈 씨의 아내가 울면서 물었습니다.

"아니, 이렇게 될 때까지 왜 이야기를 안 했어? 아픈 줄도 몰랐어? 아프면 아프다고 말을 해야지."

왜 아픈 것도
잘 몰랐을까?

사실 지훈 씨 자신도 매우 놀랐습니다. 아니, 당혹스러웠습니다. 그렇게 심각하게 몸이 아플 줄은 생각하지 못했기 때문입니다.

'아니, 몸이 이렇게 될 때까지 도대체 나는 뭘 하고 있었던 거지?'

생각해 보니 종종 소화도 잘 되지 않고 한번씩 명치 쪽이 쓰리듯 아팠습니다. 최근 들어서는 종종 일어설 때 어지러움도 느꼈습니다. 그러나 그 정도는 직장생활 하는 사람들이라면 누구나 달고 사는 위장병과 피곤함이라고 생각했습니다. 또한 아직 40대 초반이니 건강에 문제가 없을 것이라고 생각했습니다.

위장의 출혈은 잘 멎지 않았습니다. 수술을 해야 할지도 몰라 입원 기간은 늘어났습니다. 그는 너무 답답했습니다. 늘 일 속에 파묻혀 있다가 한가롭게 병실에 누워 있으니 마음이 편하지 않았습니다.

지훈 씨는 오히려 몸에 대해 원망하는 마음이 들었습니다. 한창 바쁜 시기에 말썽을 피우는 몸에게 화가 났습니다. 그러나 시간이 지날수록, 몸에게 화를 내고 있는 자신이 이상하게 느껴졌습니다.

돌아보면 그는 회사에 들어온 이후 지금까지 제대로 쉰 적이 없습니다. 이끌어줄 만한 선배도 없는 지방대 출신이어서 자신의 힘으로 임원이 되고 싶었습니다. 새벽까지 일을 하느라 회사에 간이침대를 놓고 잠을 잔 적도 한두 번이 아니었습니다. 보란 듯이 성공하고 싶었고, 그렇게 열심히 사는 것을 삶에 대한 열정이라고 자부해 왔습니다.

주변에서는 그런 지훈 씨를 보며 건강 좀 챙기라고 말했지만 그는 한 귀로 흘렸습니다. 그럴 때마다 "아플 시간도 없어"라고 대답했습니다.

돌아보니 자신이 몸에게 화를 낼 것이 아니라 몸이 자신에게 화를 내야 하는 상황이었습니다. 정말 몸을 혹사시켰다는 생각이 들었습니다.

그는 자신이 나쁜 마부처럼 느껴졌습니다. 좋은 마부는 말이 짊어질 수 있는 적당한 짐을 실어 나르게 하고, 말의 상태를 잘 살펴가며, 말이 잘 쉬고 잘 먹도록 합니다. 자신의 생계를 책임지는 말이 고맙기 때문에 한 생명으로 대하고 잘 보살핍니다.

그러나 나쁜 마부는 눈앞의 이익에 욕심을 냅니다. 말에게 적절한 양보다 늘 더 많은 짐을 실어 나르게 하고, 먹이나 휴식조차 제대로 주지 않고 일을 시킵니다. 당장 몇 푼의 돈이라도 더 벌기 위해서입니다.

그뿐 아닙니다. 말이 힘들어서 제대로 걷지 못하거나 아프면, 말에게 채찍질을 합니다. 걷지 못할수록 더 세게 후려칩니다.

그 끝은 무엇일까요? 말이 쓰러지고 병들고 죽는 것입니다. 나쁜 마부에게 말은 그냥 돈벌이 수단에 불과합니다. 말이 쓰러지면 다른 건강한 말을 사버리면 그뿐입니다.

지훈 씨는 한마디로 나쁜 마부였습니다. 몸이 어떤 상태인지는 알려고도 하지 않았고 그저 많은 일을 시키는 데 급급했습니다. 그리고 이렇게 쓰러지고 난 뒤에도 미안함을 느끼기보다 몸을 원망했습니다.

'피로'를 넘어
'소진'으로

'대한민국은 피로공화국이다'라는 말이 있을 만큼 주변을 보면 늘 "피로해"라는 말을 달고 사는 이들이 많습니다. 오죽하면 전 세계에서 일본과 우리나라에서만 '과로사'라는 용어를 사용하고 있겠습니까. 정말 많은 사람들이 만성피로를 호소합니다.

그런데 사실 만성피로가 증상인지 질병인지 아직도 애매합니다. 미국질병통제예방센터는 1994년도에 만성피로에 대해 이렇게 정의 내린 바 있습니다.

> 설명되지 않는 피로가 6개월 이상 지속적 혹은 반복적으로 나타나거나, 현재의 힘든 일 때문에 생긴 피로가 아니며, 휴식으로 증상이 호전되지 않고, 직업·교육·사회·개인 활동이 증상이 나타나기 이전보다 실질적으로 감소해야 한다.

만성피로가 일반 피로와 본질적으로 다른 점은 현재의 일 때문에 생긴 피로가 아니며, 휴식으로도 증상이 호전되지 않는다는 사실입니다. 왜 그럴까요?

우리는 '피로'와 '피곤'이라는 단어를 섞어서 사용하지만 두 단어를 구분할 필요가 있습니다. 쉽게 말해 '피로(疲勞)'는 에너지가 일시적으로 고갈된 상태를 말합니다. 말 그대로 일을 많이 해서 지친 것입니다. 그에 비해 '피곤(疲困)'은 '괴로울 곤(困)'이라는 단어가 들어가 있습니다. '지친 것을 넘어 괴롭다'라고 할 만큼 피로가 축적된 상태를 말합니다. '곤(困)'이라는 글자처럼 마치 큰 나무가 작은 화분에 갇혀 있는 것처럼 꼼짝달싹할 수 없는 상태인 것이죠.

피곤은 피로보다 심하고 만성화된 상태로 '과로'에 '억압'이 더해질 때 나타납니다. 즉, 피로를 느끼고 쉬고 싶은데 제때 제대로 쉴 수 없고 계속 일을 해야 할 때 우리는 피곤해집니다.

누가 우리를 못 쉬도록 하는 것일까요? 과거 산업화 시대에는 공장 관리자의 통제 하에 하루 16시간 중노동에 시달렸던 시절이 있었습니다. 저임금에도 불구하고 먹고 살기 위해 잠 안 오는 약을 먹어가며 밤샘 작업을 해야 했습니다. 그러나 이는 옛날이야기입니다.

그럼, 지금은 누가 우리를 피곤하게 하는 것일까요? 그것은 바로 우리 자신입니다. 억압이 외부에서 주어질 때와 달리 내부에서 주어지면 착취는 더욱 심해집니다. 자신을 위해서 한다고 생각하기 때문입니다. 에너지가 고갈된 줄도 모르고 더욱 열심히 합니다. 그 끝은 무엇일까요? 질병 아니면 소진입니다.

'소진(消盡)'이라는 말은 '다 써서 없어짐'을 뜻합니다. 여기서 다 썼다는 것은 비상사태를 위해 꼭 남겨둬야 할 여분의 에너지까지 바닥이 난 상태를 말합니다. 자동차로 이야기하면 주유 경고등이 들어온 뒤에도 계속해서 운전하다 차가 멈춰서 버린 것입니다.

피로가 해소되지 않으면 피곤이 되고, 피곤이 해소되지 않으면 어느 순간 소진이 찾아옵니다. 소진은 단지 에너지의 고갈만을 의미하는 것이 아닙니다. 긴장과 이완, 일과 휴식, 피로와 활기 등 우리 몸의 고유한 생체리듬이 완전히 붕괴된 것을 의미합니다.

우리 몸은 자체적으로 회복과 치유 기능을 가지고 있지만 그 리듬이 완전히 고장 난 상태가 바로 소진입니다. 소진이 되면 아무리 쉬어도 쉰 것 같지가 않고, 뭘 해도 피곤하게 느껴집니다. 자기 착취의 끝이 바로 소진인 셈입니다. 여러분은 어떻습니까?

잘 느끼지 못하는 몸의 경고 신호들

예전에 제가 점심시간이면 자주 찾던 식당이 있었습니다. 60대 초반의 부부가 운영하는 곳인데 음식이 정갈하고 맛있어서 늘 단골손님으로 북적였습니다. 그 식당은 무려 20년 동안 설날과 추석날을 제외하고 매일 문을 열었습니다. 손님들은 그분들을 보며 성실한 분들이라고 칭찬했습니다.

그러던 어느 날이었습니다. 점심때 찾아갔는데 식당 문이 닫혀 있었습니다. '개인 사정으로 쉰다'는 종이 한 장이 붙어 있었습니다. 무슨 일이 생겼는지 궁금했습니다.

그 종이는 5일이 넘도록 붙어 있었습니다. 6일 째 되던 날에 문이 열렸습니다. 아주머니 혼자 계셨습니다. 아저씨가 갑작스럽게 쓰러져 심장마비로 돌아가셨다고 합니다. 뭐라고 드릴 말씀이 없었습니다.

이렇게 주변을 보면 갑자기 세상을 떠나는 이들이 있습니다. 의학적으로는 돌연사에 대한 정의와 통계가 정확하지 않지만, 일반적으로 '급성 심장정지로 인한 사망'을 돌연사라고 봅니다. 2017년 질병

관리본부 급성 심장정지 통계에 의하면 우리나라에서 한 해 동안 무려 1만 8,261명이 돌연사로 숨졌습니다. 이는 폐암이나 교통사고로 인한 사망자보다 더 많습니다. 이러한 돌연사의 원인은 심근경색증과 같은 심장 질환이 대부분입니다.

그런데 돌연사는 정말 갑작스럽게 찾아오는 것일까요? 실제 돌연사 중에는 아무런 사전 증상이 없이 갑작스럽게 심장이 멎는 경우도 있지만 절반 이상은 사전에 경고 증상이 있습니다. 많은 이들이 일상생활 중에 가슴이 크게 답답하거나 아픈 증상을 겪습니다.

그렇게 보면 이러한 몸의 소리에 귀를 기울이면 충분히 예방할 수 있는 경우가 꽤 많습니다. 우리 몸은 하루아침에 망가지지 않습니다. 자각증상이 전혀 없이 죽는 경우는 예외적인 경우이고, 대부분의 큰 병은 오기 전에 크고 작은 경고 신호가 있게 마련입니다.

그런데 생각보다 많은 사람들이 이러한 몸의 신호를 무시합니다. '별 거 아닐 거야'라고 몸의 신호를 차단하는 것입니다.

돌연사도 경고 증상을 무시하고 스스로 병을 키운 경우가 많습니다. 또한 지훈 씨처럼 잘 못 느끼는 경우도 많습니다. 몸에 아예 신경을 쓰지 않고 살면서 몸의 감각이 떨어져 있기 때문입니다.

과잉 경쟁의 사회에서 몸은 가장 먼저 희생이 됩니다. 우리는 몸이 고통을 느끼든 어떻든 별로 신경을 쓰지 않는 것은 물론, 목표 추구를 위해 최소한의 돌봄과 휴식조차 주지 않는 경우가 많습니다. 그것도 자기 스스로 말입니다.

2

"건강이요? 자신 있습니다"

요식업을 하는 40대 중반의 중현 씨는 날마다 운동을 합니다. 못하는 운동이 없을 정도입니다. 축구, 테니스, 배드민턴, 마라톤 등 여러 종목의 동호회 활동을 합니다. 마라톤 풀코스만 스무 번 넘게 완주했고, 조기 축구회에서는 자타가 인정하는 주 공격수입니다.

문제는 몸의 부상이 끊이지 않는다는 사실입니다. 여기저기 아프지만 특히 무릎이 좋지 않습니다. 과도한 운동으로 이미 무릎의 연골이 파열되어 한 차례 수술을 받은 적도 있습니다. 병원에 갈 때마다 운동량을 줄이고 무릎을 보호해야 한다는 경고를 자주 듣습니다.

그러나 늘 그때뿐입니다. 무릎 수술을 하고 퇴원했을 때에도 6개월 동안 축구와 마라톤은 하면 안 된다는 이야기 들었는데도 3개월도 채 되지 않아 다시 조기 축구회에 나갔습니다.

아내는 왜 그렇게 몸이 다칠 정도로 운동을 하는지 남편을 이해할 수가 없습니다. 그러나 중현 씨는 오히려 아내를 타박합니다. 게을러서 운동도 하지 않는 사람이 운동을 열심히 하는 자신에게 뭐라고 한다고 말입니다.

당신은 '운동 중독'입니다

아내의 걱정과 달리 중현 씨는 자신이 누구보다 건강하다고 자신합니다. 타고난 체력도 있는 데다가 매일 땀 흘려 운동을 하기 때문입니다. 중현 씨는 자기 또래와는 물론, 더 젊은 사람들과 시합을 해도 체력이나 기록에 있어 밀리지 않습니다. 마라톤 42.195킬로미터를 3시간 20분대에 주파합니다. 그것으로 만족을 못해서 2시간대로 주파하는 게 그의 꿈입니다.

주변에서는 이제 나이를 생각해서 조심하라고 하지만, 그는 몸이 마음먹기에 달려 있다고 생각합니다. 같은 나이라도 몸은 다 다르기에, 그는 자신의 신체 나이를 여전히 20대라고 여깁니다.

중현 씨는 몸이 힘들 때마다 어느 책에서 본 시인 에밀리 디킨슨의 문구를 떠올립니다.

"몸이 그대를 거부하면 몸을 초월하라."

중현 씨에게 몸은 초월의 대상입니다. 몸의 한계를 넘는 것은 자신의 한계를 넘는 것입니다. 그렇기에 계속 더 좋은 기록을 위해 운동을 합니다. 아픈 몸을 참아가면서 말이지요.

실제 운동선수와 무용수들 중에는 부상을 달고 사느라 일반인보다 더 아픈 사람들이 많습니다. 그렇게 아픈데도 참아가며 훈련을 하다가 큰 부상으로 이어지는 경우도 있습니다. 물론 직업이기에 불가피한 부상도 많지만, 정작 몸을 살피지 않은 채 기록과 성적에만 매달려 무리한 훈련을 강행한 결과인 경우도 많습니다. 결국 자신의 인생을 건 진로를 포기할 수밖에 없게 되는 안타까운 일이 벌어집니다.

아마추어들 역시 잦은 부상을 입는 사람들이 있습니다. 건강을 위해 운동을 시작했지만 자기도 모르게 기록과 승리, 혹은 몸 만들기에 매달리느라 정작 몸을 살피지 않기 때문입니다. 그리고 이들 중에는 운동 중독에 빠진 사람들이 많습니다. 운동의 양과 강도를 조절할 능력을 잃어버린 것입니다.

운동 중독에 빠진 이들의 운동은 강박적입니다. 하루에 정해진 운동량을 해내지 못하면 일이 손에 잡히지 않습니다. 일종의 금단 증상이 나타나는데, 무기력해지고, 짜증이 나며, 집중력이 떨어집니다.

진단 기준도 모호하고 정확한 통계도 없지만 2003년도 《한국체육학회지》에 실린 논문에 따르면 생활체육 참가자 1,121명 중 7.4퍼센트가 운동 중독이라는 조사결과가 있습니다. 실제 주변을 보면 꽤 많은 이들이 몸에 부상이 생길 정도로 지나친 운동을 하거나 몸에 주의를 기울이지 않은 채 기계적으로 운동을 하고 있습니다.

그러나 애주가와 알코올 중독의 구분처럼 건강한 운동과 운동 중독을 나누는 것은 사실 어렵습니다. 게다가 '자기 관리'의 시대라고 일컬어지는 오늘날, 운동 중독자들은 오히려 사람들의 관심과 존경을 받습니다. 매일 땀 흘리며 운동을 하고, 콜라병 같은 몸매를 유지하며, 탄탄한 근육질의 몸을 올리는 이들의 SNS에는 수많은 사람들의 찬사가 이어집니다.

그렇기에 이들은 스스로를 운동 중독이라고 생각하기는커녕 자기 관리를 잘하는 사람이라고 자부합니다. 그리고 자신의 몸을 사랑한다고 생각합니다.

사람들이 운동 중독에 빠지는 이유

그렇다면 왜 이렇게 자신의 몸을 해치면서까지 운동에 매달리는 것일까요? 보통 고강도 운동을 시작하고 40~50분이 경과하면 우리 몸에는 젖산과 같은 피로 물질이 쌓이기 시작합니다.

이로 인해 피곤과 통증을 느끼는데, 우리 몸에서는 이를 완화하기 위해 '베타-엔돌핀'과 '아난다마이드'라는 물질이 분비됩니다. 마약 성분과 비슷한 천연 마약이라고 할까요. 베타-엔돌핀은 직접적으로 쾌감을 주고, 아난다마이드는 뇌의 도파민 회로에 간접적으로 작용해 쾌감을 고양시킵니다.

즉, 격렬한 운동을 하면 우리 몸은 고통을 느끼고, 이때 베타-엔돌핀과 아난다마이드가 분비되어 진통 효과와 함께 쾌감을 느끼게 합니다. 운동 중독자들은 이 쾌락 물질을 탐닉합니다.

문제는 운동 중독 역시 다른 중독처럼 내성이 생긴다는 점입니다. 처음에는 소주 한 병 정도면 기분이 좋았던 사람이 알코올 중독이 되면 점점 내성이 생겨 두 병, 세 병으로 자꾸 음주량이 늘어납니다. 이처럼 운동 중독 역시 내성이 생깁니다.

결국 스스로 몸을 해치는 정도까지 운동을 해야만 비로소 쾌감을 느끼는 상태가 됩니다. 중현 씨는 이를 자기 극복이라고 이야기하지만 그것은 극복이 아니라 중독입니다.

운동 중독에 빠진 이들에게 운동은 약이 아니라 독입니다. 그들은 단순히 운동을 많이 하는 것이 아니라 몸의 고통을 늘려가며 운동을 많이 하게 됩니다. 또 운동으로 다른 삶의 영역이 활기를 띠는 게 아니라 오히려 다른 삶의 영역은 계속 황폐화됩니다.

중현 씨의 경우는 가게 일에 열중해야 할 때도 종업원에게 맡기고 운동을 하러 가고, 일주일에 하루 쉬는 일요일마다 동호회 모임에 가느라 가족들과의 관계는 계속 악화되어 가고 있습니다.

중현 씨처럼 주위에 운동에 중독된 사람들이 꽤 있지만, 그렇더라도 '운동 중독'이라는 말은 조심스럽게 사용해야 합니다. 누구나 격렬한 운동을 한다고 해서 쾌감을 느낄 만큼 호르몬이 분비되는 것은 아닙니다. 중독에 취약한 유전적 성향이 존재합니다.

심리적인 요인도 작용합니다. 완벽주의 혹은 강박적인 성격, 섭식 장애를 가지고 있는 사람들이 운동 중독에 빠지기 쉽습니다.

특히 자기과시의 욕구가 강한 사람들이 운동 중독에 잘 빠집니다. 이들은 몸을 돌보기 위해서가 아니라 자신이 남들보다 뛰어나다는 것을 입증하기 위해 몸에 무리를 주면서까지 운동을 합니다. 그렇기에 끊임없이 운동하는 사진을 찍고 SNS에 올립니다. 또한 운동을 하며 늘 내기를 하거나 어떻게든 시합에 이기려고 하고, 몸을 해치면서까지 기록 경신이나 몸 만들기에 목을 맵니다.

과도한 운동과 몸 가꾸기는 이 시대의 나르시시즘을 드러내는 대표적인 자기 몰두 증상입니다. 중현 씨 역시 마찬가지입니다. 그는 끊임없이 자신이 능력 있는 사람이라는 것을 주위 사람들에게 보여주기를 원합니다. 그에게 자신을 과시할 수 있는 가장 좋은 방법이 운동이었던 셈입니다.

3

"내 몸이 너무 싫어요"

대학원 박사과정에 다니고 있는 30대 초반의 희영 씨는 지금까지 안 해 본 다이어트가 없습니다. 어떻게 보면 수십 번의 다이어트가 다 실패했다고 볼 수 있습니다. 그럼에도 그녀는 희망을 놓지 않습니다.

그녀는 고등학교 3학년 때 57킬로그램까지 늘었던 체중을 대학교 1학년 때 44킬로그램까지 뺐던 체중으로 돌아가기를 원합니다. 44킬로그램을 유지한 몇 개월 동안은 정말 자신감이 충만했습니다. 그러나 그 이후로 한 번도 그 체중 근처에 도달한 적이 없습니다. 오히려 폭식증이 생겨 지금은 종종 60킬로그램을 넘어설 때도 있습니다.

그녀의 체중은 지그재그입니다. 정신없이 폭식증이 이어지다가 어느 순간 큰 결심을 하고 극단적인 다이어트를 해서 단기간에 체중을 줄입니다. 그러나 이제 그녀의 체중은 점점 늘어만 가고 있습니다.

희영 씨는 오늘도 옷장을 열어봅니다. 그녀의 옷장에는 대학교 1학년 때 입었던 청바지를 비롯한 작은 치수의 옷이 그대로 있습니다. 이미 30대 초반의 나이가 되었지만 그 옷을 볼 때마다 꼭 그 체중으로 돌아가겠다는 결심을 합니다.

몸무게에 따라
요동치는 기분

평소 희영 씨의 체중은 50킬로그램 초중반입니다. 그녀는 하루에도 수시로 몸무게와 음식량을 점검합니다. 아침에 일어나자마자 저울로 올라갑니다. 몸무게에 따라 하루 기분이 좌우됩니다.

궁극적 목표는 다시 44킬로그램이 되는 것이지만 단기적으로는 48킬로그램 아래입니다. 드물긴 하지만 다이어트를 통해 몸무게가 48킬로그램 미만이면 하루 종일 기분이 좋고, 그 이상이면 기분이 상합니다.

자기 인식 또한 몸무게에 따라 달라집니다. 몸무게가 48킬로그램 미만이면 그녀는 자신을 '괜찮은 사람'이라고 여깁니다. 48킬로그램이 넘으면 '별 볼 일 없는 사람'이 되고, 50킬로그램이 넘어서면 '형

편없는 사람'이 됩니다.

체중은 그녀의 삶 전반에 영향을 미칩니다. 그녀의 활동량과 대인관계 시간도 달라집니다. 48킬로그램이 넘어가면 외부활동이 줄어들고, 특히 50킬로그램이 넘어서면 중요한 일이 아니고서는 바깥출입을 잘 하지 않습니다. 자신감이 확 꺾여버리는 것입니다.

그러다가 독한 마음을 먹고 하루에 1,000칼로리 정도로 식단을 엄격하게 제한하며 다이어트를 합니다. 한 달에 8~10킬로그램의 체중 감량이 목표입니다.

문제는 지속성입니다. 늘 처음 시작은 거창하지만 갈수록 위태로워지다가 어느 순간 무너져 내립니다. 최근에는 한 달을 넘기는 것도 쉽지 않습니다. 한번 무너지면 그 순간은 이성이 없는 사람처럼 미친 듯이 먹습니다. 남들이 보면 같은 사람이라고 믿을 수 없을 정도입니다. 견과류 개수까지 세며 먹던 사람이 피자 한 판과 케이크 하나를 정신없이 먹어치우기 때문입니다.

그렇게 정신없이 먹고 나면 그런 자신이 너무나 혐오스럽습니다. 아무도 만나고 싶지 않습니다. 결국 죄책감을 못 이겨 일부러 손가락을 넣어 음식물을 토해냅니다. 그렇게 한동안 폭식과 구토를 반복합니다.

희영 씨는 10대 후반부터 20대를 거쳐 오늘까지 몸과 전쟁을 벌이느라 시간을 다 보냈습니다. 그녀가 이루고자 했던 통역사의 꿈은 사라져버렸습니다. 그렇다고 자신의 몸이 더 마음에 들도록 바뀐 것도 아닙니다.

그녀에게 남은 것은 자신의 몸에 대한 혐오뿐입니다. 게다가 폭식과 잦은 구토로 인해 식도염과 구내염 등 여러 가지 몸의 이상이 나타나고 있습니다. 과연 시간이 지나면 희영 씨는 자신이 원하는 몸을 가질 수 있을까요?

'헛된 희망 증후군'이 되어버린 다이어트

우리 사회는 한편에서는 눈만 뜨면 음식을 권하는 자극이 넘쳐나고, 다른 한편에서는 한 달에 10킬로그램 빼기와 같은 극단적인 다이어트 정보가 넘쳐납니다. 사람들은 양쪽의 자극에 끌려 다니다가 실컷 먹고 후회하고, 또 죽어라고 살을 뺍니다. "살 빠졌네!"가 최고의 칭찬이 되는 이 시대에 어떤 모임에서든 다이어트 이야기는 빠지지 않습니다.

이제는 남녀 할 것도 없이 심지어 유치원생까지도 다이어트를 합니다. 이름도 다 기억할 수 없을 만큼 수많은 다이어트 비법이 쏟아지고 있습니다.

그런데 이상하지 않습니까? 세상에는 왜 이렇게 많은 새로운 다이어트 비법이 끊임없이 나오는 것일까요? 만약 다이어트가 대부분의 사람에게 달성할 수 없는 과업이거나 오히려 해로운 것이라면 어떨까요?

1971년부터 미국의 과학 전문 기자로 활약해 온 지나 콜라타(Gina Kolata)는 자신의 책 『사상 최고의 다이어트』에서 이렇게 이야기합니다. 지난 20년간 다이어트에 대한 취재 결과 모든 다이어트는 효과가 없다는 것입니다. 단기간의 급격한 다이어트 프로그램은 말할 것도 없고, 장기간의 프로그램도 마찬가지입니다.

콜라타는 모든 사람에게 적용되는 지속적이고, 실질적인 체중 감량을 할 수 있는 다이어트 프로그램을 찾기 어렵다고 말합니다. 미국 펜실베이니아에서는 2년 동안 식사 일기를 쓰고, 운동을 했던 다이어트 참가자들을 대상으로 연구가 이루어졌습니다. 이 참가자들 역시 프로그램이 끝나고 거의 전부 다이어트 이전의 체중이나 그 이상의 체중으로 돌아가고 말았습니다.

사람들은 다이어트를 통해 건강과 음식에 대한 더 많은 지식을 얻고, 자신이 무엇을 먹는지에 대해 더 민감하게 신경을 쓰지만 결국 체중 감량에 실패하고 만 것입니다.

그럼 어떻게 해야 하는 것일까요? 콜라타는 이 책을 통해 다이어트를 하기보다 '자신의 몸이 허락하는 적정체중'을 찾으라고 말합니다. 그녀는 사람들이 다이어트에 실패하는 것은 '자기 몸이 일상적으로 허락할 수 없는 체중까지 애써 내려가려고 하기 때문'임을 강조합니다.

콜라타는 결국 모든 다이어트가 '헛된 희망 증후군'과 같다고 이야기합니다. 즉, 사람들은 흔히 자신의 행동이 실제보다 더 빨리, 더 큰 규모로, 더 쉽게 변할 수 있다고 착각합니다. 그래서 작고 부분적인 변화를 토대로 단계적으로 나아가기보다 전면적 변화를 빠르고 쉽게 얻어내려고 한다는 것입니다. 이러한 비현실적 목표는 역효과를 일으키고 실패할 수밖에 없습니다.

문제는 '헛된 희망 증후군'을 가지고 있는 사람들이 실패를 해석하는 방식입니다. 이들은 실패의 원인을 비현실적인 목표와 조급한 과정에서 찾는 것이 아니라, 자신의 의지나 방법, 혹은 환경의 문제로 해석합니다. 결심을 더 강하게 하고 새로운 방법을 통하면 성공할 것이라는 또다른 착각에 빠져 악순환을 반복하는 것입니다.

실제로 이러한 '헛된 희망 증후군'을 부추기는 것이 미디어와 다이어트 산업입니다. 거의 모든 다이어트 프로그램은 '당신이 아직 다이어트에 성공하지 못한 것은 이 방법을 만나지 못했기 때문'이라고 홍보합니다.

이는 유지 불가능한 체중과 비현실적인 몸매에 대한 환상을 부추기는 우리 사회의 문제입니다. 즉, 많은 사람들이 희망하는 이상적인 체중이나 몸매는 엄청난 노력을 기울이더라도 도달하기 어렵고, 설사 도달한다고 하더라도 일시적일 뿐입니다.

오히려 그 과정에서 극단적인 다이어트 자체가 폭식의 원인이 되어 수많은 식이 장애 환자를 양산하고 맙니다. 왜냐하면 우리의 의지력은 정신적 자원이 아니라 근력과 비슷하기 때문입니다. 운동을 잘 하겠다고 결심한다고 해서 근력이 갑자기 커지는 것이 아닌 것처럼 결심을 크게 한다고 해서 의지력이 생겨나는 것이 아닙니다.

그러나 다이어트를 하는 사람들은 무리한 목표를 세우고 단기간에 의지력을 다 소진해 버리기 때문에 결국 기본적인 자기 조절조차 못하고 폭식으로 빠져들 수밖에 없습니다.

내 몸은
몇 점일까?

다이어트에 실패하는 이들일수록 끊임없이 자신의 몸에 점수를 매기고 이 점수를 높이기 위해 노력합니다. '내 얼굴은 몇 점일까?' '내 몸매는 몇 점일까?' 우리는 자신도 모르게 거울을 보며 자신의 얼굴이나 몸에 점수를 매기고 있습니다.

이는 자신의 몸을 상품으로 취급하는 것과 흡사합니다. 영국 출신의 팝가수 제시 제이는 〈프라이스 태그〉라는 노래를 통해 현대인들은 스스로 자신에게 가격표를 붙이고 하나의 상품처럼 취급한다고 꼬집은 바 있습니다.

그 결과는 무엇일까요? 자기 고유의 가치와 느낌을 잃어버리고 남들의 마음에 들도록 몸을 다듬고 고치는 것입니다. 문제는 외모가 중요해질수록 우리가 몸에 바라는 기대 점수는 높아지고 실제 몸에 대해 매기는 점수는 낮아진다는 사실입니다.

만약 자신의 몸 점수를 낮게 평가한다면 우리는 몸을 어떻게 대할까요? 몸은 점점 부끄러움의 대상이 되고 심한 경우 혐오의 대상이 됩니다. 그렇기에 어떻게든 몸을 바꾸려고 합니다. 과연 수치심이나 혐오감에 기초한 몸 가꾸기가 잘 될까요? 부모 자식 간의 관계로 빗대어 생각해 볼 수 있습니다. 만약 어떤 부모가 자식이 너무 마음에 안 들어서 자신의 마음에 들게 바꾸려고 한다면 자녀와의 관계가 어떻게 될까요?

다이어트가 실패로 돌아가는 것은 기본적으로 우리가 몸을 함께 살아가야 할 동반자로 보지 않고, 단지 고쳐야 할 대상으로 보기 때문입니다. 자기 사랑이 아닌 자기혐오에 바탕을 두고 이루어진 다이어트는 실패할 수밖에 없습니다.

물론 수치심, 분노 그리고 혐오와 같은 부정적인 에너지로도 우리는 변화할 수 있습니다. 하지만 그러한 변화와 성취는 지속되지 못하고 결국 자신까지 파괴시키고 맙니다. 사랑과 존중 그리고 수용에 바탕을 둔 변화만이 자신과 조화를 이루고 지속될 수 있습니다.

그렇다면 우리는 자신의 몸에 점수를 매기지 않을 수 있을까요? 그 습관의 뿌리가 너무 깊어 좀처럼 쉽지 않습니다. 그러나 몸과의 관계 자체를 회복한다면 불가능한 것은 아닙니다. 그리고 몸을 바라보는 태도가 바뀐다면 그 기준이 보다 더 유연해질 수도 있습니다.

언젠가 '치유 걷기'를 진행할 때의 일입니다. '치유 걷기'는 땀 흘려 걷거나 많이 걷는 것을 중요하게 여기지 않습니다. 땅과 발이 만나고 관절과 근육이 움직이는 감각을 느끼고, 자신의 리듬에 따라 걷는 것을 배우는 시간입니다.

그럼에도 사람들은 끊임없이 주변 사람들의 동작과 자세를 살펴보고 자신을 평가합니다. '남들은 어떻게 걷지?' '내 걸음이나 동작은 몇 점이지?' '내가 잘 하는 것일까?'를 계속 의식합니다. 그렇기에 '치유 걷기'를 시작할 때 신신당부를 합니다.

"이 프로그램에는 정답이나 점수라는 게 없습니다. 잘하고 못하고가 없습니다. 어떻게 걸어야 한다는 정해진 규칙이 있지 않습니다. 굳이 규칙이 있다면, 스스로 몸을 느끼고 자신에게 활력을 주는 움직임을 스스로 찾아가는 것입니다. 그러므로 남들과 비교하지 마시고 자신의 몸이나 동작에 점수를 매기지 마십시오. 자신의 몸 내부로 따뜻한 주의를 기울이면 됩니다."

물론 이러한 습관이 하루아침에 사라지지 않습니다. 사람들은 금세 잊고 또다시 자신에게 점수를 매기고 다른 사람들을 곁눈질합니다.

그러나 '치유 걷기'를 하는 동안 몸은 '비추어지는 몸'에서 '느끼는 몸'으로 전환됩니다. 시간이 지날수록 자신의 몸 안에 주의를 기울이고 자신의 몸과 이야기를 나누고 몸과 친해지게 됩니다.

몸과 친해지면 어떻게 될까요? 사람들은 누군가와 친해질 때 자꾸 만나고 싶고, 무언가를 같이 하고 싶고, 좋은 것을 나누어주고 싶습니다. 몸과 친해지면 우리는 몸에 해로운 행동을 멈추고 몸을 알고 싶어 하고 몸에게 친절을 베풀게 됩니다.

4

"진짜 원하는 것이
무엇인지 모르겠어요"

주부인 정현 씨는 백화점에서 산 카디건을 걸치고 동창 모임에 나 갔습니다. 그런데 한 동창이 마음에 들었는지 그녀에게 한번 입어 봐도 되느냐고 물었습니다. 그녀는 흔쾌히 옷을 벗어 친구에게 주었 습니다. 친구는 거울 앞에서 옷을 입어보더니 너무 마음에 들어했 습니다. 그러자 옆에 있는 또다른 친구가 "그 카디건은 너한테 더 잘 어울리네" 하며 거들었습니다.

순간 정현 씨는 표정이 굳어졌습니다. 하지만 반사적으로 애써 웃 었습니다. 옷을 입어본 친구는 더더욱 기분이 좋아 보였습니다. 정 현 씨는 '저렇게 마음에 들어하는데 입으라고 줘야 하나!'라는 생각 이 들었습니다. 그래서 자기도 모르게 "네 마음에 들면 너 줄게. 난 또 사면 돼!"라고 해버렸습니다.

친구는 잠시 주저하다가 생각지도 못했던 선물을 받았고, 다른 친구들은 그녀의 마음 씀씀이에 칭찬을 아끼지 않았습니다. 그녀도 덩달아 정신없이 웃고 떠들다가 집으로 돌아왔습니다.

가짜 웃음,
마음에도 몸에도 없는 말

그러나 친구들과 헤어지고 난 뒤로 정현 씨는 계속 소화가 안 되고 속이 더부룩했습니다. 사실 그녀는 카디건을 친구에게 주고 싶지 않았습니다. 자신에게도 마음에 든 옷이었습니다. 자신의 카디건을 입은 친구에게 또다른 친구가 예쁘다고 말할 때 질투를 느꼈습니다. 자신이 입었을 때는 아무 이야기도 않다가 친구가 입은 모습을 보고 예쁘다고 하니 기분이 상한 것입니다.

그러나 정현 씨는 자신도 모르게 굳은 얼굴을 감추고 웃었습니다. 무의식적으로 질투하는 모습을 내보이고 싶지 않았던 것 같습니다. 그 웃음은 물론 가짜 웃음이었습니다. 억지웃음만으로는 부족했다고 느꼈는지 마음에도 없는 주겠다는 이야기를 내뱉고 말았습니다.

만일 그때 그녀가 사람들의 시선이나 생각이 아니라 자신의 몸에 느껴지는 불편한 감각에 주의를 기울였다면 굳이 카디건을 주지 않았을 것입니다. 감정은 몸의 감각을 통해 나타나기 때문입니다. 몸은 그녀의 마음이 어떤지를 잘 알려주고 있었지만 그녀는 몸을 무시하고 머리로 판단하고 행동했습니다.

진실한 마음은 어디에 있을까요? 몸일까요? 머리일까요? 마음과 몸은 나눌 수 없으며 마음은 온몸에 있습니다. 그러나 굳이 이야기하자면 마음은 몸에 기반을 두고 있습니다. 그렇기에 자신의 마음을 알려면 몸을 살펴야 합니다.

한자로 '腸(장)'이라는 말은 소화기관인 '창자' 즉, 소장과 대장을 말합니다. 그러나 한자 사전을 보면 놀랍게도 '마음'이라는 뜻이 함께 있습니다. 창자가 곧 마음이라니요?

이때 마음이란 몸과 유리된 마음이 아니라 몸에서 우러나는 참된 마음을 뜻합니다. 즉, 속마음을 말합니다. '腸'은 '衷(속마음 충)'과 같은 의미입니다.

우리는 누군가 형식적이거나 건성으로 하는 이야기에 대해 '영혼 없는 말'이라고 표현하지만 이는 사실 '몸에 없는 말' 혹은 '창자에 없는 말'을 의미합니다.

그러나 몸과 괴리된 채 머리로만 살아가는 현대인들은 점점 생각으로 빠져듭니다. 특히 인간관계는 더욱 그렇습니다. '자신에게 도움이 되느냐, 나를 싫어하면 어쩌나' 하는 생각에 따라 몸과 정반대의 판단과 표현도 서슴지 않습니다.

몸은 상대를 거부하는데도 반갑다며 웃고, 몸은 배가 고픈데도 '배 안 고파'라고 이야기하고, 몸은 피곤한데도 '재밌어'라고 합니다. 물론 관계를 위해 이 정도의 표현은 거짓말이라기보다 상대에 대한 배려일 수 있습니다.

그러나 머리로 살아가는 게 익숙해지면 우리는 점점 몸의 느낌과 감각을 잃어버리고 생각이나 표현을 자신의 감정으로 착각합니다. '열정적으로 살아야 해'라는 강박을 진짜 열정이라고 착각하고, '이 정도 조건이면 행복하지'라는 생각을 진짜 행복이라고 착각합니다.

실제로 원하는 것과 원한다고 생각하는 것

많은 사람들이 원하는 삶을 살고 싶어 하지만 정작 자신이 무엇을 원하는지를 잘 알지 못합니다. 이를 잘 안다고 했던 사람이라도 막상 원하는 것을 이루고 나면 허탈함을 느끼는 경우도 많습니다. 음악을 하면 행복할 것이라고 생각했지만 막상 음악을 하는데도 전혀 행복을 느끼지 못할 수 있습니다.

'실제 원하는 것'과 '원한다고 생각하는 것'은 다른 것이기 때문입니다. 왜 그럴까요?

우리가 정말 원하는 것은 몸의 능동적 참여를 필요로 합니다. 음악을 하고 싶어 음악을 하는데 몸은 연습실에 가는 것을 힘들어하고 귀찮아한다면 그것은 내가 진정으로 원하는 것이 아닙니다. 단지 원한다고 생각했던 것뿐입니다.

몸에 기반을 두고 몸과 머리가 조화를 이루면 자연스럽고 에너지가 흐르지만, 머리가 앞장서서 몸을 끌고 가면 우리 내면은 뒤죽박

죽이 되기 쉽습니다.

예를 들어 직장생활을 오래 하다가 퇴직을 앞둔 분들 중에 귀농을 하면 행복할 것이라고 생각했지만 막상 귀농을 해서 후회하는 사람들도 많습니다. 머리로는 자연 속에 사는 것이 좋겠다고 생각했지만 평생 나무 한 그루 자신의 손으로 제대로 키워본 적 없는 사람이 막상 감당해야 할 고충은 한두 가지가 아니기 때문입니다.

왜 자신의 욕구를 잘 모를까요? 그것은 사회 생활을 하는 동안 자신의 감정과 욕구를 감춰왔기 때문입니다. 특히 직장인들은 속마음을 감추고 표정을 관리하며 사는 게 습관이 되어 있습니다.

이처럼 감정 억압이 지속되면 감정 지각 능력은 크게 떨어집니다. 그것은 무난한 직장생활을 보장해 주지만 반대로 자신이 무엇을 좋아하고 무엇을 싫어하는지 알려주는 감정에 대한 자기 이해 기능까지 퇴화시키고 맙니다.

어떤 사람들은 분노처럼 조직 생활에 영향을 주는 감정만 참았다고 생각할지 모르지만 감정은 선택적으로 억압되지 않습니다. 불쾌한 감정을 누르면 불쾌한 감정만 억압되는 것이 아니라 유쾌한 감정도 함께 억압되게 마련입니다. 화를 억누른다면 기쁨도 잘 느낄 수 없는 법입니다.

이러한 감정 억압은 몸의 억압을 통해 이루어집니다. 몸으로 전해오는 감정의 신호들, 즉 신체감각을 차단해야 하기 때문입니다. 그러므로 감정 억압이 큰 사람들일수록 신체감각을 지각하는 능력이 떨어져 있습니다. 이들은 호흡이나 심박동의 변화, 근육의 긴장, 몸의 열감 등 신체의 변화를 잘 느끼지 못하기에 자신의 감정을 잘 인지하지도 분류하지도 못합니다.

미국 UCLA 데이비드 게펜 의대의 에머런 메이어 박사는 뇌와 장의 상관관계를 선도적으로 연구하고 있습니다. 그는 저서 『더 커넥션』에서 신체감각과 정서 지능의 상관관계를 연구한 결과를 소개합니다.

실험에서는 17명의 남녀를 뇌 스캐너에 눕힌 뒤에 헤드폰을 씌우고 왼손 중지에는 심박동을 측정하는 장치를 부착합니다. 그리고 헤드폰으로 열 번의 기계음을 여러 세트 들려주는데 기계음의 리듬이 자신의 심박동의 리듬과 일치하는지를 응답하게 했습니다.

물론 기계음은 심박동과 일치하기도 하고 벗어나기도 합니다. 4명은 정확히 맞췄고, 2명은 자신의 심박동을 전혀 느낄 수 없었으며, 나머지는 그 사이에 분포했습니다.

이 실험 중에 자신의 심박동을 느끼려고 한 모든 참가자들은 우측 섬엽(신체 내부 감각을 느낄 때 활성화되는 뇌의 부위)이 활발하게 움직였지만 잘 맞추는 사람일수록 활성도가 높았습니다. 신체감각의 인식에 있어 우측 섬엽이 중요한 역할을 한다는 것을 알 수 있습니다. 그리고 심박동의 리듬을 잘 맞춘 사람들일수록 자신의 감정 상태를 잘 파악했습니다.

여러분은 자신의 심박동을 느낄 수 있나요? 1분에 몇 번 심장이 뛸까요? 대다수 사람들은 주의를 기울여도 심박동을 느끼지 못합니다. 맥박을 짚어서 재보라고 하면 어디에 손을 대야 할지 모르는 사람도 많습니다.

그뿐 아니라 흥분되는 상황에서 자신의 심박동이 빨라졌다는 것도 알아차리지 못하는 사람이 많습니다. 그만큼 우리가 몸을 느끼지 못하고 살아간다는 증거입니다.

몸을 억압하면서
우리는 어른이 된다

어른이 되면서 잃어버린 것은 많습니다. 그중에 하나는 몸입니다. 우리는 매일 몸과 함께 살아가지만 특별히 아플 때를 제외하면 몸의 존재를 잊고 살아갑니다. 내 몸이 어떤 자세로 있고 어떻게 움직이고 있는지 느끼지 못합니다. 특히 어릴 때 몸이 약했거나 운동을 못하거나 외모에 대한 콤플렉스가 심한 사람은 더욱 몸의 감각이 떨어집니다.

그렇다면 우리는 왜 몸의 감각을 잘 느끼지 못할까요? 문명이란 것 자체가 몸의 억압에 기반을 두고 세워진 것이기 때문입니다. 인간은 아주 짧은 시간 동안 몸으로 세상을 배울 뿐, 세 살이 넘으면 본격적으로 몸이 억압됩니다.

세 살이라고 이야기한 것은 그 시기를 전후로 배변 훈련이 이루어지기 때문입니다. 야생동물은 대소변을 참지 않습니다. 동물들은 똥오줌이 마려우면 그냥 쌉니다. 심지어 조류는 대소변을 저장할 직장이나 방광조차 없습니다. 그러나 인간은 일정한 시기가 되면 대소변을 조절하는 훈련을 받습니다. 물론 이는 자기 조절의 원천이 되며 인간 사회로 편입하기 위한 필수적인 관문입니다.

아이가 사회에 편입되면 몸의 억압은 더욱 거세집니다. 몸으로 배우는 것은 줄어들고 머리로 배우는 것이 늘어납니다. 몸에 대한 수많은 규칙과 금기가 주어집니다.

이 규칙과 금기들은 교육이라는 이름으로 행해집니다. 큰 소리로 떠들면 안 되고, 수업 시간에는 돌아다니면 안 되며, 엎드리거나 드러누워서도 안 됩니다. 졸려도 깨어 있어야 하고, 배고픔도 참아야 하며, 화장실에 가고 싶어도 버텨야 합니다. 줄 맞추어 걸어야 하고, 자기 자리에 앉아야 합니다. 우리는 이렇게 몸의 억압을 통해 사회화되어 왔습니다.

물론 사회화를 피할 방법은 없습니다. 하지만 아이들의 사회화가 이루어지는 교육 시설은 공장식 축산 시설과 달라야 합니다. 억압과 통제는 점진적이되 최소화해야 합니다. 하지만 어린이집이나 학교에서 아이들이 듣는 말의 대부분은 명령어, 지시어, 금지어로 채워져 있습니다. 특히 그 금지와 통제는 몸에 주어집니다.

우리나라 교육에서 몸은 학습의 대상이 아니라 철저히 통제의 대상입니다. 초등학교 고학년이 되면 야외 활동은 더욱 제한되고, 집과 학원, 학교를 도는 쳇바퀴 생활이 시작됩니다. 이 과정에서 아이들의 몸은 더욱 억압됩니다.

우리들이 배우는 어떤 교육에도 몸을 느끼고 존중하는 내용은 없습니다. 머리로 살아가는 것만을 가르칩니다. 그렇기에 이 사회에서 몸을 잘 느끼지 못하는 것은 이상한 일이 아니라 자연스러운 일입니다.

결국 우리는 어릴 때부터 몸과 함께 살아가지 못합니다. 그리고 그것을 알지 못한 채 어른이 됩니다.

자신이 원하는 것을 알고 싶다면
먼저 몸에 주의를 기울여라

여러분은 가장 행복한 순간이 언제였나요? 한번 떠올려보시죠.

"오랜 진통 끝에 아이를 품에 안았을 때요."

"사랑하는 사람과 100일 여행을 갔던 그날의 모든 시간들이요."

"영어 말하기 경연대회에서 최우수상을 받았을 때요."

그 순간들은 다 다르지만 어떤 공통점이 있습니다. 모두 가슴이 부풀어 오르고, 온몸이 따뜻해지고, 마치 중력을 거슬러 날아오를 듯이 기뻤다고 이야기합니다. 몸으로 행복을 느꼈고, 그 경험 자체에서 기쁨을 느꼈습니다.

몸의 감각이 동반되지 않고 머리로 생각하는 행복은 거짓이기 쉽습니다. 심리학자들은 행복에 있어 '감정지능(자신과 타인의 감정을 이해하고 조절하고 활용할 수 있는 능력)'의 중요성을 강조합니다. 우리가 보다 행복하려면 자신의 불행과 행복을 잘 느낄 수 있어야 하고 그것이 어디에서 오는지를 잘 아는 것이 필요합니다.

미국 뉴햄프셔 대학의 심리학자 존 메이어(Jonn Mayer)는 감정지능 중에서도 무엇이 행복과 가장 관련성이 있는지를 연구하기 위해 행복한 사람들을 연구해 보았습니다. 행복한 이들은 다음 세 가지 중에 어떤 점에서 가장 높은 점수를 받았을까요?

1. 감정에 대한 주의

(예: 나는 내가 어떻게 느끼는지에 주의를 많이 기울인다.)

2. 감정에 대한 명료함

(예: 나는 내가 어떻게 느끼는지 혼란스럽지 않다.)

3. 감정에 대한 조절

(예: 나는 기분이 나쁠 때 즐거웠던 기억을 떠올린다.)

행복한 이들은 그렇지 않은 사람들에 비해 2번 항목에서 가장 높은 점수를 받았습니다. 이들은 자신이 무엇을 할 때 즐겁고, 무엇을 할 때 싫은지를 잘 알고 있었습니다. 그렇기에 이들은 자신의 행복을 위해 무엇을 해야 할지 잘 알고 있습니다.

아마도 이들이 자신의 감정을 명료하게 지각할 수 있는 것은 감정에 수반되는 신체감각을 잘 지각하고 있기 때문일 것입니다. 몸의 감각에 주의를 기울이면 우리는 마음을 보다 잘 알아차릴 수 있기 때문입니다. 신체감각과 감정의 상관관계는 이후에 설명하겠습니다.

진실한 삶은 몸에 기반을 둡니다. 표정은 굳어지고, 눈에 힘이 들어가고, 얼굴에 열감이 올라오는데도 "괜찮아" "화 안 났어"라고 이야기하는 것은 거짓된 마음입니다.

"나는 지금 행복합니다"라고 이야기할 때 미소가 흘러나오거나 몸에 따뜻한 기운이 느껴지는 등 몸의 느낌이 없다면 사실 이는 진짜 행복이 아닐 수 있습니다. '지금 나 정도면 행복한 거지'라는 생각일지 모릅니다. 이처럼 우리가 느끼는 즐거움과 슬픔, 행복과 불행에는 몸의 참여가 있습니다.

5

"당신은
너무 많이 생각해요"

2013년에 저는 상담을 전문으로 하는 정신과의원과 심리 훈련 연구소를 동시에 운영하면서 강연과 집필까지 병행하느라 늘 바빴습니다. 상담이나 프로그램 시간뿐 아니라 책을 읽거나 음식을 먹거나 가족과 이야기를 나눌 때에도 집중하지 못할 때가 많았습니다.

무언가를 하다가도 금방 다른 생각에 빠지곤 해서 대화를 놓친 적도 많았습니다. 늘 시간에 쫓기는 느낌을 안고 살았습니다. 그럼에도 사람들 앞에서 강연할 때면 행복은 '지금-여기'에 있다고 아무렇지도 않게 이야기했습니다. 정작 저는 '지금-여기'를 살지 못하면서 말이죠.

결국 일이 벌어지고 말았습니다. 하루는 상담 중에 내담자가 이렇게 이야기했습니다. "지금 제 이야기 듣고 계세요?" 조심스럽게 물어보았지만 사실 계속 제가 자신의 이야기를 안 듣고 있는 것 같아 너무 화가 나서 한 이야기였습니다.

순간 너무 당황했습니다. 어떻게 핑계를 대고 넘어갔지만 시간이 지날수록 부끄러움이 커졌습니다. 저지르지 말아야 할 치명적인 실수였고, 그만큼 저의 주의력은 거의 망가진 상태였습니다.

우리의 주의력이
금붕어보다 못한 이유

지난 2015년 마이크로소프트 캐나다는 인간의 '주의 지속 시간'에 대한 소비자 연구 보고서를 발표한 바 있습니다. 캐나다 사람들을 대상으로 설문 조사와 뇌파 측정 연구를 한 결과, 사람들이 한 사물에 집중하는 평균 시간이 2000년 12초에서 2013년 8초로 줄어들었음을 확인할 수 있었습니다.

이는 금붕어의 평균 주의 지속 시간인 9초보다 짧습니다. 인간의 주의 집중력이 이제 금붕어보다도 못한 신세가 된 것입니다. 여러분은 어떤가요?

실제 정신과에서 최근 5년 동안 급격하게 증가하고 있는 질환이 있습니다. '성인 주의력결핍 과잉행동장애(Adult ADHD)'입니다. 국민건강보험공단의 건강보험 진료 데이터를 보면, ADHD 진료를 받은 20대 이상 성인은 2013년 3,139명에서 2017년 8,214명으로 약

2.6배 늘어났습니다.

이는 보험이 적용되어 진료가 늘어난 이유도 있지만, 스마트폰 등 다양한 자극들로 인해 그만큼 현대인의 주의력 조절장치가 망가져 가고 있다는 것을 의미합니다.

우리는 일상에서 자주 제정신이 아니라는 이야기를 합니다. 일이나 공부를 하겠다고 앉아 있지만 몇 분도 되지 않아 계속 딴짓을 하고, 방금 들은 이야기를 자꾸 놓치고, 해야 할 일이나 약속을 자주 잊어버리는 등 그 문제가 심각해지고 있습니다. 마치 우리 안의 햄스터처럼 우리들의 마음은 잠시도 가만히 있지 못하고 이리저리 움직입니다.

물론 정신과에서 처방받은 약물을 복용하면 주의력은 좋아집니다. 그럼, 계속 약을 먹어야 할까요?

우리는 그 해법을 찾아내기 위해 뇌의 발달 과정을 이해할 필요가 있습니다. 뇌는 아래에서 위로, 그리고 뒤에서 앞으로 발달합니다. 뇌는 기능적으로 뒤통수에서 이마의 방향으로 후엽, 중엽, 전엽 이렇게 세 부분으로 나눌 수 있습니다. 사실 정확히 나뉘지는 않지만 뇌의 기능을 거칠게 구분하면 후엽의 중심 기능은 감각, 중엽은 감정, 그리고 전엽은 이성입니다. 이 순서대로 뇌가 발달하기 때문에 학습 과정은 이 방향에 따라 이루어져야 합니다.

그렇기에 유아와 아동 학습에서 중요한 것은 감각과 운동입니다. 이를 제대로 익혀야 뇌의 발달이 이루어지고 그 다음 학습으로 나아갈 수 있습니다. 그런데 외국의 유아교육자들이 우리나라의 유아교육을 보면 놀란다고 합니다. 감각과 운동 중심의 교육이 아니라 인지 중심의 교육을 너무 이른 나이에 과도하게 하기 때문입니다.

우리는 이미 그 부작용을 겪고 있습니다. 우리 아이들은 일찍부터 어른들이 쓰는 단어를 알고 셈도 빠르지만 정작 사회성과 관련해서나 대화의 맥락을 파악하는 데 매우 서툰 모습을 보입니다. 이는 점점 심각해지고 있습니다.

아이들은 머리가 아니라 몸으로 먼저 충분히 배워야 합니다. 비비고, 칠하고, 두드리고, 찢고, 던지고, 문지르고, 달리고, 뒹굴고, 뛰어오르고, 껴안으면서 오감을 발달시켜야 합니다. 감각과 운동을 통해 신체 자아와 뇌의 신체 지도가 잘 발달된 다음에 뇌는 감정과 이성의 발달로 나아갈 수 있기 때문입니다.

그 다음으로 발달하는 부위는 뇌의 가운데입니다. 이 부위에는 감정과 기억의 뇌라고 할 수 있는 변연계와 보상중추가 있습니다. 청소년기에는 이 부위가 폭발적으로 발달하지만 상대적으로 뇌의 앞쪽 즉, 전두엽이 발달되지 못했기 때문에 감정과 충동 조절이 잘 이루어지지 않습니다.

사춘기가 지나고 성인기까지는 전두엽을 중심으로 한 뇌의 앞쪽이 발달합니다. 이 부위는 이성의 뇌입니다. 눈앞의 이익보다는 미래를 생각할 줄 알고, 계획을 세워 행동할 수 있으려면 뇌의 앞쪽 기능이 발달해야 합니다. 정리하면 '감각의 뇌→감정의 뇌→이성의 뇌' 순으로 뇌는 뒤에서 앞으로 발달합니다.

우리는 이성을 담당하는 전두엽만을 마치 인간의 뇌라고 이야기하지만 그것은 큰 오해입니다. 인간의 뇌가 뛰어난 것은 전두엽만 크게 발달했기 때문이 아니라 운동 영역 외에도 다양한 감각과 감정,

이성 등 뇌가 고도로 잘 분화되고 그 유기적 연결과 통합이 잘 이루어졌기 때문입니다.

결국 발달에서 가장 중요한 것은 통합과 균형이며, 이것이 실패하면 정신적 이상이 생깁니다. 이는 너무 한쪽만 발달되었거나 발달이 이루어지지 않았거나 혹은 유기적 연결이 되지 않은 것입니다.

현대인들이 지금 주의력에 심각한 문제를 느끼는 것은 이성의 뇌인 전두엽이 과잉 활성화되어 있기 때문입니다. 생각이 너무 많은 것입니다. 태아 때부터 시작된 과도한 인지 자극은 결국 생각의 과잉을 불러일으켜 우리를 '지금–여기'에 머무를 수 없도록 만듭니다.

생각의 과잉으로 인해 우리의 몸과 마음은 함께 있을 수 없습니다. 일을 할 때는 놀 생각을 하고, 놀 때는 일 생각을 하는 것처럼 우리의 몸과 마음은 따로 놀고 있습니다. 그렇기에 동명의 원작 소설을 영화화한 〈희랍인 조르바〉에서 조르바 역을 맡은 앤서니 퀸이 주인공 버질에게 한 말은 오히려 지금 우리들에게 더 유효합니다.

"당신은 너무 많이 생각해요. 그게 당신 문제에요."

통합과 조율의 중추, 부변연계

치유란 뇌의 특정 기능의 과잉이나 불활성 상태에서 벗어나 전체적인 균형과 연결을 되찾는 것입니다. 그것은 외부에서 약물을 투여해야만 가능한 것이 아닙니다.

우리 뇌에는 이 통합과 균형 역할을 해주는 부위가 있습니다. 바로 '부변연계(para-limbic area)'입니다. 부변연계란 해부학적으로 '이성의 뇌'라고 할 수 있는 대뇌피질과 '감정의 뇌'라고 할 수 있는 변연계 사이에 있는 구조물입니다. 사람의 몸에 비유하면 상체와 하체를 잇는 허리에 해당합니다. 허리가 튼튼해야 건강하게 살아갈 수 있는 것처럼 부변연계가 튼튼해야 뇌의 각 부위가 유기적으로 연결될 수 있습니다.

이 부변연계의 주요 구조물은 '대상회'와 '섬엽'입니다. 특히 전방 대상회는 '이성의 뇌'인 전두엽을 도와서 충동 조절, 판단 능력, 목적 지향성 같은 고차원적인 인지 기능을 실행합니다. 동시에 '감정의 뇌'인 변연계를 도와 감정 처리와 조절에 영향을 줍니다. 즉, 대상회가 건강하면 감정 조절이 잘 이루어지고 생각과 감정의 조화를 이룰 수 있습니다.

실제 많은 정신 질환의 경우 이 대상회의 기능에 이상을 보입니다. 그렇기에 역으로 대상회의 기능 회복은 치료의 경과를 알려주는 중요한 기준이 됩니다.

그렇다면 부변연계의 섬엽은 어떤 역할을 할까요? 섬엽은 한마디로 '신체 자각의 뇌'라고 할 수 있습니다. 섬엽은 내장기관을 포함한 몸의 감각을 총괄함으로써 몸과 머리 즉, 말초신경과 중추신경을 연결합니다. 그렇기에 몸과 마음의 연결은 섬엽이 잘 기능할 때 가능하며, 주의를 기울여 몸의 감각을 느끼는 것은 섬엽을 활성화시키는 훈련이라고 할 수 있습니다.

섬엽은 뇌의 외측 틈새에 깊숙이 자리 잡고 있는 피질 부분으로

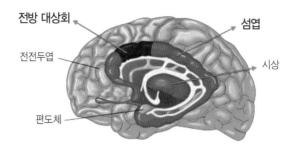

전방 대상회　　　섬엽

전전두엽　　　시상

편도체

부변연계 주요구조물

전두엽, 두정엽, 측두엽에 의해 덮여 있습니다. 영어 명칭 'insula'는 라틴어에서 비롯된 것으로 '섬(island)'을 의미합니다. 하지만 실제로는 뇌의 많은 영역과 복잡하게 연결되어 있기 때문에 섬이라기보다는 국제공항 같은 허브 역할을 합니다.

섬엽은 몸의 곳곳에서 전달되는 감각과 통각 신호를 받아들이고, 이를 서열화하여 중요한 신호를 대뇌피질로 연결하여 판단과 결정이 내려지도록 합니다. 이 섬엽으로 인해 우리는 몸의 내적 감각을 지각하고, 아픔이나 불편을 느끼고, 이러한 감각에 기초하여 자신의 감정을 느끼고 반응할 수 있습니다.

섬엽이 받아들이는 몸의 신호는 다양합니다. 심박동, 호흡, 근육의 긴장뿐 아니라 위장이나 대장의 움직임 역시 중요한 정보입니다. 그러므로 만약 섬엽의 기능이 떨어진다면 우리는 신체감각이나 통증을 잘 느끼지 못하게 됩니다.

일반적으로 트라우마 환자들은 고통스러운 기억이 몸으로 자꾸 떠오르기 때문에 몸의 감각을 느끼지 않으려고 애를 씁니다. 그러므로 일반인들에 비해 섬엽의 활성도가 낮습니다. 문제는 몸을 느끼지 못하고 살아가는 현대인들 역시 점점 섬엽의 기능이 약화되어 가고 있다는 사실입니다.

이렇게 뇌의 각 부위를 연결하고 몸과 머리를 통합시키는 부변연계는 주의 집중력에도 중요한 역할을 합니다. 주의 집중력을 전등에 비유하면 부변연계는 그 스위치 역할을 합니다.

우리가 항상 집에 불을 켜놓지 않는 것처럼 우리 뇌는 24시간 주의를 기울이지 않습니다. 중요한 자극이나 집중해야 할 과제가 있을 때만 주의 집중력의 불이 켜집니다. 그렇다면 전구를 켜고 끄는 스위치처럼 우리 뇌에도 주의 집중력의 스위치가 있겠지요. 그 스위치를 '현저성 신경망(salience network)'이라고 하는데 이 신경망의 주요 구조물이 바로 부변연계의 대상회와 섬엽입니다.

주의력이 뛰어난 사람은 이 스위치가 잘 작동하기에 뇌가 집중해야 할 때 집중하고, 뇌가 쉬어야 할 때 잘 쉽니다. 그러나 우울증이나 불안증처럼 주의 집중력에 큰 문제를 가지고 있는 사람들은 이러한 제어가 잘 되지 않습니다.

실제 우울증 환자들의 경우는 깨어 있는 시간의 30~50퍼센트 동안 집중을 하지 못하고 끊임없이 다른 생각에 빠지는 것으로 조사되고 있습니다. 이렇게 마음이 집중하지 못하고 분주하게 움직이는 상태를 '심리적 방황(mind wandering)'이라고 합니다. 문제는 우울증이나 ADHD 환자뿐 아니라 현대인들의 뇌도 점점 심리적 방황이 커지고 있다는 점입니다.

하버드대학 심리학과 교수 대니얼 길버트 팀이 만든 '당신의 행복

지수를 추적해 보세요(Track Your Happiness)'라는 아이폰 앱이 있습니다. 이 앱의 이용자를 조사한 결과를 보면 행복은 무엇을 하느냐도 중요하지만 얼마나 자신의 경험에 집중할 수 있느냐에 달려 있습니다. 그런데 놀라운 것은 25만 건의 응답을 분석한 결과 사람들은 깨어 있는 시간의 47퍼센트 동안 심리적 방황에 놓여 있다는 것입니다.

즉, 현대인들은 주의력의 스위치 기능을 하는 부변연계가 약화되어 마치 전등이 깜박깜박 거리는 것과 비슷한 상태에 있습니다. 그로 인해 마음이 끊임없이 방황하고, 몸과 머리가 따로 놀고, 감정과 이성이 조화를 이루지 못하는 상태에 있습니다.

그렇다면 왜 현대인들의 부변연계는 약화되고 있을까요? 크게 두 가지 이유 때문입니다. 첫째는, 부변연계에 쉴 틈을 주지 않는 과도한 자극과 지속적인 스트레스 때문입니다. 둘째는 몸의 억압 때문입니다. 몸을 잘 사용하지 않고 몸을 잘 느끼지 않는 현대인의 생활은 몸의 감각을 떨어뜨리고, 이와 관련된 섬엽과 부변연계의 기능을 약화시키고 있습니다. 결국 건강하고 조화로운 삶을 위해서 몸의 감각을 깨워 부변연계를 활성화시켜야 합니다.

지금 몸과 함께 살지 못하고 있다는 신호들

1. 어떤 자세로 앉고 걷고 눕는지 느끼지 못합니다.

2. 오랜 시간 앉아 있거나 한 자세로 오래 있어도 자세를 바꾸지 않습니다.

3. 배고픔과 배부름의 신호를 잘 느끼지 못한 채 식사를 합니다.

4. 목마름을 잘 느끼지 못하고 제때 물을 마시지 않습니다.

5. 몸에 활력을 주는 음식과 몸의 활력을 떨어뜨리는 음식을 구분하지 못합니다.

6. 졸릴 때 눕지 않고 시계를 보고 자려고 눕습니다.

7. 몸의 감각을 통해 계절과 날씨의 변화를 알지 못하고 일기예보에 의지합니다.

8. 몸의 피로와 고통을 감지하지 못한 채 일을 하거나 운동을 합니다.

9. 요의나 변의를 느끼는데도 화장실 가는 것을 참거나, 참는 것조차 잘 인지하지 못합니다.

10. 급하지 않을 때에도 서둘러 움직이고 몸의 속도를 조절하지 못합니다.

11. 몸에 고통을 가하면서까지 예쁘거나 멋있게 보이려고 합니다.

12. 몸의 감각을 통해 감정을 느끼고 분류하지 못합니다.

13. 몸의 소리를 듣고 몸과 이야기 나누지 않습니다.

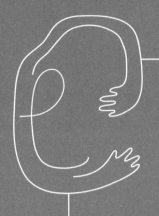

2장

순간순간
따뜻한 주의를
몸에 기울이기

1

몸과 마음의 만남,
바디풀니스

"당신은 하루에 몸을 얼마나 느끼고 살아갑니까?"

어떤 대답이 떠오르나요? 사실 이런 질문조차 익숙하지 않을 것입니다. '몸의 감각? 몸을 느끼는 것? 그게 뭐지?'라는 생각부터 들지 모릅니다. 우리는 외모에 무척 신경 쓰고, 각종 영양제를 챙겨 먹고, 몸에 투자를 많이 하지만 정작 자신의 몸을 잘 느끼지 못합니다. 아니라고요?

지금 이 책을 읽는 동안 당신은 몸의 상태에 대해 조금이라도 의식한 적이 있습니까? 당신이 지금 어떤 자세로 앉아 있는지 느끼고 있나요? 책상에 앉아 있다면 책을 만지고 있는 손의 느낌이나 엉덩이와 의자가 닿는 느낌을 느끼고 있나요? 지금 당신의 척추가 어떤 커브를 그리고 있는지 느끼나요? 당신의 몸에서 어느 부분이 긴장되어 있는지 알고 있나요? 어깨와 목에 긴장이 느껴진다면 이를 스스로 풀 수 있나요?

이처럼 우리는 일상에서 몸을 잘 느끼지 않고 살아갑니다. 몸챙김의 가장 기본은 몸에 주의를 기울이는 것입니다.

주체로서의 몸과 객체로서의 몸

우리는 몸을 잘 느끼지 않습니다. 아니, 잘 느끼지 못합니다. 퇴화되어버린 꼬리뼈처럼 우리는 신체 내부감각을 잃은 채 몸과 함께 살아가지 못합니다. 몸이 삶에서 유리되면 우리는 온전한 경험을 할 수 없습니다. 몸과 멀어지면 감각이나 감정 등을 느낄 수 없고 머리로만 살아가게 됩니다.

심리학에서는 오랜 시간 마음의 억압에 대해서만 주목해 왔지만 더 큰 문제는 몸의 억압입니다. 처리되지 못한 억압된 감정은 무의식에 차곡차곡 쌓여 마음을 교란시키듯, 억압된 몸은 '자기'라는 안정된 감각을 끊임없이 위협합니다.

유독 몸과 마음의 단절이 심한 이들이 있습니다. 몸의 억압이 심한 사람들입니다. 이들은 어린 시절부터 자신의 몸에 대해 열등감을 느끼고 몸을 부끄럽게 여겨온 경우가 많습니다. 그리고 심리적 트라우마를 받은 사람들입니다. 이들에게 몸은 심리적 고통을 자꾸 떠올리게 하는 통로이기 때문에 몸을 잘 느끼지 않으려고 애를 씁니다.

몸에 대한 열등감이나 심리적 트라우마가 없는 보통 사람들도 몸과 함께 살지 못하는 경우가 많습니다. 우리가 너무나 오랜 시간 동안 몸보다 마음을 중요하게 여겨왔기 때문입니다. 점점 달라지고 있지만 아직도 몸을 저급한 것으로, 의식이 없는 살덩이로, 그리고 정신의 방해물로 취급하는 경우가 많습니다. 이 문화에서 몸은 천대받을 수밖에 없습니다. 이는 몸과 마음을 더욱 분리시킵니다.

그러나 우리가 주체로서 살아가기 위해서는 몸과 마음의 두 날개가 모두 필요합니다. 마음뿐 아니라 몸 역시 주체가 되어야 합니다. 우리는 편의상 몸을 두 가지로 구분할 필요가 있습니다. 바로 '소마(soma)'와 '바디(body)'입니다.

'소마'라는 말은 '소매틱스(somatics)' 분야의 창시자라고 할 수 있는 토마스 한나(Thomas Hanna)가 붙인 이름입니다. 그는 '안으로부터 경험되어지는 몸'이라는 의미로 소마라는 용어를 사용했습니다.

소마는 몸의 신체적 특성에 기초해서 우리가 느끼는 몸의 내부감각을 통해 자신의 몸을 자각하는 상태를 말합니다. 마음과 연결된 몸이 바로 소마입니다. 이는 오감, 자기수용 감각, 평형감각, 내장감각 등 몸의 감각이 잘 기능하는 몸입니다. 소마는 주체로서의 몸이며 이때 몸과 마음은 통합된 상태입니다.

소마에 대한 상대어로 '바디'가 있습니다. 바디는 내 몸이 다른 이들에게 어떻게 비추어지는지에 대해 '생각하는 몸'을 말합니다. 이는 주체가 아닌 객체로서의 몸입니다. '내 몸이 뚱뚱하다' '나는 못생겼다' '내 머리는 커' '광대뼈가 튀어나왔어' '눈이 작아' 등 외모에 대해서 하는 말과 비슷합니다.

바디로서의 몸은 실체가 아니라 '바디 이미지(body image)'라는 말에 가깝습니다. 몸이라고 번역하지만 의미상으로는 '몸뚱이'를 말하며 몸과 마음은 단절된 상태입니다. 지금 몸의 열풍이 불고 있지만 사실 이는 몸에 대한 관심이 아니라 '몸뚱이'에 대한 관심입니다.

몸이 소마가 아니라 바디 이미지로만 존재하면, 우리는 자신의 몸을 힘들게 하면서까지 남들에게 잘 보이려고 애를 쓰게 됩니다. 극단적인 다이어트를 시도하고, 자신에게 맞지 않는 꽉 죄는 옷을 입으며, 근육을 무리하게 키우기 위해 약물을 먹습니다. 또한 신체를 변형시키는 보정기구를 사용하며, 피부를 상하게 할 정도로 화장품을 사용하고, 반복적으로 얼굴에 칼을 대거나 시술을 받습니다.

그것은 정말 누구를 위해서입니까? 몸 열풍의 시대에 빚어지는 가장 큰 문제는 역설적이게도 몸의 소외입니다.

지금 이 순간의
경험에 온전히 머무르기

몸과 마음을 만나게 하는 것이 이 책의 목적입니다. 이를 위해서는 몸에 주의를 기울이는 것부터 시작해야 합니다. 그것이 바로 '몸챙김' 즉, '바디풀니스'입니다. '바디풀니스'라는 용어는 일반화된 표현도 아닐뿐더러 사전에 있는 단어도 아닙니다.

아마 심리학에 관심이 있는 분이라면 '마인드풀니스(mindfulness)'라는 말을 들어보았을 것입니다. 이는 우리말로 흔히 '마음챙김'이라고 번역합니다. 동양의 명상을 토대로 '마음챙김 프로그램(MBSR)'을 개발한 존 카밧진은 이를 '현재의 순간에 비판단적으로 주의를 기울이는 것'이라고 정의했습니다. 즉, 마음챙김은 우리가 지금의 경험에 주의를 기울일 수 있는 상태를 말합니다.

학자들마다 개념이 조금씩 다르지만, 공통적으로 '현재 순간' '자각' '수용' 이 세 가지를 중요한 요소로 꼽습니다. 즉, 마음챙김이란 '수용적인 태도로 현재 경험을 자각하는 것'이며 간단하게 말하면 '깨어 있는 마음'이라고 할 수 있습니다.

그렇다면 우리는 어떻게 일상의 어지러운 마음에서 마음챙김의 상태로 나아갈 수 있을까요? 카밧진은 몸의 감각 경험에 주의를 기울이는 몸챙김이야말로 마음챙김의 중요한 통로라고 이야기합니다. 실제 마음챙김 프로그램을 보면 요가 명상, 바디스캔 등 몸과의 접촉에 많은 시간을 할애합니다.

우리가 지금 이 순간에 존재하려면 우리의 의식은 머리가 아닌 몸에 머물러야 합니다. 생각과 감정은 끊임없이 변화하고 지금이 아니라 과거와 미래로 우리를 끌고 가기 때문입니다.

몸챙김은 '몸이 있는 곳에 마음이 머무르는 것'을 말합니다. 몸이 식탁에 있으면 음식을 먹는 것에 마음이 가 있고, 몸이 걷고 있을 때에는 걷는 것에 마음이 가 있고, 몸이 책상 앞에서 일을 할 때에는 그 일 속에 머무를 때 그 마음이 건강한 마음입니다. 몸이 있는 곳에 마음이 있어야 우리는 '깨끗한 시간'을 보낼 수 있습니다.

만약 몸이 있는 곳에 마음이 있지 않으면 우리는 '오염된 시간'을 보낼 수밖에 없습니다. 친구와 이야기를 하다가 계속 다른 생각에 빠지고, 운동을 하면서도 회사 일을 걱정하고, 일을 하려고 책상 앞에 앉아 있지만 공상 속에 빠지게 됩니다.

그런 의미에서 몸챙김과 마음챙김은 다른 말이 아닙니다. 모두 마음이 지금 이 순간의 경험에 머무르는 것을 말합니다.

다만, 그 '이 순간의 경험'은 몸의 신체감각을 바탕으로 이루어지기 때문에 몸챙김이란 말은 그 의식의 주의점이 어디인지 보다 명확하게 표현한 것입니다. 몸챙김은 생각이나 감정 혹은 외부의 자극 이전에 몸의 감각을 알아차리는 게 그 초점입니다. 이러한 몸챙김은 당연히 비판단적일 수밖에 없으며 그 명확한 초점으로 인해 '알아차림'의 힘을 길러내는 데 효과적입니다.

물론 몸챙김에는 주의(attention), 지각(perception)뿐 아니라 인지(cognition)의 요소도 있습니다. 그러나 정신적 경험 이전에 신체적 경험이 우선입니다. 몸의 감각에 능동적으로 주의를 기울이고, 몸의 내부감각을 느끼는 것이 이루어진 다음에 그 감각의 신호와 의미를 이해하는 것이 뒤따릅니다. 따라서 마음챙김이 우리가 가고자 하는 방향이라면 그곳에 이르는 길이 바로 몸챙김이라고 할 수 있습니다.

몸챙김을 한마디로 정의하면 '순간순간 따뜻한 주의를 몸에 기울이는 것'을 말합니다. 그냥 주의가 아니라 따뜻한 주의라고 한 것은 몸을 수단으로 대하지 않고 삶의 동반자로 대한다는 존중의 의미를 담고 있습니다.

우리가 무언가에 주의를 기울이는 것은 단순한 행위가 아닙니다. 에너지를 전달하는 것입니다. 당신이 배가 고프다고 해봅시다. 당신의 모든 주의는 먹는 것을 향하게 됩니다. 배고픔이 심해질수록 어떻게든 먹을 것을 찾고 만들려고 할 것입니다. 그것이 해결되지 않고서는 아무것도 할 수가 없습니다.

사람에 대한 관심도 마찬가지입니다. 당신이 누군가에게 계속 주의를 기울인다고 합시다. 그 사람이 무엇을 하는지, 그 사람이 어떤 말을 하는지에 주의를 기울인다면 평소 보이지 않았던 것들이 하나둘씩 보이게 됩니다. 물론 그것이 부정적일 수도 있고, 긍정적일 수도 있습니다.

주의의 대상이 자기 자신인 경우에는 어떨까요? 주의의 대상이 외부일 때와 다르게 주의를 안으로 기울이는 것은 우리의 삶에 더 큰 변화를 일으킵니다.

하루 종일 바위를 바라보고, 강물에 주의를 기울인다고 해서 바위나 강물에 변화가 일어나는 것은 아닙니다. 하지만 주의를 우리 내면에 기울이게 되면 생각하지 못했던 변화가 일어납니다. 게다가 냉철한 관찰이 아니라 따뜻한 주의를 기울이면 몸은 자기 치유, 자기 사랑, 자기다움의 통로가 됩니다.

결국 몸을 챙기는 것은 마음을 챙기는 것이고, 삶을 챙기는 것이 됩니다. 심리 치료사이자 요가 지도자인 스티븐 코프(Stephen Cope)는 자신의 저서 『요가, 그리고 진정한 자기를 찾기 위한 탐구(Yoga and the Quest for the True Self)』에서 몸과 마음의 연결에 대해 이렇게 이야기했습니다.

우리 몸과의 본능적인 연결이 다시 이루어지고 몸이 필요로 하는 것을 다시 느끼기 시작하면, 자기 자신을 열심히 사랑할 줄 아는 새로운 능력이 생긴다.

자기 몸을 돌보는 진정성 수준이 달라지면 건강 상태와 식생활, 몸의 에너지, 시간 관리 방식에 대한 관심도 달라지고 재설정된다.

자신을 더욱 잘 돌보게 만드는 이 변화는 '그래야만 한다'는 생각 때문이 아니라 자발적으로, 자연스럽게 이루어진다. 그리하여 자신을 돌볼 때 찾아오는 즉각적이고 본질적인 기쁨을 경험하게 된다.

2

몸의 언어를 배웁니다

몸챙김의 기본은 몸의 소리를 듣는 것입니다. 그렇다면 몸의 소리란 무엇일까요? 몸의 소리를 들으려면 어떻게 해야 할까요? 많은 현자들은 내면의 소리를 들으라고 이야기합니다.

가장 기본적인 내면의 소리는 몸의 소리입니다. 몸의 소리를 듣지 않고 마음의 소리만 들으려고 하는 것은 마치 양 발을 쓰지 않고 한 발로 걷는 것과 같습니다. 마음의 소리만 듣다가는 길을 잃어버리기 쉽습니다.

그렇다면 몸의 소리를 잘 듣는다는 것은 무엇을 말할까요? 이해를 돕기 위해 몸의 소리를 잘 들었던 몇 사람을 소개합니다.

몸의 소리를
잘 들은 사람들

밀턴 에릭슨(Milton H. Erickson)이라는 미국의 정신과의사가 있습니다. 최면과 가족 치료 분야에 탁월한 사람이지만 그 업적에 비해 잘 알려져 있지 않습니다.

그는 어려서부터 몸이 자주 아파 병상에서 시간을 많이 보냈습니다. 게다가 색맹, 소아마비, 난청, 난독증까지 가지고 있었습니다. 잘 듣지도 못하고 잘 읽지도 못하는데 어떻게 정신과의사가 되었을까요? 어떻게 상담을 했을까요?

그는 읽고 듣는 것이 둔했기 때문에 어릴 때부터 사람들을 자세히 관찰하고 몸의 느낌을 중시했습니다.

에릭슨이 여섯 살 때의 일입니다. 하루는 교회에서 성가대 사람들을 보니 너무 즐겁고 행복하게 성가를 부르고 있었습니다. 그는 왜 사람들이 행복해하는지 궁금했습니다. 음악을 잘 들을 수는 없었지만 그들이 왜 즐거운지를 유심히 관찰해 보았습니다. 그 결과 그들은 노래에 맞춰 '함께 호흡하고 있다는 것'을 알게 되었습니다.

이후 에릭슨은 대화를 나눌 때마다 상대와 호흡을 맞추기 위해 의식적으로 노력했습니다. 그것은 상대와 더 깊은 유대감을 주었습니다. 이렇듯 그는 늘 상대와 자신의 몸의 감각에 집중하며 상담했고, 이는 그의 약점을 보완하는 것은 물론 뛰어난 직관력을 가진 정신과의사가 되도록 이끌어주었습니다.

두 번째 소개할 사람은 '신체 심리학의 개척자'라고 불리는 엘자

긴들러(Elsa Gindler)입니다. 그녀는 폐결핵에 걸려 한쪽 폐가 망가지고 나자 몸에 대해 관심을 갖기 시작했습니다. 호흡이 힘들어진 그녀는 건강한 한쪽 폐만으로도 충분한 호흡을 하고 싶었습니다. 그녀는 몸을 관찰하고 공부하기 시작했습니다. 여기에서 관찰이란 몸의 외부가 아니라 내부를 말합니다.

쉽지 않은 과정이었지만 그녀는 몸의 감각을 일깨우면서 한쪽 폐가 충분히 기능하도록 변화시켰습니다. 신체 내부감각을 깨워 기도와 연결된 목구멍, 흉곽, 횡격막, 그리고 복부의 움직임까지 자각하며 서서히 의도적인 변화를 주어 만들어낸 결과였습니다.

그 과정에서 긴들러는 놀라운 사실을 깨달았습니다. 신체감각을 느끼고 이를 통해 근육을 제어하는 것이 몸의 건강뿐 아니라 자아교정과 삶의 변화에 있어 큰 영향을 미쳤다는 것입니다. 그녀는 이를 기반으로 신체 심리학을 연구하고 관련 프로그램을 만들어나갔습니다.

마지막으로 심신 통합 프로그램인 펠덴크라이스 요법을 만든 모세 펠덴크라이스(Moshé Feldenkrais)입니다. 세계적인 물리학자였던 펠덴크라이스는 축구를 하다 다친 무릎 때문에 고질적인 통증에 시달렸습니다. 그는 수술을 권유받았지만 결과를 장담할 수 없다는 말에 스스로 자신의 무릎을 고치고 싶었습니다.

그는 신경생리학, 심리학, 해부학, 물리학 등 다방면의 지식을 쏟아 부어 마침내 인체 구조에 가장 적합한 자세와 동작들을 통해 몸을 자각하는 뇌의 능력을 향상시킴으로써 신체의 근육활동을 개선하고 정신적 안정 상태에 도달할 수 있는 요법을 개발했습니다.

이 요법은 요가처럼 특별히 어려운 동작도 없고 무리할 필요도 없습니다. 대부분 눕거나 앉아서 단순한 동작을 천천히 반복하며 자신의 신체감각을 발달시킴으로써 뇌의 신체 지도를 재구성하는 과정입니다. 그리고 그 과정에서 많은 이들은 신체적 건강은 물론 의식의 확장을 경험합니다.

이 세 사람은 모두 건강에 문제가 있었기 때문에 몸에 깊은 관심을 가졌습니다. 그리고 몸의 신체감각을 깨워 건강을 되찾았을 뿐 아니라 그 과정에서 의식의 확장을 경험했습니다. 이는 우리가 몸과 소통해야 할 이유입니다. 몸의 소통에서 가장 중요한 것은 바로 몸의 내부감각을 잘 느끼는 것입니다.

세 가지
신체 내부감각

우리의 몸은 끊임없이 우리에게 말을 걸고 있습니다. 지금 이 시간에도 몸은 계속 우리에게 말을 겁니다. 가만히 들어보세요.

"목이 뻣뻣해" "활기가 없어" "어지러워" "다리가 저려" "피로해" "좀이 쑤셔" "오른쪽 어깨가 뭉쳐" "졸려" "배고파" "목말라" "소화가 안 돼" "손이 떨려" "발목이 아파" "가슴이 답답해" "목이 칼칼해" 등 굉장히 다양합니다.

정작 우리는 몸의 소리를 잘 듣지 않습니다. 자꾸 무시하고 모른 체하고 혹은 엉뚱하게 알아듣습니다. 마치 아이의 칭얼거림을 듣고도 모른 척하거나, 무엇이 불편한지 물어보거나 살펴보지도 않고 젖병을 물리는 부모와 같습니다.

때로는 몸의 소리와 반대로 행동할 때도 많습니다. 좀이 쑤신다고 하는데도 계속 누워 있고, 배가 부르다고 하는데도 계속 먹습니다.

결국 우리가 몸의 소리를 듣는다는 것은 신체 내부감각을 잘 느끼는 것을 의미합니다. 그럼, 신체 내부감각은 무엇을 말할까요?

우리가 흔히 알고 있는 감각은 신체 외부감각입니다. 이는 보고 듣고 맛을 느끼는 등 신체 외부의 자극이나 대상을 감지하는 오감을 말합니다. 그러나 신체 내부의 상태를 감지하는 내부감각도 있습니다.

신체 내부감각은 다시 세 가지로 나뉩니다. 첫째, 운동감각(kinesthesia)입니다. 이는 근육, 관절, 인대 조직의 신경을 통해 우리 몸의 움직임, 위치, 긴장 상태를 감지하는 것입니다.

둘째, 내장 피드백(visceral feedback)입니다. 이는 우리 몸 안의 내장기관의 상태를 지각하는 것을 말합니다. 심장의 박동, 호흡의 빈도와 깊이, 장의 움직임, 위장의 공복감이나 팽만감 등이 이에 해당합니다.

셋째, 미로·전정 피드백(labyrinth·vesticular feedback)입니다. 이는 간단히 말해 평형과 균형감각을 말합니다.

즉, 신체 내부감각을 잘 느끼는 것은 이러한 세 가지 감각을 잘 지각하는 것입니다. 그리고 이를 전달받은 뇌는 그 의미를 잘 해석해야 합니다. 단지 '오른쪽 어깨가 무겁구나' '배가 부르구나' '심장박동이 빨라지고 있구나' 등 신체 내부감각 그대로가 아니라 그에 따라 몸이 무엇을 요구하는지를 알아차리는 것입니다.

예를 들어 심장박동이 빨라졌다고 하더라도 이는 상황에 따라 다른 의미를 가질 수 있습니다. 그냥 계단을 올라가느라 숨이 차서 심장이 빨라진 것일 수도 있고, 중요한 발표를 앞두고 심장이 빨라질 수도 있고, 상대방이 뭔가 나에게 위해를 가할 것 같은 두려움 때문에 빨라진 것일 수도 있기 때문입니다.

신체 내부감각은 너무 둔감한 것도 문제지만 너무 예민한 것도 문제입니다. 예를 들면, 건강염려증이나 공황장애를 가지고 있는 사람들은 신체 내부의 작은 감각적 변화에도 예민해져 있는 사람들입니다. 예민한 것을 넘어서서 이를 뇌에서 해석하는 데 심각한 오류를 범합니다. 그냥 계단을 올라 심장박동이 빨라진 것임에도 이를 공황발작의 전조처럼 생각하거나, 스트레스로 인해 머리가 아픈 것을 뇌종양으로 해석하고 불안해하는 일이 종종 벌어집니다.

섬세하게 내 몸을 자각하는 '바디스캔'

몸의 언어를 배우려면 몸을 자주 만나고 일상생활 중에 자주 몸에 의식을 기울여야 합니다. 이를 위해 처음에는 일정한 시간을 두고 몸의 감각을 느껴보는 것이 좋습니다. 물론 많은 시간이 필요한 것은 아닙니다.

가장 좋은 것은 잠들기 전에 자리에 누워 몇 분 정도라도 자신의 몸을 느껴보는 것입니다. 몸 전체를 한꺼번에 느낄 수가 없기 때문에 몸을 부위별로 나누어 각각 그 감각을 느끼는 게 좋습니다. 이를 '바디스캔'이라고 합니다. 공항 검색대에서 막대 금속탐지기로 몸 검색을 하는 것을 떠올려보세요.

바디스캔은 신체 자각 능력을 높이는 좋은 방법이기 때문에 많은 영성가들도 이를 권합니다. 카밧진의 마음챙김 수련 과정에도 기본 훈련으로 들어가 있습니다. 천천히 몸의 각 부위를 느껴보는 것이 전부일 뿐 특별히 어려운 것도 없습니다.

그 방법을 간략하게 소개합니다. 여러분이 누워 있다고 가정하고 설명하겠습니다.

① 눈을 감는 것이 편안하다면 눈을 감습니다. 물론 눈을 뜨고 해도 좋습니다.

② 침대나 바닥에 몸을 눕히고 그 무게를 내려놓습니다. 몸과 바닥의 접촉을 느껴봅니다. 몸이 닿아 있는 부분과 닿아 있지 않는 부분이 어디인지 알아차려 보고 좌우의 차이를 느껴봅니다. 예를 들면 양쪽 종아리나 견갑골도 좌우가 다를 수 있습니다.

③ 자신의 호흡 포인트에 주목하며 숨을 들이쉬고 내쉴 때 몸과 바닥의 접촉면이 어떻게 차이가 나는지 주의를 기울여봅니다.

④ 이제 오른쪽 발부터 시작해서 오른 무릎, 오른 허벅지, 허리, 오른팔, 오른쪽 어깨, 목, 머리, 얼굴, 악 관절, 왼쪽 어깨, 양쪽 견갑골, 왼팔, 왼 허벅지, 왼 무릎, 왼발까지 시계 방향으로 몸을 만나봅니다.

각 부위의 긴장도, 압력, 열감 등을 느껴봅니다. 물론 왼발이나 머리에서부터 시작해도 상관없습니다.

⑤ 각 부위를 잘 느끼기 위해 그 부위를 통해 호흡이 이루어지고 있다고 상상해 봅니다. 예를 들면, 왼팔에 숨구멍이 있어 이를 통해 숨이 들어오고 나가고 있다고 느껴보는 것입니다. 혹은 한 손으로 해당 부위를 만지거나 약하게 두드리는 것도 좋습니다.

⑥ 긴장이 느껴지는 부위가 있다면 '부드러운 ○○'이라고 말하고 긴장을 풀어봅니다. 예를 들어, 오른쪽 어깨에 긴장이 느껴진다면 '부드러운 어깨'라고 이야기를 하고 힘을 내려놓습니다. 효과적인 이완을 위해 그 부위의 근육을 잔뜩 수축시킨 다음에 힘을 빼는 것도 좋습니다.

꼭 끝까지 다 해야 하는 것은 아니고, 중간에 잠이 들어도 상관없습니다. 좀 더 익숙해지면 호흡의 움직임에 따르는 몸의 움직임을 함께 느껴보아도 좋습니다. 그리고 누워서 하지 않고 앉아서 해도 됩니다.

3

애쓰지 않고
호흡을 느낍니다

몸을 챙긴다는 것은 순간순간 내 몸에 주의를 기울이는 것을 말합니다. 그렇다면 몸의 어디에 주의를 기울여야 할까요? 앞에서 바디스캔을 이야기했지만 몸에 대한 주의는 좀더 안정된 자세와 시간이 필요합니다.

우리에게는 일상생활에서 수시로 주의를 기울일 수 있는 초점이 필요합니다. 그것은 숨을 느끼는 것입니다. 우리는 의식을 하든 하지 않든 늘 숨을 쉬고 있습니다. 심장과 폐는 평생 동안 이 규칙적인 움직임을 한 번도 쉬지 않고 반복하고 있습니다.

그러나 이 생명의 움직임을 너무 당연하게 여길 뿐, 일상에서 그 리듬을 느끼는 사람은 거의 없습니다. 마치 자신이 어떻게 걷는지 의식하는 사람이 별로 없는 것처럼요.

우리는 자신에게 집중해야 한다는 말을 많이 하지만 정작 무엇을 어떻게 해야 할지 모릅니다. 호흡에 주의를 기울이는 일이야말로 자신에게 집중하는 가장 간명한 방법입니다.

숨을 느끼는 것은 신체 자각의 기본 훈련입니다. 호흡이야말로 우리가 매 순간 하고 있고, 몸의 유기적인 움직임을 잘 느낄 수 있는 역동적인 흐름이며, 때와 장소를 가리지 않고 느낄 수 있기 때문입니다. 일할 때나 이동 중에도 할 수 있고, 밥을 먹다가 할 수 있고, 회의 시간에도 할 수 있습니다. 앉아서 해도 되고, 서서 해도 되고, 누워서 해도 됩니다.

아무런 의도 없이
어떠한 규칙도 없이

동서고금을 막론하고 심신 수련에 있어 호흡 훈련은 중요한 수행법입니다. 이 호흡 훈련은 목적에 따라 각기 방법을 달리하지만 몸 챙김으로서의 호흡 훈련은 그 목적이 단순합니다. 단지 몸을 잘 느끼기 위한 것입니다. 그래서 몸 자각 외의 어떤 의도도 없이 호흡을 느껴보는 것이 중요합니다. 그렇기에 어떤 규칙도 불필요합니다.

숨을 코로 쉬는지 입으로 쉬는지는 중요하지 않습니다. 몇 대 몇의 비율로 호흡을 할 필요도 없고 숨을 들이쉬고 몇 초 동안 참아야 할 필요도 없습니다. 그냥 편안하게 모든 주의를 호흡의 드나듦에 두는 것입니다.

호흡을 통해 몸을 느끼는 과정에서 혹시 호흡이 느려지고 이완이 되고 집중력이 좋아질 수 있습니다. 그것은 목표했기 때문이 아니라 호흡을 자각하려고 한 결과일 뿐입니다.

일단 호흡을 잘 느끼기 위해 호흡이 잘 느껴지는 신체부위를 찾는 것이 필요합니다. 사람마다 차이가 있지만 호흡과 관련된 신체감각을 잘 느낄 수 있는 포인트가 몇 군데 있습니다.

가장 일반적인 곳은 숨이 드나드는 코의 입구입니다. 코끝이나 콧구멍에 주의를 기울이고 숨을 느껴보는 것입니다. 물론 다른 곳도 있습니다. 쇄골과 어깨, 갈비뼈와 늑간근, 상복부 등을 통해서도 숨의 드나듦을 느낄 수 있습니다.

만약 누워서 호흡을 느낀다면 견갑골 주변의 등도 좋은 포인트입니다. 한 곳일 필요는 없지만 구체적인 게 좋습니다.

몇 군데 포인트가 정해졌다면 이제 숨이 드나들 때 그곳에 주의를 기울여봅니다. 만약 몸에 주의를 기울여도 호흡이 잘 느껴지지 않거나 산만해진다면 그곳에 손이나 손가락을 대어 더 잘 느껴볼 수도 있습니다.

이를테면 코 아래에 손가락 하나를 대고 숨의 드나듦을 느끼거나 복부나 갈비뼈에 손을 대고 복강이나 흉곽의 움직임을 느끼는 것이 좋습니다. 혹은 욕실에서 상의를 벗고 거울을 보며 호흡과 몸의 움직임을 관찰하는 것도 신체를 자각하는 데 도움이 됩니다.

호흡을 통해 몸의 미세한 움직임과 그 방향을 잘 느끼기 위해서는 인체에 대한 약간의 지식이 필요할 수도 있습니다. 우리가 숨을 들이쉴 때 횡격막과 늑간근은 수축하여 복강을 아래 방향으로, 갈비뼈를 위쪽과 바깥쪽으로 밀어 가슴을 확장시킵니다. 가슴이 확장되면 가슴 안의 압력이 낮아져 공기가 폐 안으로 들어오게 됩니다. 반대로 횡격막이 이완하면 길항근으로 작용하는 조직 및 복근의 탄성력에 의해 숨을 내쉬게 됩니다.

다시 말하지만 의도적으로 호흡을 조절할 필요가 없습니다. 그냥 자연스럽게 숨을 쉬도록 하고 그것을 호기심 어린 마음으로 조심스럽게 느껴보면 됩니다.

길고 깊게
숨을 들이쉬고 내쉬고

정신과에 오는 분들 중에는 유독 몸이 안쪽으로 움츠러든 이들이 많습니다. 과도한 긴장과 불안, 무력감이 만성화되어 웅크린 자세가 습관처럼 굳어진 것입니다. 마치 동물들이 외부의 위험으로부터 자신을 보호하기 위해 웅크리는 자세를 취하는 것과 유사합니다. 하지만 이들은 위험하지 않은 상황에서도 좀처럼 원래의 자세를 회복하지 못합니다.

이들의 다리와 발은 자꾸 몸통으로 끌어당겨집니다. 등뼈도 짧아지고 팔과 다리, 어깨와 엉덩이 관절이 안쪽으로 굽어집니다. 이는 앉기와 서기 그리고 걷기에 고스란히 영향을 미쳐, 전반적으로 일상생활에서 구부정한 자세를 취하게 되고 관절의 움직임이 떨어집니다.

이는 호흡에도 고스란히 영향을 미칩니다. 몸이 움츠러들어 있기 때문에 횡격막의 이동 또한 자유롭지 못합니다. 그렇기에 호흡의 깊이가 짧고 흉식 호흡을 하는 경우가 많습니다. 이는 작은 스트레스 상황에서 바로 과호흡으로 이어져 불안에 불안을 가중시킵니다.

호흡이 항진되면 산소가 충분히 들어오지 못하고 이산화탄소는 과도하게 배출되어 두통, 어지러움과 함께 가슴에 압박감이 느껴집니다. 결국 불안과 긴장은 더욱 증폭됩니다. 그렇기에 불안 성향을 가진 사람들은 호흡과 자세에 보다 주의를 기울일 필요가 있습니다. 호흡과 자세가 항불안제 역할을 해주기 때문입니다.

이러한 구부정한 자세는 스트레스와 상관없이 짧은 호흡을 고착시킵니다. 스펀지처럼 가볍고 탄력이 있던 폐 또한 점점 딱딱해집니다. 결국 두뇌에 공급되는 산소량은 줄어들고 뇌는 그 기능을 충분히 발휘할 수 없습니다.

반대로 호흡이 깊어지는 것은 그 자체만으로도 두뇌 활동을 자극하고 이완 반응을 유발합니다. 그렇기에 우리는 몸 자각으로서의 호흡 훈련이 익숙해진 다음에는 호흡의 길이를 늘려보는 것도 좋습니다.

이 역시 억지로 늘리는 것이 아니라 자연스러운 범위에서 늘려야 합니다. 호흡의 리듬을 깨뜨리지 않는 범위에서 약 0.5초나 1초가량 늘린다고 생각하면 됩니다. 들숨과 날숨 중에 편한 것부터 하길 바랍니다. 들숨에 약간의 숨을 더하거나 날숨에 약간의 숨을 더하는 것입니다.

다시 말하지만 중요한 점은 호흡을 많이 늘리는 것이 아닙니다.

정말 중요한 것은 호흡을 늘릴 때 몸과 움직임에 어떤 변화가 일어나는지를 알아차리는 것입니다.

어깨가 더 움직이나요? 복부가 더 움직이나요? 갈비뼈는 어떤 방향으로 움직이나요? 호흡을 늘리기가 수월하지 않다면 숫자를 붙여 숫자를 늘려나가는 것도 한 방법입니다.

호흡이 깊어질수록 횡격막과 복근, 늑간근의 움직임이 커집니다. 복식호흡이 이루어지는 것입니다. 그리고 가만히 느껴보면 몸이 이완되기 시작합니다. 호흡의 깊이와 몸의 긴장은 반비례합니다. 호흡이 깊어지면 자신도 모르게 조바심이 줄어들고 좀더 느긋해질 수 있습니다.

일반적으로 장수하는 동물들의 공통적인 특징은 생체리듬의 속도가 느립니다. 긴 호흡과 느린 심박동을 보입니다. 알다시피 고래는 한 번의 긴 호흡으로 물속에서 30분 이상을 헤엄칩니다.

사람의 경우 성인의 호흡 수는 분당 16회~20회가량이지만, 늙고 병이 들어갈수록 호흡 수가 다시 늘어납니다. 임종 전에는 숨이 아주 얕아져서 흉곽으로 들어가지도 못하고 목 주변에서 가파른 호흡이 나타납니다. 숨이 짧고 얕아질수록 죽어가는 것이며 숨이 길고 깊어질수록 건강한 것입니다.

4

긴장과 힘을 뺍니다

초등학교 저학년 때 수영장에 갔다가 멋모르고 물에 뛰어든 적이 있습니다. 그때 바닥에 발이 닿지 않아 너무 놀랐고, 필사적으로 허우적대다가 겨우 물 밖으로 나왔습니다. 한동안 가슴이 진정되지 않았습니다. 몇 시간 동안 정신을 차릴 수 없었습니다.

그 후로 물가에 가는 것을 피했습니다. 계곡이나 바닷가에 놀러가도 물속에 들어가는 것을 꺼렸습니다. 정말 안전한 곳에서조차 몸이 긴장되었습니다.

돌이켜보면 물을 싫어하는 것이 아니라 무서워했던 것입니다. 그것이 전형적인 트라우마 반응이었음을 한참 후에 알게 되었습니다.

일체의 생각 없이
몸에 힘을 빼다

그렇게 물을 피해서 살다가 결혼을 하고 경남 밀양에서 신혼생활을 시작했습니다. 신혼 초에 아내는 수영을 함께 다니자고 했습니다. 싫었지만 거듭된 아내의 요청으로 수영장에 다니기 시작했습니다. 처음부터 고난의 연속이었습니다. 발을 집어넣는 것부터 싫었습니다. 아니, 두려웠습니다.

물에만 들어가면 몸에 잔뜩 힘이 들어갔습니다. 남들은 어느 정도 숨을 참으면 뜨는데, 저는 숨을 참아도 가라앉았습니다. 100킬로그램이 넘는 육중한 수영 코치는 70킬로그램밖에 되지 않는 저를 기가 차듯 바라보며 이야기했습니다.

"아저씨! 힘을 좀 빼라고요. 도살장에 끌려온 소처럼 왜 그래요."

수영을 배우는 한 시간은 너무나 길게 느껴졌습니다. 다른 사람들은 조금씩 진도를 나가고 수영을 배워가는데 저는 뜨지도 못하고 호흡을 익히지도 못해서 애를 먹었습니다.

힘들어하는 저를 보며 아내는 좀더 연습하고 가자고 했습니다. 우리는 사람들이 가고 난 뒤에도 수영장에 종종 남았습니다. 아내는 답답해하지 않았고 재촉하지도 않았습니다. 오히려 "너무 애쓰지 마. 점점 더 나아질 거야!"라고 편안한 분위기를 만들어주었습니다. 강습 시간에는 몸이 굳었지만 둘만 남았을 때는 점점 이완이 되었습니다. 그렇게 둘이서 장난 같은 연습을 하다가 문득 몸이 떠올랐습니다.

그냥 어떤 노력을 해서가 아니라 반대로 아무런 노력도 하지 않는 상태가 되자 몸이 물 위로 떠올랐습니다. 힘을 뺀다는 것이 무엇인지를 그때서야 느낀 것입니다. 뭘 어떻게 해야겠다는 일체의 생각도 없이 그냥 몸을 놓았던 것 같습니다. 몸이 부력으로 떠오르자 저는 뒤로 누웠습니다. 너무나 안온한 느낌이었습니다.

그날 세상은 참 아름다웠습니다. 샤워를 마치고 밖에 나오자 약간 술에 취한 기분이었습니다. 세상이 다르게 보였습니다. 사물의 움직임들이 눈에 들어 왔고 세상이 나를 향해 다가왔습니다. 바람은 시원했고, 나무들은 나를 반겨주었고, 발걸음은 가벼웠습니다. 내가 편안해진만큼 세상은 아름다웠습니다.

제게는 무척 놀라운 경험이었습니다. 그리고 큰 힘이 되었습니다. 삶에서 감당하기 어려운 일로 인해 불안에 짓눌리거나 사람으로 인해 날이 곤두섰을 때, 그날의 그 편안함을 떠올려봅니다. 감정이나 생각이 파도처럼 저를 덮칠 때 물 위에 부유했던 몸의 느낌을 떠올리면 어느덧 마음이 한결 가벼워지곤 합니다.

'사람들 앞에서
바보가 됐어'

건축사로 일하는 경호 씨는 자신의 몸을 저주합니다. 어릴 때부터 체구가 작고 운동을 못해서 또래들과 놀 때면 늘 주눅이 들었습니다. 게다가 수줍음과 겁이 많아서 남 앞에 나서야 하는 상황에서는 극도의 긴장을 느낍니다. 사람들 앞에서 간단히 자기소개하는 것도 힘들고 심지어 글씨를 쓸 때 누군가 보고 있으면 손이 떨립니다.

가장 힘든 것은 많은 사람들 앞에서 발표할 때입니다. 발표가 가까워지면 정상적인 활동마저 어려워집니다. 기다리는 시간은 좌불안석이고 발표 자리에 나서면 몸은 얼어붙어 버립니다. 분명 자신의 몸인데도 동작과 표정 하나하나가 부자연스럽고 어색합니다. 말은 꼬이고 얼굴이 새빨개져서 도망치듯 내려온 게 한두 번이 아닙니다.

웬만하면 그러한 발표를 맡지 않으려고 하지만 연차가 올라갈수록 쉽지 않습니다. 남들은 별로 긴장도 안 하고 오히려 그런 자리를 즐기는 사람도 있는데, 경호 씨는 도무지 적응이 되지 않습니다.

이처럼 어떤 상황에서 몸이 일으키는 반응은 우리를 난처하게 만들고 힘들게 합니다. 만일 처음 보는 사람과 같이 있거나 자기소개를 하는 자리마다 경호 씨처럼 심장이 뛰고, 얼굴이 빨개지고, 식은 땀이 흐르고, 손이 떨린다면 어떻겠습니까?

경호 씨의 발표 불안을 아는 친구들은 "너무 잘 하려고 하지 마. 편하게 해"라고 이야기합니다. 인정을 받으려고 하니까 더 긴장한다는 것입니다. 그러나 경호 씨는 발표를 잘한다는 말을 듣고 싶은 욕심은 손톱만큼도 없습니다. 경호 씨가 염려하는 것은 사람들 앞에서 바보처럼 보일까 봐서입니다.

그렇기에 경호 씨는 이런 몸의 반응이 너무 거추장스럽습니다. 남들보다 긴장을 많이 하는 몸은 늘 자신에게 망신을 주고 바보로 만들 뿐입니다. 하지만 경호 씨의 몸은 정말 경호 씨를 망신 주고 싶은 것일까요?

누구나 예민한 부분이 있습니다. 경호 씨는 남 앞에 서는 것에 예민합니다. 그러나 예민한 것과 이상한 것은 다릅니다. 반응의 정도가 강할 뿐이지, 반응 자체가 이상한 것은 아닙니다.

여러 사람 앞에서 발표하는 일은 누구에게나 일반적으로 신경을 곤두서게 만듭니다. 왜냐하면 인간은 타인의 평가를 중요하게 여기는 사회적 존재이며 남 앞에 서는 것이 스트레스 상황이기 때문입니다. 다만 대부분의 사람들은 남들에게 표시가 안 날 정도로 심하지 않을 뿐입니다.

기본적으로 몸이 긴장하는 것은 그 사람을 망신 주기 위해서가 아니라, 그 상황을 잘 대처하라는 의도가 있습니다. 심장이 뛰고 손이 떨리고 땀이 나는 것은 긴장을 하고 정신을 차려서 잘 발표하라는 의미입니다.

그런데 왜 잘 대처하기는커녕 할 수 있는 것조차도 하지 못하게 될까요? 이는 몸의 예민함에 대한 머리의 과잉 해석 때문입니다.

경호 씨는 어릴 때 발표 자리에서 겪었던 힘든 경험들 때문에 몸의 신체적 반응을 파국적으로 해석하는 습관을 가지고 있습니다. 즉, 심장박동이 빨라지고 손이 떨리고 땀이 나는 것을 '나 또 긴장했네'라고 인식하는 것이 아니라 '이제 끝장났다' '다 망칠 거야' '또 사람들 앞에서 바보가 됐어'라고 해석합니다. 이는 감당할 수 있는 긴장마저 늘 감당할 수 없는 공포감으로 증폭시켜 버립니다.

시험 불안을 생각해 볼까요? 우리는 중요한 시험을 앞두면 며칠 전부터 잔뜩 긴장합니다. 사람에 따라 다르지만 심한 경우 잠도 못 자고 식사도 잘 못할 수 있습니다. 시험 당일이 되면 긴장은 더욱 심해집니다. 필기시험이라면 심장의 박동소리가 들릴 정도로 긴장해서 문제가 잘 보이지 않을 수도 있습니다.

그러나 시간이 지나면 어떻게 되나요? 처음에는 눈앞이 캄캄할 정도로 불안이 고조되지만 시간이 지날수록 점차 안정을 찾아갑니다. 그렇다고 긴장이 아주 풀어지는 것은 아닙니다. 문제 풀이에 집중할 정도의 긴장이 이어집니다.

몸의 긴장은 그만큼 상황이 중요하다는 것을 말해 주는 초기 신호입니다. 긴장을 활용하여 상황에 잘 대처하는 것은 그 사람의 몫입니다.

만일 경호 씨가 몸의 긴장에 대해 이런 마음을 가진다면 어떨까요. '지금 중요한 상황에서 내 몸은 긴장하고 있어. 나는 이 긴장을 활용해서 내가 발표하려고 하는 내용에 집중할 거야.'

상담을 통해 경호 씨는 긴장을 없애려는 것에 초점을 두기보다 자신이 전하고자 하는 핵심 메시지를 놓지 않는 데 초점을 두었습니다. 그는 어쩔 수 없이 발표해야 하는 상황 외에 스스로 남 앞에 서는 작은 기회를 늘려갔습니다. 학회에 가서 질문도 하고, 독서 모임에 참가해서 발표도 했습니다. 그럴 때마다 목소리가 떨리고 손바닥에 땀이 솟았지만 파도를 타는 서퍼처럼 긴장의 파도에 올라타는 훈련을 계속했습니다.

물론 이렇게 노력한다고 해서 갑자기 긴장이 확연히 가시지 않습니다. 하지만 우리가 몸의 감각을 파국적으로 해석하지 않고 몸의 반응에 대해 비판단적으로 인정하고 수용하는 태도를 가진다면, 몸은 우리를 보호하는 기능을 하게 됩니다.

긴장과 이완의 리듬이
끊어진 우리들

불안 성향을 가지고 있는 사람들뿐 아니라 보통 사람들의 몸도 불필요하게 많은 힘이 들어가 있습니다. 필요할 때만 긴장을 주고 필요하지 않을 때는 이완되어 있는 것이 아니라 늘 힘을 주고 살아가고 있습니다.

이 긴장과 이완의 리듬이 끊어져버린 '지속적 긴장 상태'가 현대인의 몸과 마음을 위협하고 있습니다. 이 시대에는 일도, 사랑도, 공부도, 노는 것도, 모든 것을 열심히 해야 한다는 강박이 있습니다. 그렇기에 아무 일도 하지 않거나 힘을 빼는 것은 잘 하지 못합니다.

이는 몸의 문제가 아니라 머리의 문제입니다. 우리의 몸은 긴장과 이완을 하게끔 되어 있지만 생각에 잔뜩 '힘이 들어가' 있기 때문에 이완이 안 되는 것입니다. 몸에 긴장이 많은 이들은 지나치게 엄격한 생각이나 기준, 그리고 과도한 목표를 가지고 있는 경우가 많습니다.

이들의 마음은 흔히 '~해야 한다' '~하지 않으면 안 된다'는 강박으로 채워져 있습니다. 그런 생각은 몸을 짓누릅니다. 몸은 어떤 일로 인해 긴장했다면 그 일이 끝나고 난 뒤에 이완하게 되어 있는데 이런 마음은 몸의 순환을 깨뜨립니다.

'잘 했어야 했는데……' '왜 그랬을까?' '다른 사람들이 어떻게 볼까?' 우리 생각은 일이 끝나고 난 뒤에도 우리를 자책과 후회로 몰

아닙니다. 이러한 정신적 압박 앞에 심신의 긴장은 사라지지 않습니다.

경호 씨는 늘 생각과 걱정이 많습니다. 그것은 몸에 그대로 드러나 있습니다. 표정은 굳어 있고 어깨는 늘 올라가 있습니다. 몸이 잔뜩 긴장해 있다는 것을 알 수 있습니다. 그에게 어깨의 긴장을 한번 빼보라고 권했습니다. 경호 씨는 당혹스러워했습니다. 어떻게 해야 어깨의 긴장을 내려놓을 수 있는지 몰랐기 때문입니다.

사실 이완의 본질은 가만히 두는 것입니다. 애쓰지 않는 것입니다. 불필요한 긴장과 힘을 빼는 것입니다. 이는 몸의 긴장을 잘 알아차리는 데에서 시작합니다.

몸을 잘 자각하게 되면 필요한 긴장과 불필요한 긴장을 구분할 수 있습니다. 예를 들어, 당신이 지금 컴퓨터 타이핑을 한다고 해봅시다. 이때 많은 사람들은 타이핑과 관련된 손의 근육은 물론 직접 관련이 없는 어깨까지 힘이 들어갑니다. 이를 알아차린다면 우리는 타이핑과 관련되지 않는 어깨 근육의 힘을 뺄 수 있습니다. 이렇게 자각은 잉여의 긴장, 과잉의 긴장, 습관적 긴장을 찾아 풀어주게 됩니다.

그러나 습관적 긴장 상태에 있는 사람들은 긴장을 찾아내더라도 어떻게 이완해야 할지 모릅니다. 만약 잘 모르겠다면 중간 단계로, 그 부위에 더욱 긴장을 가한 뒤에 힘을 놓는 것도 효과적입니다. 얼굴이나 턱에 잔뜩 긴장이 느껴진다면 얼굴을 더 찡그리거나 위아래 어금니를 꽉 물고 더 긴장을 일으킨 다음 내쉬는 숨과 함께 그냥 툭 놓아버립니다. 만일 어깨가 앞으로 굽어져 있다면 그냥 바로 펴는 것이 아니라 오히려 수축해서 더 굽게 만든 다음에 천천히 힘을 뺍니다. 그 순간 우리 몸의 긴장도 빠져나갑니다.

경호 씨는 습관적으로 어깨에 힘을 준 자세로 생활하고 있기에 틈틈이 귀와 어깨의 거리를 알아차리고 이 거리를 늘리는 훈련을 했습니다. 그리고 조금씩 긴장을 조절하고 이완으로 들어가는 방법을 익혔습니다.

당신에게 가장 편안했던 순간을 떠올려보세요

경호 씨에게 몸은 늘 자신을 괴롭히거나 부끄럽게 만드는 애물단지였습니다. 그는 몸을 통해 무언가 즐거움이나 편안함을 경험했던 일이 거의 없습니다.

만약 경호 씨가 한 번이라도 몸을 통해 편안함을 느낄 수 있다면 몸과의 관계는 달라질 뿐 아니라 몸이 쉼터(refuge)가 될 수도 있습니다. 몸을 억누르고, 몸으로부터 도망치고, 몸에 스트레스를 푸는 것이 아니라 몸을 통해 안정감을 느끼고, 몸을 통해 힘을 얻는 것은 자기 치유의 훌륭한 기반입니다.

몸이 시련이나 고통으로부터 자신을 보호할 수 있는 쉼터가 되려면 먼저 충분히 이완되어야 합니다. 이완이 곧 휴식이자 편안함이고 안정감입니다. 특히 경호 씨처럼 매사에 긴장하고 살아가는 사람이라면 더욱더 이완의 쉼터를 가꾸는 것이 필요합니다.

이를 위해서 우리는 이완의 기억을 더욱 생생하게 복원할 필요가 있습니다. 없던 일을 상상하는 것이 아니라 실제 지금까지 살아오면서 몸과 마음이 편안했던 기억을 생생하게 떠올리는 것입니다.

추운 겨울 따뜻한 아랫목에서 엄마 품에 잠들었을 때, 아이의 작은 손을 잡고 해변 모래밭을 걸었을 때, 눈이 오는 날 야외 온천욕을 했을 때, 연인과 함께 청명한 공기로 가득 찬 숲 속을 거닐었을 때 등 우리는 과거에 아주 편안했던 이완의 기억을 몸에 저장하고 있습니다.

경호 씨는 처음에는 몸이 편안했던 기억이 없다고 했지만 시간이 지나자 초등학교 때 기억을 떠올렸습니다. 시골에 살았던 그는 비가 많이 오는 날이면 얇은 이불을 두르고 마루에 앉아 비를 바라보곤 했습니다. 그때 몸도 마음도 편안해져서 그대로 잠이 든 적이 많았습니다. 지금도 옛 집의 마루에 앉아 장독대에 떨어지는 빗소리를 듣고, 빗방울에 튀어 오르는 흙냄새를 맡는다고 상상하면 몸이 이완되는 것을 느낍니다.

이렇게 편안함을 주는 기억은 머리로 떠올린 것이 아니라 몸으로 떠올린 기억입니다. 이 기억을 더욱더 생생하게 만들어 쉼터로 만들기 위해서는 기억을 '외적 심상'이 아닌 '내적 심상'으로 떠올리는 훈련이 필요합니다.

쉽게 말해 외적 심상은 객석에 앉아 스크린에 떠올린 기억을 바라보는 것이고, 내적 심상은 직접 스크린 속에 들어가 주인공이 되는 것을 말합니다. 외적 심상은 '현재의 나'와 '과거의 나'가 분리된 과거형이지만, 내적 심상은 시간을 거슬러 '현재의 나'와 '과거의 나'가

하나인 현재형입니다. 그러므로 내적 심상은 머리가 아닌 몸의 기억이며 암묵적 기억과도 유사합니다. 내적 심상은 시공간을 건너뛰어 우리를 이완의 순간에 존재하도록 돕습니다.

내적 심상을 위해서는 좀더 능동적으로 기억을 재구성할 필요가 있습니다. 제 경우에는 수영장에서 처음으로 배영을 했던 편안한 기억을 생생하게 떠올리기 위해 마치 지금 그곳에 있는 것처럼 수영장의 천장, 소독약 냄새, 몸의 부유감 등을 떠올립니다. 머리의 기억이 아니라 몸의 기억으로 불러냅니다.

그 느낌이 최고조에 달할 때 상징적인 신호를 만들어놓으면 좋습니다. 예를 들어, 수영장에서 둥둥 떠 있었을 때의 이완감을 떠올리면서 오른손 엄지와 검지를 붙여 작은 원을 만드는 것입니다. 이는 일종의 몸과 나의 약속입니다. 마음이 흔들릴 때 이 신호를 취하면 그 당시의 이완감이 다시 떠올릴 수 있도록 말입니다.

몸의 불필요한 긴장을 빼고 이완시킬 수 있다는 것은, 뜻대로 되지 않는 인생을 살아가는 데 훌륭한 보호 장치가 됩니다.

시간을 돌아보세요. 당신에게 가장 편안했던 장면을 찾아보세요. 기억하는 것이 아니라 최대한 그곳에 있다고 느껴보세요. 그리고 그 편안한 느낌이 생생해질 때 몸과 약속의 몸짓을 만들어보세요. 마지막으로 몸에 이렇게 부탁을 하는 것입니다.

"몸아! 내 마음이 힘들 때 지금 이 편안한 느낌이 저절로 떠오를 수 있도록 도와줘."

어깨의 긴장 빼기: 어깨와 귀의 거리 늘리기

날마다 이를 닦고 세수를 하듯이 우리는 날마다 긴장을 풀어주는 습관이 필요합니다. 특히 긴장이 가장 많이 쌓이는 어깨의 긴장을 자주 풀어주는 게 좋습니다.

어깨는 우리의 의욕과 활력을 나타냅니다. 의욕이 지나치면 어깨에 힘이 들어가고 의욕이 결여되면 어깨가 쳐집니다. 스트레스에 따른 긴장도 어깨에 주로 쌓입니다. 할 일이나 스트레스가 많으면 어깨에 힘이 들어가고 마치 무거운 배낭을 짊어진 것처럼 무거워집니다. 이렇게 어깨에 힘이 들어가면 어깨가 올라갑니다. 즉, 귀와 어깨의 거리가 짧아집니다.

평소에 몸의 이완을 위해 어깨와 귀의 거리를 자꾸 의식할 필요가 있습니다. 불필요한 긴장이 있다면 숨을 길게 내쉬면서 어깨에 힘을 빼봅니다. 귀와 어깨의 거리가 멀어지는 것을 느낄 수 있습니다.

이때 마음속으로 '부드러운 어깨'라고 하면 더욱 좋습니다. 긴장이 빠져나가는 것이 느껴지나요?

만일 어깨의 긴장이 잘 빠지지 않는다면 이렇게 해보길 바랍니다. 양 어깨를 귀밑까지 힘껏 당겨 올려보는 겁니다. 우스꽝스러운 포즈가 되었나요? 이제 내쉬는 숨과 함께 그냥 어깨를 놓아버리면 됩니다. 어떤가요?

5

내 몸에게
안부를 묻습니다

가족 상담을 하다 보면 자주 듣는 이야기가 있습니다. 다른 사람들에게는 예의 바르고 공손하고 친절한데 같이 사는 가족들에게는 쉽게 화내고 지나치게 엄격하다는 이야기입니다.

이런 사람들은 사실 가족만이 아니라 자신에게까지 불친절한 사람들입니다. 이들은 자신을 업신여기는 '낮은 자존감'을 가진 사람들일 경우가 많으며 또한 가족을 '확장된 나'로 생각하기 쉽습니다.

이렇게 자존감이 낮은 사람들은 자신의 몸에 대해서도 불친절합니다. 자신의 몸을 동반자로 여기기는커녕 부끄럽게 여기고 감추거나 억압하거나 함부로 대합니다. 그러므로 누군가 자신에게 친절을 베풀고 싶다면 몸에 대한 친절부터 시작해야 합니다.

원래 우리는 모든 대상과
대화할 수 있는 존재

몸에게 친절을 베푸는 가장 쉬운 방법은 몸에 인사를 건네는 것입니다. 몸에게 어떻게 이야기를 하냐고요? 공원에서 어린이집 아이들이 어떻게 노는지 가만히 본 적이 있습니다.

아이들은 자기들끼리만 노는 것이 아니라 공원의 모든 것들과 이야기를 나누고 놀고 있었습니다. 꽃을 보면 "꽃아! 안녕!" 하며 인사하고 나무를 보면 "나무야, 안녕!" 하며 인사했습니다. 그뿐 아닙니다. 아이들은 생물은 물론 하늘과 바람, 그리고 바위와 같은 무생물과도 인사하며 대화를 나눴습니다. 헤어질 때는 "잘 있어. 또 올게"라며 마무리 인사도 빠뜨리지 않았습니다.

이상한가요? 기억이 안 날지 모르지만 우리도 그랬습니다. 아이였을 때는 누구나 모든 대상과 이야기를 나눌 수 있는 능력을 가지고 있었습니다.

우리는 배 속의 태아에게도 말을 건넵니다. "우리 아기 오늘 기분이 어때?"라고 말이죠. 화초를 키우는 사람은 아침에 일어나 화초에게 말을 건네고, 수석을 가꾸는 사람은 아침에 일어나 돌에게 말을 겁니다. 동물을 키우는 사람은 더 말할 것도 없습니다. 심지어 운전자들은 자동차랑 이야기를 나눕니다. 이러한 인간이 자신의 몸과 인사를 하고 이야기를 나누지 못할 게 무엇입니까?

몸을 존중하고 삶의 동반자로 여긴다는 것은 몸을 하나의 인격체로 대하는 것을 말합니다. 그것은 관념적인 이야기가 아니라 실제 우리가 일상에서 몸에게 말을 건네는 것입니다. 그냥 짧은 인사말을 하거나 안부를 묻는 것만으로도 충분합니다. "오늘 어때?" "안녕!" 정도로 말을 붙이면 됩니다.

다만, 상대의 눈을 보고 인사하는 것처럼 몸에 안부를 물을 때에는 잠깐이라도 몸에 주의를 기울여야 합니다. 우리가 몸에 말을 거는 이유는 몸을 더 잘 느끼기 위한 것이기 때문입니다.

누군가 우리 존재 자체에 관심을 가져줄 때 기쁜 것처럼 몸도 그렇습니다. 몸을 도구로 여기지 않고 몸 자체에 관심을 가져주면 몸도 이를 좋아합니다. 처음에는 몸이 잘 이야기를 하지 않을 수도 있지만 시간이 지날수록 좀더 이야기를 많이 합니다.

"지금 목이 말라. 물을 마시고 싶어."

"오래 앉아 있으니 좀 답답해. 움직였으면 좋겠어."

"컨디션이 좋아. 어제 푹 자서 그런가 봐."

이렇게 몸과 대화를 하다 보면 우리는 자신의 최적 상태를 알아갈 수 있습니다. 일상에서 어느 정도의 휴식, 음식, 수분, 체중, 움직임, 수면이 필요한지 점점 잘 알 수 있게 됩니다. 그리고 자신이 무엇을 좋아하고 언제 행복한지도 더 잘 알게 됩니다.

또한 몸을 잘 느낄수록 우리는 원하는 바를 더 잘 결정하고 더 잘 행동할 수 있게 됩니다. 그러므로 우리는 몸의 소리를 잘 듣고, 몸의 욕구에 대해 기꺼이 응답할 필요가 있습니다.

'이제 내가
잘 돌볼 수 있기를⋯⋯'

사랑은 능동적인 관심이고 적극적인 표현입니다. 몸을 사랑하는 것은 좋은 음식을 먹고 규칙적으로 운동하고 건강검진을 하는 등 건강에 신경 쓰는 것에 국한되지 않습니다.

자녀를 키우는 데 육체적 돌봄뿐 아니라 정서적 돌봄이 중요한 것처럼, 몸을 돌보는 데 있어서도 정서적 돌봄이 필요합니다. 몸을 사랑하는 것은 몸을 존중하고 몸에게 관심을 기울이고, 몸의 고통에 대해 공감하고 보살필 수 있어야 합니다. 자녀가 건강하고 행복하게 살기를 바라듯이 내 몸이 편안하고 건강하게 살아가기를 바라는 것입니다.

그렇기에 몸의 어느 부위가 고통을 느끼고 있다면 몸을 사랑하는 사람은 안타까운 마음을 가지고 몸을 돌봅니다. 건강할 때가 아니라 아플 때 몸을 대하는 태도를 보면 몸을 사랑하는지 알 수 있습니다.

긴 인생을 살아가면서 반드시 배워야 할 마음 공부가 있다면 '자기 친절'입니다. 뜻대로 되는 것보다 뜻대로 되지 않는 게 더 많은 인생에서 자신에게 친절하지 못하면 인생은 더욱 고달픕니다.

정신과에 오는 분들은 단지 고통이 커서가 아니라 고통 속에 있는 자신을 위로하고 돌볼 수 있는 능력이 거의 없기 때문입니다. 스스로를 위로하기는커녕 자신을 미워하고 비난합니다. 이들은 단 한 번도 힘들어하는 자신에게 친절을 베풀어본 적이 없으며, 생각은 있더라도 어떻게 해야 할지를 모릅니다. 이렇게 자신에게 불친절한 이들은 심리적 면역력이 결핍되어 작은 고통 앞에서도 쓰러지고 맙니다.

어른은 스스로 돌볼 수 있는 사람을 말합니다. 어른이 된다는 것은 고통 속에 있는 자신을 돌볼 수 있는 능력이 커간다는 것을 말합니다.

그러므로 우리는 자기 친절을 능동적으로 배워야 합니다. 이는 가장 먼저 몸을 향해 드러나야 합니다. 무엇보다 몸이 힘들거나 아플 때 따뜻한 관심과 친절을 베푸는 것이 시작입니다.

따뜻한 말에서부터 시작하는 게 좋습니다. 마치 친구의 병문안을 가서 손을 잡고 위로하는 것처럼 불편한 내 몸에 손을 얹고 몸이 건강해지기를 기원해 봅니다. 그리고 자신이 이제라도 좀더 관심을 가지고 몸을 잘 돌볼 수 있기를 희망해 봅니다. 이를 문장으로 만들어 자기 친절의 문구를 표현하는 게 좋습니다.

만약 당신이 위염 증세로 인해 소화가 안 되고 속이 쓰리다고 해 봅시다. 그럼, 이렇게 이야기할 수 있습니다.

"내 위장이 편안하기를⋯⋯."

"내가 내 위장을 잘 돌볼 수 있기를⋯⋯."

지금 당신의 몸에서 고통을 느끼는 곳은 어디인가요? 그 부위에 손을 얹고 친절의 문구를 말해 봅시다.

이때 다그치지 말아야 합니다. 우리에게 부족한 것은 '왜 몸을 돌보지 않았어'라는 질책이 아니라 '이제 내가 잘 돌볼 수 있기를'이라는 격려입니다. 진정한 치유란 자신의 몸을 수단화하고 억압했던 태도에서 벗어나 스스로 자기 몸을 돌보고 아낄 때 일어납니다.

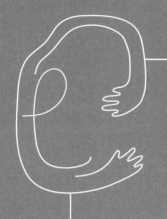

3장

마음의
고통에 대한
응급처치는
몸을 돌보는 것

1

마음이 힘들 때는
몸을 움직입니다

마음이 힘들고 고통스러울 때 우리는 마음을 안정시키려고 애씁니다. 좋은 생각이나 기억을 떠올리려고 하고, 좋은 책을 읽거나 강연을 들으려고도 합니다. 그럴 때 어떻게 하라는 조언은 차고 넘칩니다.

그러나 평소라면 모르겠지만 마음의 파도가 거세게 일어날 때 그렇게 한다는 것은 쉽지 않습니다. 마치 바닷가의 모래성처럼 마음의 파도에 금방 허물어지고 맙니다. 대부분의 조언들은 마음이 안정되었을 때나 가능한 방법들이기 때문입니다.

불이 났을 때는 일단 불부터 꺼야 합니다. 불이 왜 났는지, 발화지점은 어디인지는 일단 불부터 끈 다음에 살필 문제입니다. 마음의 불도 마찬가지입니다. 일단 요동치는 마음을 조금이라도 진정시키는 것이 필요합니다. 급한 불을 끄고 나서야 우리는 객관적으로 상황을 보거나 자신을 위로할 수 있는 작은 여유를 가질 수 있습니다.

그렇다면 마음의 불을 어떻게 꺼야 할까요? 마음의 고통에 대한 응급조치는 무엇일까요? 그것은 몸을 통한 접근입니다.

스트레스를 받을 때는
일단 걷습니다

정신과의사를 하다 보니 사람들이 종종 묻는 게 있습니다. 스트레스를 받거나 힘들 때 어떻게 하느냐는 것입니다.

저는 이럴 때 걷습니다. 어릴 때부터 기분이 안 좋거나 집안에 안 좋은 일이 있으면 밖으로 나와 정처 없이 걸었습니다. 특별히 어디를 가려고 걷는 것이 아니라 말 그대로 발길 따라 걷는 것입니다. 그러다 보면 종종 낯선 동네까지 찾아가게 됩니다. 그렇게 걷다 보면 어느새 마음은 한결 나아집니다.

걷기가 문제를 해결해 준다는 말은 아닙니다. 하지만 일렁이는 감정의 파도를 진정시키고 진눈깨비같이 흩날리는 생각을 보다 단순하게 만들어줍니다. 나와 문제 사이에 '거리'를 제공해 줍니다. 고민이나 감정 안에 갇혀 있지 않고 한 걸음 떨어져서 이를 바라볼 거리를 만들어줍니다.

여러분은 몹시 불안하거나 걱정이 많을 때 어떻게 하나요? 의자나 소파에 파묻혀 고민을 하나요? 동영상을 보거나 혹은 술을 마시지는 않나요? 혹은 '에라 모르겠다' 하며 실컷 잠을 자는 것은 아닌가요?

만약 그런 긴장된 상황에서 걷기를 한다면 어떨까요? 걷기는 효과적인 스트레스 대처 방법입니다. 특히 감정이나 긴장 과잉의 상태에 놓일 때 걷게 되면 과각성된 감정 회로가 신체의 운동 회로와 연결되어 일종의 방향 선회 역할을 합니다. 걷기가 '감정의 우회로' 역할을 함으로써 감정을 약화시키는 데 도움이 되는 것입니다.

실제 많은 사람들이 불안해질 때 서성거리는 것은 긴장을 발산시키려는 우리 몸의 자동 방어 기능이라 할 수 있습니다. 그런데 서성거리는 것보다 더 좋은 방법은 걷는 것입니다. 불안할 때만이 아니라 분노나 슬픔을 느낄 때도 그렇습니다.

걷기는 우리의 감정적 에너지들을 신체의 운동 회로로 배출해 줍니다. 마치 걷기는 욕조 배수구의 마개를 여는 것과 같습니다. 걷게 되면 마음속에 갇혀 있는 꽉 막히고 답답한 감정들이 빠져나갑니다. 어지러운 생각들은 이내 잦아듭니다.

사실 걸을 때 쫓아버릴 수 없을 만큼 무거운 생각이란 별로 없습니다. 심각한 고민이라도 걷게 되면 다른 관점에서 바라보게 되고, 새로운 생각들이 떠오릅니다.

그것은 걷기가 뇌 전체의 균형을 잡아주기 때문입니다. 걷기를 통해 감각과 운동의 뇌가 활성화되면 과잉 활성화되어 있던 감정의 뇌와 사고의 뇌는 진정됩니다. 다시 말해 과도한 스트레스나 고민이 많은 상태란 감정이나 사고 등 뇌의 한 부위가 지나치게 활성화되어 있는 상태를 말합니다. 이때 걷기는 한쪽에 편재되어 있는 뇌 활동의 흐름을 바꾸어줍니다.

즉, 걷기는 뇌 전체를 활성화시킴으로써 고여 있던 우리 마음을 다시 흐르게 합니다. 우리 몸이 앞으로 나아가면 우리 마음도 앞으로 흘러갑니다.

이렇듯 몸을 움직이는 것은 마음의 고통과 스트레스에 대한 응급조치가 됩니다. 가만히 앉아서 힘든 감정과 복잡한 생각을 맞서 싸우려하기보다 일단 몸부터 움직여보세요. 몸의 변화는 당신의 생각과 느낌에 영향을 줍니다.

충동의 환기구를
만들어야 합니다

걷기와 같은 몸의 움직임은 충동의 환기구, 우회로 역할도 합니다. 세상에는 우리를 유혹하는 충동이 참 많습니다. 이 충동에 정면 대응하는 것은 생각보다 어렵습니다.

오히려 안 하려고 애쓸수록 그만큼 반발력도 커져 더 크게 무너지기 쉽습니다. 그런 경험이 많이 있을 것입니다. 예를 들어 게임, 흡연, 음주, 식탐, 포르노 보기 등 어떤 강렬한 충동이 올라왔을 때 '하면 안 돼!' '안 해야지!' 하다가 어느 순간에 무너지고 난 뒤에는 '에라, 모르겠다!'는 심정으로 질려버릴 때까지 그 충동에 지배당하기도 합니다.

그럼, 노력해도 충동 조절이 잘 안 된다면 무엇을 해야 할까요? 여러 가지 체계적인 대책이 필요하지만 그중에서도 중요한 것은 몸을 움직이는 것입니다. 강한 충동이 밀려올 때 이성이나 의지로만 대항하려고 하면 백전백패입니다. 충동이 밀려올 때는 일단 몸을 움직이는 것이 좋습니다.

예를 들어, 저녁 아홉 시 이후에는 음식을 안 먹기로 했는데 한밤중에 무언가 먹고 싶은 강한 충동이 밀려왔다고 해봅시다. '안 돼! 먹지 말아야지' 하며 다짐을 하고 나서 충동이 사라지면 괜찮지만 사라지지 않는다면 일단 몸부터 움직이고 그 다음에 먹을지 말지 판단하는 게 좋습니다. 간단하게는 일단 일어나 화장실로 가서 이를 닦는 것입니다. 가능하다면 밖으로 나가 집 근처를 한 바퀴 돌고 오는 것도 좋습니다.

물론 그렇게 해도 강한 충동이 완전히 사라지지 않지만 마음에 미치는 영향은 다릅니다. 몸을 움직이는 과정에서 실제 충동의 강도가 약해지거나 사라질 수 있습니다. 또한 충동에 굴복했다는 패배감과 무력감이 드는 것이 아니라 나름 이를 조절하려고 했던 것 때문에 실제 자기 조절 능력이 유지되거나 향상될 수 있습니다.

어떤 감정이나 충동에 마음이 사로잡힐 때에는 '투쟁'이 아니라 '환기'가 먼저 필요합니다. 마음의 창문을 열어 감정과 충동이 조금이라도 빠져나가도록 말입니다. 이러한 마음의 환기에서 가장 중요한 것은 몸으로 새로운 자극을 일으키는 것입니다. 몸을 움직여 감각을 깨우는 것으로도 마음의 환기가 일어납니다.

2007년도 《성격과 사회심리학(*Personality and Social Psychology*)》에 실

린 미국 캘리포니아 주립대학 심리학과 로버트 테이어(Robert Thayer) 교수의 실험을 볼까요.

그는 평소 사탕을 즐겨먹는 18세~52세 사이의 18명을 대상으로 이런 실험을 했습니다. 최소 40분의 공복 상태가 지난 후에 사탕을 주고 음식 충동을 유도했습니다. 그리고 대상자들을 두 그룹으로 나누어 한 그룹은 5분 간 산책을 하게 하고, 다른 그룹은 그대로 자리에 앉아 있게 했습니다.

어떤 결과가 나타났을까요? 5분 산책을 한 그룹은 사탕을 먹고 싶은 욕구가 거의 사라졌지만, 자리에 계속 앉아 있던 그룹은 그 욕구가 그대로 남아 있었습니다.

감정과 충동이란 가만히 있으면 강해지고, 이를 없애려고 하면 더 반발하지만 우리가 의식적으로 움직이는 순간 감정과 충동도 따라서 움직이게 됩니다. 의식적인 움직임은 뇌의 익숙한 회로를 우회하는 새로운 길을 만들어냄으로써 충동과 감정을 조절합니다.

그뿐 아닙니다. 무언가 창의적인 생각이 필요한 경우에도 몸을 움직이면 좋습니다. 생각이 꽉 막혀 있을 때에 가장 먼저 할 일은 몸을 움직이는 것입니다. 밖에 나가기가 어렵다면 다른 방으로 이동합니다. 몸을 움직이고 공간을 바꾸는 것은 우리 뇌에 환기구 역할을 하기 때문입니다.

안정된 자세로 마음을 진정시키는
그라운딩

감정이 요동치고 충동이 덮칠 때 몸을 움직여 밖으로 나갈 형편이 아니라면 어떡해야 할까요? 잊고 싶은 괴로운 일이 자꾸 눈앞에 아른거리고 온 신경이 곤두서서 아무 일도 손에 잡히지 않는다면 어떡해야 할까요?

몸의 자세를 통해 이러한 마음을 진정시키는 방법을 소개하겠습니다. 그 핵심은 머릿속의 생각이나 감정을 떠올리지 않으려고 애쓰는 것이 아니라 주의를 몸으로 돌리는 것입니다. 특히 몸의 자세에 주의를 기울여 안정된 자세를 취하는 것입니다. 몸과 마음은 연결되어 있기 때문에 마음이 불안정하면 자세도 불안정해지기 쉽습니다. 가만히 있을 수가 없어 서성거리거나 자꾸 위축됩니다. 이럴 때는 안정된 자세를 취하고 몸의 감각에 집중해 봅니다.

이렇게 몸에 주의를 기울여 마음을 안정시키는 방법을 '그라운딩(grounding)'이라고 합니다. 원래는 땅 위에 맨발로 서거나 걷는 것이지만 일상에서는 쉽지 않기 때문에 바닥과 몸의 연결감을 느끼며 안정된 자세를 취하는 것으로도 대신할 수 있습니다.

그라운딩은 앉아서 해도 좋지만 이왕이면 서서 하는 것이 좋습니다. 서서 할 경우에 신체감각에 집중하는 포인트는 일차적으로 양 발바닥이고, 앉아서 할 경우에는 양쪽의 엉덩이뼈입니다. 이 두 포인트는 몸의 무게를 받치는 지지점입니다.

양 발바닥이 안정적인 지지대가 되기 위해 양쪽 발바닥의 역삼각형을 느껴봅니다. 역삼각형이란 발 뒷꿈치의 중앙 그리고 엄지발가락과 새끼발가락이 연결되는 세 포인트를 말합니다. 안정된 자세를 위해 이렇게 무게중심을 찾아 균형 있는 자세를 취하고 몸을 활짝 폅니다.

그리고 숨을 천천히 들이마시고 천천히 내쉽니다. 호흡에 집중하기가 쉽지 않을 때에는 한 손을 숨이 드나드는 코 밑이나 복부에 대고 몸의 감각을 느껴보는 것도 좋습니다.

물론 그 과정에서도 몸에 주의를 두지 못하고 다시 생각과 감정에 휩쓸리겠지만 "생각, 생각!" 혹은 "감정, 감정!"이라고 말하고 다시 의식을 호흡에 집중하면 됩니다.

이렇게 안정적인 자세를 취하게 되면 신체 내 호르몬의 변화가 나타납니다. 스트레스를 유발하는 코르티솔이 감소하고, 활기를 주는 테스토스테론의 농도가 증가합니다.

지금 한번 일어나서 해볼까요. 전체적으로 2~3분 정도 안정된 자세를 유지합니다. 이제 그라운딩을 한 후에 마음의 상태를 살펴봅시다. 어떤 변화가 느껴지나요?

몸의 감각에 집중하는 그라운딩

1. 당신이 있는 자리에서 일어섭니다.

2. 두 발을 어깨 넓이 정도로 벌립니다. 중요한 것은 어느 정도의 간격
   이냐가 아니라 최대한 몸에 안정감을 주는 자세를 찾는 것입니다.

3. 서 있을 때 체중은 양 발바닥에 실립니다. 양 발바닥이 바닥에 밀
   착되도록 딛고 균형 있게 몸의 체중을 분산시킵니다.

4. 척추를 바로 세우고 수직의 자세를 취합니다.

5. 양 어깨를 펴고 시선은 정면의 약 15도 위를 바라봅니다.

6. 손은 가볍게 주먹을 쥐고 몸에 가까이 둡니다.

7. 눈을 감고 호흡에 집중합니다. 숨이 들어오고 나갈 때 몸의 어디에
   서 움직임이 느껴지는지에 주의를 기울입니다. 잘 느껴지지 않는다
   면 손을 코 밑이나 복부 등 숨의 드나듦을 느낄 수 있는 곳에 대어
   봅니다.

2

감정이 올라오면
신체감각을 관찰합니다

화가 날 때 어떻게 하나요? 부부나 커플이 대화를 하다가 몹시 화가 났다고 해봅시다. 소리 지르고 싸울 수도 있지만 사람에 따라서는 화를 꾹 참는 이들도 많습니다. '서로 싸울 거면 그만 이야기하자'라고 일단 피할 수도 있습니다.

물론 상대는 늘 내 마음 같지 않습니다. 나는 그만하고 싶지만 상대는 시시비비를 가리려고 더 이야기를 하고 싶어 할 수도 있습니다. 결국 폭발하고 한바탕 쏟아내야 진정이 되거나 끝나는 경우도 많습니다.

지금까지의 연구 자료를 보면, 화를 내든 화를 참든 모두 건강에 안 좋습니다. 분노 폭발(anger-out)을 많이 하는 사람들은 심장 질환과 뇌혈관 질환에 더 잘 걸리고, 반대로 분노 억제(anger-in)를 많이 하는 사람들일수록 암과 당뇨병에 걸릴 가능성이 높은 것으로 알려져 있습니다.

그렇다면 '참거나 폭발하거나' 말고 좀더 다른 방법은 없을까요? 여기서는 몸을 통해 감정을 조절할 수 있는 방법을 알아보고자 합니다. 몸을 자각하는 것은 감정과 충동을 조절하는 데 있어서도 효과적이기 때문입니다.

감정과 충동을 조절하기 위하여 알아야 할 것

인간이 고도의 사회적 존재가 될 수 있었던 것은 본능과 감정대로 행동하지 않고 이를 조절할 수 있는 생물학적 장치를 가지고 있기 때문입니다. 이 감정 조절을 위한 생물학적 장치에서 가장 중요한 부위는 이마 뒤편의 전전두엽과 전방 대상회입니다.

전전두엽은 대상회를 사이에 두고 감정의 뇌인 변연계와 연결되어 있습니다. 이 회로가 잘 연결되어 있으면 감정을 조절하고자 하는 전전두엽의 신호가 잘 전달되어 일종의 브레이크 역할이 이루어집니다.

그에 비해 감정 조절의 어려움을 보이는 사람들의 뇌는 두 가지 특징을 가지고 있습니다. 첫째, 감정의 뇌인 변연계 속의 편도체가 지나치게 활성화되어 있어 작은 자극이나 위험에도 곧바로 편도체에 빨간 불이 켜지고 비상 모드로 돌변합니다.

편도체에 빨간 불이 들어오면 생존의 위협을 느낄 때 작동하는 스트레스 반응을 보입니다. 핏대를 높이고 싸우거나, 바로 도망치거나 혹은 아무것도 못한 채 얼어붙어 버립니다.

둘째, 감정을 관장하는 변연계와 이성을 관장하는 전전두엽 간의 연결이 빈약합니다. 즉, 감정과 사고의 연결이 잘 끊어져서 감정적인 반응을 보이게 됩니다.

그렇다면 감정 조절이 된다는 것은 무엇을 말할까요? 그것은 외부의 자극에도 불구하고 감정의 뇌와 이성의 뇌가 잘 연결되어 있는 상태를 말합니다. 그렇기에 왜 감정이 일어났는지 살펴보고 어떻게 반응하는 것이 좋을지 관찰하고 판단할 수 있는 능력이 살아 있습니다. 결국 감정 조절의 핵심은 감정의 뇌와 이성의 뇌의 연결을 잘 유지하고 강화하는 것이라 할 수 있습니다.

이를 위해 가장 필요한 것은 통제가 아니라 관찰입니다. 시간 관리를 잘 못하고, 음식 조절을 잘 못하며, 감정 조절을 잘 못할 때, 우리는 흔히 통제를 강화하려고 합니다. 그러나 감정의 뇌와 이성의 뇌가 끊어진 상태에서는 아무리 브레이크를 세게 밟으려고 해도 신호가 전달될 수 없습니다. 일단 연결을 해야 합니다. 그 효과적인 방법이 바로 관찰입니다.

그러나 이 역시 막막합니다. 지금 화가 났는데 무엇을 관찰하라는 말일까요? 내가 왜 화가 났는지 생각해 보라는 말일까요? 지금 상황에서 화를 내는 것이 좋은지 안 좋은지 생각해 보라는 말일까요? 화가 가라앉으면 이렇게 생각해 볼 수 있지만 화가 난 상태에서는 어렵습니다. 이성의 뇌와 감정의 뇌가 끊어져 있기 때문입니다.

이러한 감정 관찰의 핵심은 몸의 감각을 관찰하는 것입니다. 바늘과 실처럼 감정이 있는 곳에는 몸의 감각이 있습니다. 우리는 감정을 마음이라고 하지만 감정은 기본적으로 몸의 경험입니다. 감각의 변화 양상에 따라 이름을 붙인 게 감정입니다. 이렇게 감정이 올라올 때 감각을 관찰하는 것은 어떤 효과가 있을까요?

예를 들어 감정이 동요될 때 흔히 호흡은 짧아지고 불안정해집니다. 이때 내가 어떻게 숨을 쉬고 있는지 호흡을 관찰하게 되면 어떻게 될까요? 짧았던 호흡이 자연스럽게 길어집니다. 이렇게 길어진 호흡은 부교감신경계를 활성화시켜 편도체의 흥분을 감소시키고 몸을 안정시킵니다.

이렇게 몸의 감각에 집중함으로써 의식을 변화시키거나 마음을 조절하는 방법을 상향식 조절 방식이라고 합니다. 호흡법이나 근육 이완 훈련은 대표적인 상향식 방법입니다.

그러나 기존의 정신의학이나 심리학은 전통적으로 하향식 조절 방식을 선호해 왔습니다. 감정이나 생각을 다루어 마음이나 뇌를 변화시키려고 한 것입니다.

하지만 우리에게는 양방향의 접근이 모두 필요하고, 즉각적인 효과를 위해서는 상향식 방법을 사용하는 것이 더 좋습니다. 몸을 통해 마음에 접근하는 것이 수월하고 더 빠르기 때문입니다.

감정의 뇌와 이성의 뇌를
연결하는 '라벨링'

호흡만으로 감정을 안정시키는 것은 쉽지 않습니다. 좀더 효과적인 감정 조절법을 연습할 필요가 있습니다. 그 방법으로 '라벨링(labeling)'이라는 기법이 있습니다. 쉽게 말해 '감정에 이름 붙이기'입니다.

예를 들어, 고등학생인 자녀가 휴일에 아무것도 하지 않고 침대에서 빈둥거리고 있다고 해봅시다. 몇 시간째 그런 모습을 보면 일어나서 뭐라도 하라고 이야기하기 쉽겠지요. 그런데 아들이 알아서 할테니 신경 쓰지 말라고 짜증 섞인 말투로 이야기하면 순간 화가 치밀어 오를 수 있습니다. 화를 조절하고 차분히 "무슨 일이 있니?"라고 물어볼 수 있다면 얼마나 좋겠습니까!

원래 라벨링 기법은 자신이 느끼는 감정에 이름을 붙이는 것입니다. 간단하게는 "나는 화가 났어" "나는 슬퍼" "나는 지금 불안해"라고 감정의 이름만 붙여도 감정을 조절하는 효과가 있습니다.

감정에 이름을 붙이는 것만으로도 전두엽은 활성화되고 우리는 내적 경험에 대해 다른 방식으로 관계를 맺을 수 있게 됩니다. 즉, 감정에 빠져들어 감정을 사실로 받아들이거나 자기 자신이라고 여기는 것에 브레이크를 걸어, 내적 경험에서 한 발짝 뒤로 물러서서 바라볼 수 있는 틈을 만들어줍니다.

좀더 여유가 있다면 그 감정의 강도를 몸으로 평가하여 점수를 줄 수 있다면 더 좋습니다. 만일 분노의 감정을 1~10까지 강도로 나눈다면 "나는 6 정도 화가 났어"라고 이야기하는 것입니다.

이 두 가지 방법도 좋지만 가장 효과적인 라벨링 기법은 감정에 동반되는 신체감각에 이름을 붙여주는 것입니다.

자, 앞 상황으로 돌아가 봅시다. 아들에게 일어나라고 했는데 아들이 일어나지 않고 짜증을 내는 바람에 무척 화가 났습니다. '일어나!'라는 소리가 턱 밑까지 올라올 정도로 흥분이 되었습니다.

이때 라벨링은 이 분노라는 감정을 바꾸거나 억압하려는 어떠한 시도도 하지 않고 바로 몸에 주의를 기울이는 것입니다. 그리고 분노가 몸 어디에서 느껴지는지 주의를 기울여 신체감각적인 변화를 찾아내는 것입니다.

만약 심장박동이 빨라지고, 얼굴에 열감이 나고, 두피가 수축하고, 눈과 목 주변에 힘이 들어간다고 해봅시다. 그렇다면 그 감각을 그대로 이야기하는 것입니다. "나는 지금 심장 박동이 빨라지고 있고, 얼굴에 열감이 느껴지고, 두피가 수축하고 있고, 눈과 목 주변에 힘이 들어가고 있어"라고 말이지요.

물론 그럴 경황이 없다면 앞에서 이야기한 것처럼 분노에 대한 점수를 매기는 것도 괜찮습니다. 여기에서 중요한 것은 생각으로 점수를 매기는 것이 아니라 신체의 생리적 반응의 강도에 따라 불안에 대한 점수를 주는 것입니다. 몸의 반응이 클수록 점수가 높고, 몸의 반응이 작을수록 점수는 낮습니다.

어떻게 보면 라벨링 기법은 무척 단순한 방법입니다. 화가 났다면 왜 화가 났는지, 어떻게 하는 것이 좋은지 등 깊은 생각이 필요하지 않습니다. 라벨링은 복잡한 정서적인 문제를 가치나 판단이 들어간

인지적 차원이 아니라 단순한 생리적 문제로 접근하는 것입니다. 전전두엽으로 접근하는 것이 아니라 감각을 관장하는 섬엽을 활성화시켜 감정의 뇌와 이성의 뇌 사이 연결을 회복시킵니다. 물론 본질적인 해법이 아니라 일단 급한 불부터 끄는 것입니다.

이게 과연 도움이 될까요? 2014년 UCLA 대학 심리학 교수 매튜 리버먼(Matthew D. Lieberman)은 그 연구 결과를 《심리학 프런티어 (Frontiers in Psychology)》에 발표했습니다. 연구자료를 보면 감정에 이름을 붙이게 되는 순간 감정 조절의 브레이크 페달 역할을 하는 전전두엽 피질이 빠르게 활성화되고, 감정의 뇌인 변연계 속 편도체의 활성도가 떨어지는 것을 알 수 있습니다.

다른 감정도 마찬가지입니다. 감정의 파도에 휩쓸릴 때는 자신의 몸의 감각에 이름을 붙여봅시다. 우리는 그 감정을 더 잘 볼 수 있고, 더 잘 다룰 수 있고, 더 잘 받아줄 수 있게 됩니다. 반대로 감정을 빨리 내보내기 위해 감정을 바꾸려 하고 밀어내려고 하면 우리의 의도와는 정반대로 감정은 우리 안에 더 오래 머무르기 위해 버티게 됩니다.

기본 감정에 동반되는 신체감각

감정을 잘 알아차리기 위해서는 신체감각을 잘 느껴야 합니다. 목소리, 근육, 심박동, 호흡 등에 주의를 기울여 감정에 따른 신체감각을 찾아보는 연습이 필요합니다. 아래는 우리가 흔히 느끼는 감정과 그에 따른 신체감각적 변화입니다.

분노	근육 특히 턱과 어깨가 긴장된다. 미간이 찌푸려진다. 이를 악물고 입술에 힘이 들어간다. 상체와 얼굴에 열감이 느껴진다. 눈에 힘이 들어간다.
슬픔	눈이 젖는다. 목이 멘다. 눈꺼풀이 처진다. 눈의 초점이 흐려진다.
혐오	고개를 돌린다. 윗입술이 올라간다. 코를 찡그린다.
행복	미소가 나온다. 가슴이 부풀어 오른다. 몸이 따뜻해진다.
두려움	심박동과 호흡이 빨라진다. 몸과 목소리가 떨린다. 눈썹이 올라간다. 눈을 크게 뜬다. 창백해진다. 식은땀이 난다. 털이 곤두선다.
수치심	얼굴이 화끈거린다. 고개를 돌리고 시선을 피한다.

3

우울하고 외로울 때
먼저 몸에 집중합니다

날씨는 우리 기분에 많은 영향을 미칩니다. 굳이 연구 결과를 제시할 필요도 없습니다. 맑은 날과 흐린 날, 미세먼지가 심한 날과 그렇지 않은 날의 기분만 비교해 봐도 쉽게 알 수 있습니다.

기온도 영향을 줍니다. 주위를 보면 유난히 추위에 민감한 사람들이 있습니다. 이들은 한여름에도 긴팔 셔츠나 카디건을 입고 늦가을만 되어도 패딩점퍼를 입습니다. 이들은 추위에도 민감하지만 관절이나 근육통, 편두통 등도 심합니다. 우울증도 자주 앓습니다.

몸과 마음은 연결되어 있기 때문에 몸이 추운 것은 마음이 추운 것과도 연관됩니다. 실제 햇빛이 부족하고 추운 북유럽 사람들은 다른 지역보다 '계절성 우울증'의 유병률이 높습니다.

왜 외로울 때는
따뜻한 음식이 먹고 싶을까?

마음이 추워지면 몸 역시 더 추워집니다. 토론토 대학 심리학자인 첸보중(Chenbo Zhong)과 제프리 레오나르델리(Geoffrey Leonardelli)는 실험 참가자들을 두 그룹으로 분류했습니다. 한 그룹에는 살아오면서 소외감을 느꼈던 기억을 회상하게 하고, 또다른 그룹에는 친밀함을 느꼈던 기억을 떠올리도록 했습니다. 그리고 방 안의 온도를 섭씨 12.2도에서 40도까지 유동적으로 변화시켜 체감 온도를 물어보았습니다.

그 결과 소외감을 회상했던 이들은 방의 평균 온도를 섭씨 21.6도라고 대답한 반면, 친밀함을 떠올린 이들은 섭씨 23.8도라고 이야기했습니다. 소외감을 느낄 때 마음만 차가워지는 것이 아니라 몸도 차가워지는 것을 알 수 있습니다. 외로움의 감정이 인체의 체감온도를 떨어뜨린 것입니다.

적외선 체열 진단기로 우리 몸을 촬영해 보면 감정에 따라 체온이 달라지는 것을 확인할 수 있습니다. 행복할 때는 체온이 올라가지만 우울하면 체온이 떨어집니다. 그렇기에 우리는 따뜻하면 기분이 좋고 추우면 기분이 안 좋아지기 쉽습니다.

이는 음식의 선택에도 고스란히 영향을 미칩니다. 위 연구진들은 컴퓨터 볼 게임을 통해 참가자들에게 소외감을 느끼도록 했습니다. 의도적으로 일부에게 공이 더 많이 패스되도록 해서 즐겁게 게임에 참여하도록 유도하고, 일부는 패스를 받지 못해 소외감을 느끼게 한 것입니다. 이후 실험에 참가한 사람들에게 뜨거운 커피나 아이스커피, 뜨거운 스프, 사과, 크래커 등의 음식 중 무엇이 먹고 싶은지 물었습니다.

실험 결과 다른 이들에 비해 공을 많이 받고 패스를 많이 한 이들일수록 아이스커피 등의 차가운 음식을 찾았으며 상대적으로 공을 적게 받은 이들일수록 스프 등 뜨거운 음식을 선호하는 것으로 나타났습니다.

왜 우리는 마음이 외로울 때 따뜻한 음식을 원하는 것일까요? 왜 심리적 감정과 체감온도가 연관될까요? 그것은 우리의 초기 경험과 밀접한 관련이 있습니다. 아이는 부모의 몸과 맞닿아 있을 때 신체적인 따뜻함과 포근함을 느끼며 이것이 바로 심리적 안정감의 기본을 만들기 때문입니다.

우울할 때에는
몸부터 따뜻하게

날씨가 추워지고 체감온도가 낮아지면 더 우울해지기 쉽다고 했습니다. 그렇다면 우울증 환자들의 몸을 따뜻하게 해주면 어떻게 될까요? 혹시 기분이 나아지지 않을까요? 실제 그런 아이디어를 떠올린 사람들이 있습니다.

바로 2017년도 《BMC 보완대체의학(BMC Complementary and Alternative Medicine)》에 실린 독일 프라이부르크 대학 의학센터

소속의 요하네스 나우만(Johannes Naumann) 팀입니다. 이들은 약물치료에 잘 반응하지 않는 우울증 환자들을 위해 효과적인 치료법을 연구했습니다. 이들은 여러 가지 시도 끝에 온천욕에 주목했습니다. 대상군의 숫자가 적지만 우리는 그 결과에 주목할 필요가 있습니다.

연구 팀은 총 36명의 중등도 우울증 환자를 두 그룹으로 나누었습니다. 17명은 4주 동안 주 2회의 온천욕을 받게 했고, 19명은 400럭스 미만의 초록색 UV 광선을 쬐게 하였습니다. 이 연구에서 UV 광선 치료를 받은 19명은 일종의 플라세보 그룹입니다. 400럭스 정도의 광선은 우울증 치료 효과가 나타나지 않는 수준입니다.

그 결과는 어땠을까요? 온천욕을 한 그룹은 UV 광선 치료를 받은 그룹에 비해 HAM-D 우울증 점수가 3.14점이 향상될 만큼 호전되었습니다. 추가적인 연구가 필요하겠지만 이는 우리 몸과 마음의 연결성을 잘 보여주는 실험입니다.

마음이 우울하고 외로울 때 마음을 바꾸기 어렵다면 몸부터 돌보는 것이 좋습니다. 예를 들어, 옷을 따뜻하게 입고, 따뜻한 차와 음료를 자주 마시며, 입맛이 없더라도 뜨거운 국물에 갓 지은 따뜻한 밥을 먹는 것입니다. 좀더 여유가 있다면 가까운 온천이나 마사지 숍을 들르거나 따뜻하고 편안한 이불이 있는 숙소에서 하룻밤을 지내보는 것도 좋습니다.

그렇다고 우울이나 외로움이 싹 가실 수는 없습니다. 하지만 우리가 스스로 몸을 돌볼 때 출렁거리는 마음은 다소 진정됩니다. 몸뿐 아니라 마음 역시 돌봄을 받는 느낌이 들기 때문입니다.

물론 다른 사람이 그렇게 해주면 더 좋을 것입니다. 그러나 다른 사람이 당신에게 해주기를 바라는 것을 스스로 하는 것이 바로 자기 돌봄입니다. 자기 돌봄은 마음을 위로하고 자신이 할 수 있는 것에 에너지를 집중할 수 있는 디딤돌이 되어줍니다.

4

진짜 힘든 고통은
말로 표현할 수 없습니다

상담을 하다 보면 중요한 대목에서 내담자가 한동안 말이 없는 경우가 있습니다. 예를 들면 심리적 트라우마와 같이 마음의 큰 충격을 준 사건을 떠올릴 때입니다. 그 순간 몸은 뚜렷한 반응을 보이는데 이를 말로는 한 마디도 표현하지 못하는 이들이 있습니다.

얼핏 보면 이야기를 하지 않고 가만히 있는 것 같지만 사실 내담자의 몸은 수많은 이야기를 하고 있습니다. 어깨와 몸통 그리고 손이 부들부들 떨리고, 말이 나오지 않을 만큼 목이 메고, 호흡이 얕고 빨라지고, 턱관절이나 입술에 힘이 들어가고, 눈은 무서움에 떨고 있거나 울분에 차 있습니다.

왜 아무런 이야기를 하지 않을까요?

하지 않는 것이 아니라 하지 못하는 것입니다. 정말 큰 고통은 말로 표현할 수 없기 때문입니다. 정말 큰 고통은 머리가 아니라 온몸에 저장되어 있습니다.

몸은 중요한 기억의 저장고

근호 씨는 해마다 11월이 되면 잠을 못 이루고 마음이 심란해집니다. 11월 15일 전후로는 몸이 천 근처럼 무겁고 아무것도 할 수가 없습니다. 음식도 넘어가지 않고 겨우 꼭 해야 할 일만 하고 거의 대부분의 시간을 집에서 보냅니다. 바로 아들의 기일이기 때문입니다.

아들은 10년 전에 군대에서 사고로 죽었습니다. 멀쩡한 모습으로 군대에 갔던 늠름한 아들이 시신으로 돌아왔을 때 정말 억장이 무너지는 느낌이었습니다. 간신히 장례를 치르기는 했지만 몇 년 동안 술의 힘을 빌리지 않으면 안 될 만큼 고통의 시간을 보냈습니다. 지금도 길거리에서 군인만 보면 그리움이 솟구쳐 눈이 뜨거워집니다.

이렇게 근호 씨처럼 특정일이 다가오면 몸과 마음이 힘든 분들이 많습니다. 범죄, 사고, 재난, 자살 등으로 사랑하는 가족을 잃은 사람들은 기일이 가까워지면 몸부터 힘들어집니다. 특히 광주 5.18, 세월호 참사, 군 의문사 등 진상규명이나 책임자에 대한 처벌이 제대로 이루어지지 않는 경우라면, 더 많이 힘들기도 합니다.

이를 '추모일 반응(anniversary reaction)'이라고 합니다. 이는 몸의 기억 체계가 의식을 뛰어넘는다는 것을 말해 줍니다.

우리 몸에는 일종의 기억 시계가 있습니다. 특히 우리가 어떤 충격적인 사건에 대한 내적 경험을 제대로 처리하지 못할수록 그 사건은 우리 몸에 강한 흔적을 남깁니다. 다행히 유족이나 생존자들이 그 충격으로부터 충분히 슬퍼하고 위로 받을 수 있는 상황이 되면 추모일 반응은 덜 나타나게 됩니다.

이렇게 마음의 고통은 몸에 저장되어 있기 때문에 상담을 할 때 내담자의 마음뿐 아니라 몸에도 깊은 주의를 기울여야 합니다. 내담자의 억양, 자세, 몸짓, 시선, 긴장도, 신체 내부감각의 변화 등에 많은 정보가 담겨 있기 때문입니다. 고통이 크고, 잊히지 않은 상처일수록 몸에 주의를 기울이고 몸을 다루는 것은 무척 중요합니다.

우리는 너무 쉽게 뇌를 컴퓨터의 메모리 같은 인간의 기억 저장장치라고 생각합니다. 물론 맞습니다. 하지만 인간은 컴퓨터와 달리 기억이 뇌에만 저장되어 있지 않습니다. 몸 역시 중요한 기억의 저장고입니다. 특히 무의식의 기억은 더욱더 몸에 저장됩니다.

그러므로 몸은 내가 아는 것보다 더 많은 것을 기억하고 있습니다. 지금의 나를 이루는 자세, 표정, 억양, 호흡의 리듬, 걷는 방식 등 그 모든 것은 몸이 저장하고 있는 경험의 소산입니다.

기억을 여러 가지로 나눌 수 있는데 그중에 두 가지는 '암묵적 기억(implicit memory)'과 '외현적 기억(explicit memory)'입니다. 아주 간단하게 말하면 암묵적 기억은 몸의 기억이고, 외현적 기억은 머리의 기억입니다. 피아노 치기를 기억하는 것은 암묵적 기억이고, 역사적 사건을 기억하는 것은 외현적 기억입니다.

당신의 첫 기억은 몇 살 때 무엇을 하는 모습인가요?

세 살 이전 유아기의 기억은 떠오르지 않을 것입니다. 그렇다고 기억이 없는 것은 아닙니다. 몸에 암묵적 기억으로 저장되어 있습니다. 눈빛, 자세, 몸의 느낌, 충동, 냄새 등의 감각 경험은 해마의 도움 없이 편도체를 통해 경험되고 저장됩니다. 이러한 암묵적 기억들은 말로 표현할 수 없지만 시간을 초월하여 언제라도 그때처럼 떠오릅니다.

만약 어릴 때 김이 모락모락 나는 시루떡을 먹고 행복했다면 김이 나는 떡집을 지날 때 유년기의 행복감에 다시 젖어들 수 있습니다. 이렇듯 암묵 기억은 과거이지만 현재로 기억되는 과거입니다.

그에 비해 머리로 떠올리는 외현적 기억은 최소 두세 살이 지나야만 가능합니다. 이는 의식적으로 떠올릴 수 있고 서술할 수 있는 기억을 말합니다. "나는 여섯 살 때 가족 여행을 가서 바닷가에서 놀았어"라고 말로 이야기할 수 있는 기억입니다.

이는 편도체와 해마가 연결되고, 우뇌와 좌뇌가 연결되는 뇌의 성숙이 필요합니다. 그때에야 비로소 우리는 자신의 경험을 언어로 이야기할 수 있고, 자신을 이루는 자서전적 기억으로 저장할 수 있습니다.

그러나 외현적 기억이 가능한 세 살 이후라고 하더라도 심리적 충격이 큰 사건은 우뇌와 좌뇌가 단락되어 암묵적 기억으로 저장됩니다. 몸에 저장되는 것입니다.

가슴에 달라붙은 끈적한 덩어리들

"선생님, 그 이야기는 안 하면 안 될까요? 그 이야기를 떠올리는 것조차 너무 힘드네요."

대학생 명희 씨가 입술을 깨뭅니다. 몸의 흐느낌이 저한테까지 전해집니다.

"많이 힘든가 보군요. 몸에서부터 힘든 반응이 올라오는 것 같네요. 어떤 일이 있었는지 이야기하지 않아도 됩니다. 괜찮다면 그냥 몸의 느낌만을 살펴볼까요. 그 기억이 떠올랐을 때 특히 몸의 어디에서 어떤 느낌이 올라오나요?"

"가슴 쪽에서부터요. 가슴이 철렁 내려앉고 꽉 조이는 느낌이 드네요. 그리고 눈앞이 캄캄해지는 것 같고요."

명희 씨는 그 기억을 떠올리면서 다시금 얼어붙은 느낌이 들었습니다.

도대체 그녀에게 어떤 일이 있었을까요? 그녀는 어릴 때부터 어머니와 오빠로부터 여러 차례 폭력을 당한 적이 있습니다. 특히 엄마는 그녀가 잘못한 일이 아니더라도 아빠와 힘든 일이 있으면 그녀에게 화풀이하듯이 고성을 지르거나 손찌검을 했습니다. 그중에 하나의 기억이 떠올랐던 상황입니다.

초등학교 저학년 때의 일이었습니다. 엄마는 무엇 때문에 화가 났는지 설거지를 하다가 난데없이 명희 씨 바로 앞에 그릇을 세게 던졌습니다. "왜 네 마음대로 해? 엄마 말이 우스워!"라고 소리를 지르면서 말이죠. 그릇은 그녀 앞에서 산산조각이 났습니다. 파편이 사방으로 튀었습니다.

엄마의 그 눈빛은 지금도 잊을 수가 없습니다. 심장이 벌벌거릴 정도로 놀란 명희 씨는 어떻게 해야 할지를 몰랐고 그냥 울고만 있었습니다.

"울지 마!"라는 호통에도 계속 그녀가 울자 엄마는 그녀를 두고 안방 문을 쾅 닫고 문을 잠갔습니다. 그녀는 무엇을 잘못했는지 모른 채 방문 밖에서 "엄마! 잘못했어요"라는 말을 되뇌며 울다 쓰러졌습니다.

가슴이 조인다는 그녀의 말에 저는 심호흡을 권했습니다. 그리고 심호흡을 할 때 흉곽의 움직임과 발이 바닥에 닿는 느낌에 주목하도록 도왔습니다. 명희 씨가 힘든 기억을 떠올릴 때마다 그 시간 속으로 빨려 들어가기 때문에 몸의 감각을 통해 과거와 현재를 구분하도록 한 것입니다.

마음이 어느 정도 안정되자 다시 심상을 통해 그 장면 속으로 들어가보았습니다. 그녀는 다시 눈을 감았습니다. 그녀 눈앞에 무엇 때문에 그렇게 화가 났는지 악에 받쳐 있는 엄마의 모습이 보입니다. 엄마의 화난 모습을 다시 떠올리는 것만으로도 어깨가 오그라들고 몸이 떨려옵니다. 싸늘한 공포감이 다시 느껴집니다. 명희 씨는 가슴이 답답하다고 했습니다.

저는 그녀에게 좀더 몸의 느낌을 탐색할 수 있는지 동의를 구한 뒤 상담을 이어갔습니다.

"그 가슴 답답한 느낌에 주목해 보세요. 마치 가슴에 무엇이 들어 있는 느낌이 드나요? 만약 그 몸의 느낌을 몸 밖으로 빼내어 책상 위에 올려놓는다고 한다면 어떤 모습일까요? 그 모양, 성질, 색깔, 움직임을 한번 상상해 보세요."

"끔찍하네요. 검정색 콜타르 같은 것이 가슴 속에 덕지덕지 뭉쳐져 있네요. 심장이나 폐에 달라붙어 잘 떨어지지 않을 것 같아요. 그래서 숨 쉬기가 답답한 것 같고요."

명희 씨는 다행히 그 느낌을 심상으로 잘 연상시켰습니다. 상상이지만 그 끈적거리는 물체를 하나하나 떼어내어 책상 위에 올렸습니다. 처음에는 책상 위에 끈적거리는 것들이 제각기 흩어져 있었지만 조금 있으니 물방울이 뭉쳐지듯 하나로 모였습니다. 콜타르처럼 느껴졌던 게 책상 위에 올려놓고 보니 다르게 보였습니다. 마치 오징어 먹물을 넣어 만든 검정색 밀가루 반죽처럼 보였습니다.

자신의 신체적 반응에
민감하게 깨어 있는 내담자들

1960년대 초 미국 시카고 대학 심리학과 교수였던 유진 젠들린 (Eugene Gendlin)은 '무엇이 성공적인 상담 효과를 가져오는 것일까?'라는 주제에 대해 깊은 관심을 가졌습니다. 상담의 효과가 사람들마다 달랐기 때문입니다.

그는 동료들과 함께 수백 개의 상담 녹음테이프를 분석해 보았습니다. 상담자와 내담자에게 각각 상담이 성공적이었는지를 평가하게 하였고, 상담 과정에서 긍정적인 변화가 일어났는지를 측정하기 위해 다양한 심리측정 검사도 사용하여 분석하였습니다. 그 과정에서 놀라운 점을 발견했습니다.

성공적인 상담에서는 첫 번째 혹은 두 번째 회기에서부터 내담자의 특징적인 반응이 나타났습니다. 바로 상담 시간에 종종 말을 서서히 하면서 시간을 갖고 몰입하며 자신의 신체 반응에서 뭔가를 느낀다는 점입니다.

《상담학 연구》에 실린 덕성여자대학 심리학과 주은선 교수의 「포커싱 체험심리치료의 이해와 적용」을 보면, 어떤 이들은 이렇게 이야기를 합니다.

"음, 있잖아요. 아 잠깐만요."

"맞아요, 지금 가슴 중앙에 뭔가 막혀 있는 것 같은데…… 그게 말이에요. 무언가가 나를 누르고 있는 것 같아요."

"음, 이걸 뭐라고 해야 하나. 이상한데…… 배가 살살 아픈 것 같기도 하고…… 왜 찜찜한 것 있잖아요."

성공적인 상담의 내담자들은 자신의 신체적 반응에 민감하게 깨어 있었고 스스로 상담 회기에서 이를 다루었습니다.

명희 씨의 상담에서 시간이 지날수록 그녀의 상처에 대한 신체감각에 변화가 생겨났습니다. 다시 어린 시절의 상처받은 장면을 떠올릴 때 몸서리쳤던 느낌이 눈에 띄게 약해졌습니다.

일단 얼굴 표정이 바뀌어갔습니다. 그리고 자신의 가슴 속에 시커먼 콜타르처럼 엉겨 붙어 있던 점액질의 물체가 달라지기 시작했습니다. 끈적거림과 차가움은 점점 사라지고 색깔과 형태도 점점 달라졌습니다.

상담 후반부에는 윤이 나는 검정 구슬을 떠올렸습니다. 그것은 마치 까만 눈동자 같았습니다. 마치 또하나의 눈이 가슴 속에 있는 것처럼 느껴졌습니다. 명희 씨는 사방이 꽉 막힌 것처럼 답답했던 가슴에 신선한 바람이 들어오는 것 같다고 했습니다.

젠들린 교수는 이를 '감각 변화'라고 부릅니다. 자신의 감각이 새롭게 경험되면서 자신의 몸과 마음이 재배열되는 것을 말합니다.

이렇듯 심리 치유작업에서 신체적 경험을 다루는 것은 중요합니다. 자신의 상처를 얼마나 말로 잘 이야기하느냐보다 그 상처에 담긴 감정과 감각을 다시 경험하느냐가 더 중요합니다.

그렇게 보면 자신의 문제를 잘 알고 있는 이성적이고 분석적인 사람들이 왜 정작 상담에서 치유 효과가 더디게 나타나는지 이해할 수 있습니다. 이들은 상담 내내 자신의 문제를 설명하려고 하고 왜 그랬는지를 분석하려고 할 뿐, 정작 자신의 핵심 감정과 그에 따른 신체적 경험에 접근하지 못합니다. 머리로만 이야기하려고 하고 이해하려고 합니다.

좋은 치유자 역시 마찬가지입니다. 좋은 심리치유자의 핵심은 '마음을 분석하는 사람'이 아니라 '마음을 함께 체험하는 사람'입니다. 이는 몸의 참여를 필요로 합니다.

심리 치유는 언어만큼이나 몸에 주의를 기울여야 합니다. 깊은 상처는 몸에 저장되어 있고, 치유란 처리되지 못한 몸의 기억을 의식화하고 통합해 내는 것이기 때문입니다. 특히 몸과 마음의 단절이 심한 심리적 외상을 가지고 있는 이들의 치료에는 더욱더 그렇습니다.

5

동물도
트라우마가 생길까요?

명희 씨는 처음에 상담실에 왔을 때부터 잔뜩 긴장하고 있었습니다. 주위를 경계하는 눈빛이나 경직된 얼굴 표정도 그랬지만, 다른 사람과 달리 백팩을 옆 자리에 두지 않고 무릎에 올려 두 팔로 감싸 안았습니다. 마치 무언가에 놀라서 큰 인형을 안고 있는 아이 같은 모습이었습니다.

나중에 알고 보니 실제 그녀의 방에는 아직도 어린 시절에 가지고 있던 손때 묻은 인형이 있었습니다. 가족에게 상처받고 아무에게도 위로받을 수 없을 때, 그나마 그녀의 마음을 달래준 인형이었습니다. 밖에서는 가방이 의지할 곳이 되나 봅니다.

가방을 옆 의자에 두면 어떨 것 같은지 묻자 불안하고 허전할 것 같아 싫다고 했습니다. 상담할 때마다 힘든 이야기가 나오면 명희 씨는 그 가방을 더 세게 움켜쥐었습니다. 가방을 움켜잡은 손을 통해 그녀의 긴장이 고스란히 전달되었습니다.

'그날'처럼
실제 몸으로 느껴지는 기억

명희 씨는 외상적인 기억이 많습니다. 일반적으로 트라우마는 지진, 전쟁, 교통사고, 강간 등 신체적 생존의 위협에 놓인 큰 사건을 겪는 것을 뜻합니다.

그러나 자라는 동안 가족 사이에서나 학교 안에서 겪게 되는 크고 작은 상처 역시 얼마든지 트라우마가 될 수 있습니다. 인간에게는 육체적 생명도 중요하지만 사회적 생명 또한 중요하기 때문에 애착손상이나 집단따돌림 등도 트라우마가 됩니다.

트라우마에 있어 중요한 것은 사건의 크기가 아니라 사건의 재경험에 있습니다. 죽을 뻔한 교통사고를 겪고도 아무 일 없었다는 듯이 운전대를 잡는 사람도 있지만, 빗길에 미끄러진 이후 운전대를 못 잡는 사람도 있습니다. 즉, 트라우마란 자신에게 '잊히지 않는 사건'을 말합니다.

여기에서 잊히지 않는다는 것은 자꾸 머리로 생각나는 것을 넘어 몸으로 재경험되는 것을 말합니다. 오래 전 일임에도 마치 그 시공간에 다시 있는 것처럼 몸으로 느껴지는 기억입니다.

외상적 기억은 일반적 기억과 달리 망각이 되지 않습니다. 날이 바뀌고 새로운 일이 벌어져도 외상적 기억은 뒤로 밀려나지 않고 마음의 중심에 고스란히 머무르고 떠오릅니다.

이는 앞에서 이야기한 것처럼 기억의 저장 방식부터 다릅니다. 외상적 기억은 일반적 기억과 달리 뇌의 해마에 저장되는 게 아니라 미처 해마로까지 전달되지 못한 채 감정을 관장하는 편도체와 몸에 저장됩니다. 이는 몸으로 떠올려지는 암묵적 기억이고 파편적 기억이기에 말로 표현하기가 쉽지 않습니다. 그렇기에 6하원칙에 맞춰서 말하기는 더더욱 어렵습니다.

트라우마는 중추와 말초 신경계, 근육, 내장기관, 호르몬 시스템 등 온몸에 각인되어 호흡, 동작, 감정, 생각, 표현, 관계, 사회적 행동 등 몸으로 행하는 삶의 전면에 영향력을 발휘하게 됩니다. 즉, 사건 자체가 아니라 그 사건으로 인해 생겨난 신체적, 정신적 증상이 제대로 방출되지 못하고 신경계에 각인된 상태가 바로 트라우마입니다.

그러므로 트라우마는 심리적 충격이자 동시에 신체적 충격입니다. 의지와 상관없이 계속 몸으로 떠오르는 트라우마의 고통에서 벗어나는 방법 중 하나는 몸의 억압입니다.

트라우마를 경험하는 이들은 몸을 느끼지 않기 위해 끊임없이 공상에 빠지고, 과도한 지식과 논리에 사로잡히고, 술이나 약물로 감각을 마비시키고, 억지로 잠을 안 자고 멍한 상태로 있으려고 합니다.

명희 씨의 경우에 몸을 잘 느끼지 않는 방법은 늘 음악이나 영상에 빠져 있는 것이었습니다. 그녀는 거의 모든 시간에 이어폰을 낀 채 음악을 듣거나 영상물을 봅니다. 그것은 음악을 좋아하기도 하지만 힘든 기억을 하고 싶지 않아서였고, 자신에게 다가오지 말라는 방패막을 치기 위해서였습니다.

트라우마에 시달리는 이들은 자신의 몸을 믿지 못하고 싫어합니다. 생존을 위해 몸을 사용할 뿐, 몸을 통해 즐거움과 평온함을 경험하지 못합니다. 신체감각을 억누르기에 자기 자신을 잘 느낄 수 없고 비현실감이나 이인감(異人感, 내가 나 자신이 아닌 것 같은 느낌)에 사로잡힙니다. 지금 벌어지고 있는 실제 경험에 온전히 참여할 수 없습니다.

그러므로 트라우마 치유에 있어 몸을 다루는 작업은 무척 중요합니다. 몸에 저장된 응결된 에너지와 기억을 재처리해야 하고, 그래서 억압된 신체 내부감각이 되살아나야 하며, 끊어진 몸과 마음, 그리고 뇌의 연결을 회복해야 합니다.

비록 이들에게 신체감각을 느끼는 것은 늘 위험으로 다가오지만, 안전감을 느끼는 상황에서는 조금씩 몸 속으로 다가갈 수 있습니다. 지금 몸이 무엇을 느끼는지 알아차릴 수 있고, 과거의 경험과 현재의 경험을 몸으로 구분할 수 있게 됩니다. 몸의 욕구를 읽어내 행동으로 옮기고, 몸의 긴장을 조절하는 법을 익힐 수 있게 되고, 나아가 몸을 통해 안정감과 행복을 느낄 수 있습니다.

이를 위한 첫 단계는 지금 실제로 몸에 주의를 기울이는 것입니다. 저는 명희 씨에게 고통스러운 기억으로 끌려갈 때 몸의 감각을 느껴보라고 권했습니다. 먼저 가방에서 손을 떼어 상담실 책상 위에 손을 올려 보라고 했습니다. 그녀는 양손을 살짝 책상 위에 올렸습니다.

"손의 느낌이 어떻습니까?"

명희 씨가 처음에는 무슨 말인지 갸우뚱했습니다. 특별히 느껴지는 게 없다고 대답했습니다.

"손의 어떤 면이 닿고 어떤 면이 닿지 않습니까? 두 손의 느낌이 다른 점이 있나요?"

그녀는 잘 모르겠다고 이야기했습니다.

"그렇다면 두 손바닥의 느낌을 잘 느끼려면 어떻게 해야 할까요?"

그녀는 손을 이리저리 움직이며 책상과의 접촉을 좀더 늘려보려고 했습니다. 나중에는 왼손을 들어 오른손 위에 올리고 눌렀습니다. 좀더 잘 느껴진다고 이야기했습니다.

그리고 두 손바닥을 붙여 기도하는 듯이 붙여보았습니다. 그녀는 두 손을 움직여 최대한 두 손바닥의 만남과 손가락과 손가락의 접촉을 느껴보았습니다. 그녀가 몸의 감각에 집중할 때 저는 이렇게 말해 보라고 권했습니다.

"○○○○년 ○월 ○일, 나는 지금 상담실에 앉아 있어."

시간의 뒤엉킴에서 벗어나 잠시만이라도 과거의 기억과 현재의 순간을 구분하자는 것입니다.

그녀는 잠시나마 몸에 머무를 수 있었고, 몸에 주의를 기울임으로써 과거가 아닌 지금 이 순간에 존재할 수 있었고, 그 과정에서 작은 안정감을 느꼈습니다. 처음으로 몸을 느끼는 것이 위험한 것이 아니라 오히려 안정감을 준다는 것을 경험했습니다.

초식동물들의
몸 털기

트라우마를 연구하는 학자들 중에는 동물의 트라우마에 관심을 가진 이들도 있습니다. 이들은 매일매일 잡아먹힐 위협을 당하는 초식동물들은 트라우마 반응이 어떻게 나타나는지를 살펴보았습니다.

그러나 금방 죽을 뻔했던 초식동물들도 그 위험으로부터 벗어나면, 마치 아무 일도 없었던 것처럼 무리와 어울리고 풀을 뜯어 먹고 편안하게 있는 것처럼 보였습니다.

그렇게 연기하는 것일까요? 아니면 기억을 아예 못하는 것일까요? 학자들은 궁금해졌습니다. 상식적으로 생각해 보면, 비교적 안전한 환경에서 살아가는 인간보다 매일 죽느냐 사느냐의 위협에 노출되어 있는 야생동물들이 더 트라우마를 겪어야 하지 않겠습니까?

일군의 학자들은 초식동물들에게서 트라우마 반응이 잘 관찰되지 않는 이유로 한 가지 가설을 제공합니다. 초식동물들을 자세히 관찰해 보니, 추격에서 벗어나게 되었을 때 공통적으로 보이는 행동이 있었습니다.

그것은 발작처럼 몸을 부르르 떠는 것이었습니다. 개나 고양이를 키우는 분들은 잘 알 것입니다. 목욕을 시키고 나면 이들은 물에 젖은 몸을 말리기 위해 힘껏 몸을 텁니다.

그런데 이 '몸을 부르르 떠는 것'은 물에 젖었을 때만 하는 게 아니라 긴장이나 스트레스를 받았을 때 이를 낮추기 위해서도 합니다. 동물들은 매우 흥분하거나 스트레스를 느끼는 상황에서 스스로를 진정시키기 위해 몸을 터는 것이지요.

만일 이러한 몸 털기가 동물에게 트라우마 반응이 잘 생겨나지 않게 하는 중요한 이유라면 인간의 트라우마 치료에 있어서 적극 활용할 수 있지 않을까요?

실제로 안구 운동을 통해 트라우마를 치유하는 '안구 운동 민감 소실 및 재처리 기법(EMDR)'을 필두로 심리학과 정신의학에서는 수많은 몸의 움직임에 기반한 트라우마 치유 기법들이 만들어지고 보급되고 있습니다. 물론 옥석을 구분해야겠지만 많은 프로그램들이 언어 기반의 치유 기법을 넘어서는 효과를 보이는 것 또한 고무적인 일입니다.

트라우마 전문가인 베셀 반 데어 콜크는 치료저항성 외상 후 스트레스 장애 환자 64명을 대상으로 언어 중심의 치료와 요가 치료를 비교한 바 있습니다. 2014년도 한 임상 정신의학 잡지에 실린 결과를 보면 치료 도중 그리고 치료 이후 모두 언어 중심의 치료를 받은 환자 군보다 요가 치료를 받은 환자 군이 더 효과가 컸습니다.

우리가 고통의 치유에 있어 신체적 접근을 적극 활용해야 하는 이유입니다. 강한 충격과 심한 상처일수록 우리는 몸을 통해 접근할 필요가 있습니다.

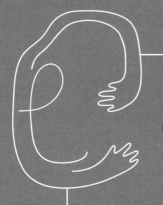

4장

일상에서
몸에 귀기울이며
생활하기

1

화장실에 가고 싶을 때
화장실에 갑니다

고속도로 휴게소를 갈 때면 화장실의 시설 때문에 놀라곤 합니다. 어디가 비어 있는지 자동으로 알려주는 것은 물론 수많은 이들이 사용하는데도 청결합니다. 과거의 공중화장실과 비교해 보면 정말 하늘과 땅 차이입니다. 그러나 화장실이 깨끗해질수록 똥과 오줌은 더욱더 더러움과 회피의 대상이 되고 있습니다.

사실 우리는 멀쩡한 '똥'이나 '오줌'이라는 말 대신 '변'이라는 말을 사용합니다. 그마저도 잘 이야기하지 않거나 아주 작은 소리로 이야기합니다. 그런 문화 속에서 살다 보니 대소변이 마려워도 화장실에 가고 싶다는 이야기를 잘 못하거나 집 밖에 나오면 화장실에 가는 것을 참는 사람들이 많아졌습니다.

많은 건강정보를 담고 있는
똥과 오줌

'구두쇠는 밥은 밖에 나가서 먹어도 똥은 집에 와서 눈다'는 옛말
이 있습니다. 농경사회에서 똥은 귀중한 퇴비였기 때문입니다. 불과
얼마 전만 해도 똥오줌을 모아 퇴비를 만들어 작물에 뿌렸고, 이는
땅의 지력과 농작물의 생산력을 더욱 높였습니다. 이렇게 수확한 농
작물을 우리는 다시 음식으로 먹고 또 똥오줌으로 배설했습니다.

이러한 순환의 리듬은 현대사회가 되면서 무너졌습니다. 똥오줌
은 정화조로 모이고 이는 다시 분뇨 처리 시설로 옮겨져 폐기되도록
엄격한 통제를 받습니다. 그래서 우리는 더욱더 똥오줌을 더럽게 보
고 기피하는지도 모르겠습니다.

여러분은 변을 본 후에 물을 내리기에 앞서 변의 상태를 보나요?
실제로 적지 않은 사람들은 변을 보지도 않고 변기의 물을 내립니다.

그러나 대변은 건강에 대한 많은 정보를 담고 있기에 종종 잘 살
펴봐야 합니다. 신문에서 해외 정상회담 때 각국 정상의 배설물을
별도로 관리한다는 기사를 본 적이 있을 것입니다. 배설물로 지도
자의 건강 정보가 유출될 수 있기 때문입니다. 반려동물을 키우는
분들은 이를 잘 압니다. 건강 상태를 확인하는 여러 가지 중에서 가
장 기본은 대소변을 살펴보는 것입니다.

우리 몸도 그렇습니다. 예를 들어, 소화기관에 이상이 있으면 대변
의 색이 변합니다. 만약 대변이 붉거나 검거나 흰빛을 띠면 소화기관
의 출혈이나 담도의 이상을 의심해야 합니다. 대변의 냄새, 형태, 묽

기 등도 건강 상태와 음식과의 궁합을 알려 줍니다. 소변 또한 마찬가지입니다. 소변의 색깔이나 냄새 그리고 거품 등은 많은 건강 정보를 담고 있습니다.

매일 거울을 보면서 외모가 어떤지를 살펴보는 것처럼 대소변을 볼 때마다 이를 살펴보는 게 좋습니다. 대소변을 살펴볼수록 더욱 건강해집니다. 대소변의 상태를 보고 식단을 바꾸거나, 수분 섭취나 활동량을 달리할 수 있기 때문입니다.

물은
얼마나 마셔야 할까요?

십여 년 전 새벽녘에 종종 종아리에 쥐가 나서 잠에서 깨곤 했습니다. 강한 통증을 동반한 근육경련이라서 비명을 지르고 깰 때가 많았습니다. 너무 아파서 몇십 분씩 주무르고 나서야 겨우 잠이 들곤 했습니다. 왜 그랬을까요?

축구나 마라톤 경기에서 선수들도 쥐가 나는 모습을 볼 수 있습니다. 쥐가 나는 흔한 원인은 갑작스럽거나 과도한 운동으로 인해 젖산이 누적되기 때문입니다.

그러나 심한 운동을 하지 않는데도 나타난다면 무엇 때문일까요? 그 원인은 탈수로 인해 칼륨이나 마그네슘 등 체내 전해질이 부족해서입니다.

제 경우에는 당시에 탈수를 의심하기 어려웠습니다. 평소처럼 물을 마시고 있었고, 땀을 많이 흘리거나 설사 등 탈수가 일어날 만한 이유가 없었기 때문입니다. 그러나 여러 차례 쥐 나는 일이 반복되다 보니 다시금 식습관과 생활습관을 곰곰이 살펴보았습니다.

그 결과 커피와 관련이 있음을 알게 되었습니다. 그전에는 며칠에 한 번씩 커피를 마셨지만 근육경련이 일어나기 시작할 때쯤 매일 두세 잔씩 커피를 마셨습니다. 커피를 많이 마시는 것은 수분 부족의 흔한 원인이 됩니다. 일단 커피의 카페인 성분이 항이뇨 호르몬을 억제하기 때문에 커피를 마시면 소변량이 늘어납니다. 그리고 물 대신에 커피를 마셨다는 생각 때문에 물을 마시는 양이 줄어들게 마련입니다.

당시에는 수분이 부족하다는 것을 잘 느끼지 못했습니다. 돌아보니 실제 입안이 자주 마르고 텁텁해졌음에도 불구하고 커피를 줄이거나 물을 더 마시지 않았습니다.

카페인을 과다 섭취하고 있다는 것을 자각한 이후 커피의 양을 줄이면서 동시에 수분 섭취량을 의식적으로 늘렸습니다. 그 뒤로는 야간에 쥐가 나는 일이 사라졌습니다.

많은 사람들이 경각심을 가지고 있지 않지만 현대인들에게 카페인 중독은 매우 흔하고 그 증상 또한 다양합니다. 이는 불면이나 불안, 신경과민 등의 증상뿐 아니라 서두름이나 근육경련과 같은 연관성을 알기 어려운 증상들도 흔히 동반합니다.

그렇다면 우리는 얼마나 물을 마셔야 할까요? 일반적으로 물을 많이 마시는 것이 좋다고 이야기하지만 수분 부족의 문제만큼이나 수분 과다의 문제도 많습니다. 지나친 수분 섭취로 몸의 이상 증세가 나타나는데도 물을 계속 마시는 물 중독 환자도 꽤 많습니다.

결국 중요한 것은 균형인데 학자들마다 권하는 일일 수분 섭취량은 조금씩 다릅니다. 조금만 생각해 보면 적절한 수분 섭취량은 사람마다 다를 수밖에 없습니다. 사람에 따라 체중이나 활동량 등이 다 다를뿐더러 같은 사람이라고 하더라도 몸의 상태나 나이에 따라 다를 수밖에 없기 때문입니다.

정확한 기준이 없다면 자신에게 필요한 수분량을 어떻게 알 수 있을까요? 바로 몸의 감각이 중요합니다. 저는 몇 년 전부터 수분 섭취량을 늘리면서 두 가지를 기준으로 삼고 있습니다.

첫째는 구강의 건조함입니다. 입과 혀의 건조함은 수분이 얼마나 필요한지의 중요한 기준입니다. 그러나 많은 사람들은 이를 잘 느끼지 못하거나 느끼더라도 물을 마시지 않습니다. 입의 건조함을 커피나 음식의 텁텁함이라고 생각하거나 커피나 청량음료를 마시니까 물을 먹지 않아도 된다고 생각하기 때문입니다. 적절한 수분량을 알려면 먼저 갈증을 자각해야 합니다.

둘째는 소변의 색깔입니다. 우리가 얼마나 물을 마셔야 하는지는 소변의 색을 보면 알 수 있습니다. 정상적인 소변의 색깔은 맑고 옅은 노란색에 가깝습니다. 물을 너무 많이 마시면 무색에 가까워지고, 수분이 부족하거나 땀을 많이 흘리게 되면 소변이 농축되어 진한 노란색을 보입니다. 그렇기에 소변을 볼 때 옅은 노란색의 상태가 유지되도록 수분량을 조절하면 비교적 적절합니다.

그러나 우리는 매일 소변을 보면서도 이를 잘 확인하지 않습니다. 소변을 보면서 자신에게 필요한 물의 양을 조절하기보다 그냥 전문가가 권하는 기준을 기계적으로 따르거나 혹은 얼마나 수분을 섭취하는지조차 전혀 의식하지 않고 살아가는 경우가 많습니다.

다섯 명 중 한 명이
변비를 경험하는 이유

변비가 심한 사람들에게 지옥과 천국은 멀리 있지 않습니다. 그곳은 바로 화장실입니다. 몇 날 며칠 마려운데 나오지 않으면 화장실은 지옥이 되고, 어느 순간 묵은 변이 나오면 천국을 경험합니다. 변비로 고통받는 사람들은 얼마나 될까요?

국민건강보험 공단의 자료에 따르면 2015년도에 변비로 병원을 찾은 환자는 61만 6천 명으로, 이는 2010년 55만 3천 명에 비해 11.3퍼센트 정도 증가한 것입니다. 변비는 인구의 20퍼센트가 생애 중에 한 번 이상 경험하는 흔한 증세입니다.

미국 위스콘신 의대 아놀드 왈드(Arnold Wald) 교수 팀은 2006년도 미 소화기학회 학술대회에서 세계 7개국의 1만 3,879명을 대상으로 변비 유병률을 발표했습니다. 그 결과 우리나라가 2위를 기록했습니다. 전 세계 인구의 약 12퍼센트가 변비로 고통받는 데 비해 우리나라는 17퍼센트로, 18퍼센트의 미국에 이어 브라질과 함께 2위로 조사되었습니다.

아무리 식단이 서구화되었다고 하더라도 어떻게 프랑스, 영국, 이탈리아, 독일 국민들보다 더 많을까요?

항문은 똥이 나오는 구멍입니다. 바로 소화기관의 가장 끝부분입니다. 이 구멍은 두 개의 괄약근으로 싸여 있는 이중문 구조입니다. 안쪽은 '내항문 괄약근'으로 우리가 조절할 수 없는 불수의근입니다. 그에 비해 바깥쪽은 '외항문 괄약근'으로 이는 우리가 조절할 수 있는 수의근입니다.

이 외항문 괄약근은 진화의 역사를 통해 발달시켜 온 인간적인 근육입니다. 야생의 동물들은 배변을 조절하지 않고 그냥 마려우면 아무데나 싸버리기 때문에 발달하지 않았습니다. 그러나 사회적 존재인 인간은 아주 어릴 때부터 아무리 급해도 참도록 철저하게 훈련을 받기 때문에 이 외항문 괄약근이 잘 발달되어 있습니다. 그렇기에 우리는 아무리 대소변이 급하더라도 참아냅니다.

그에 비해 동물적인 근육인 내항문 괄약근은 참는 데는 관심이 없습니다. 오직 속이 편안하기를 바랄 뿐입니다. 이 근육은 똥이 쌓여 직장 벽을 자극하면 배변 반사에 의해 바로 이완됩니다. 똥을 배출시키려고 하는 것입니다.

그렇기에 이 두 괄약근은 싸울 때가 많습니다. 어떻게든 내보내려는 내항문 괄약근과 어떻게든 틀어막아야 하는 외항문 괄약근과의 전투가 수시로 펼쳐집니다.

문제는 습관입니다. 변의를 느끼는데도 계속해서 화장실에 가지 않고 참는 게 습관이 된다면 어떻게 될까요? 내항문 괄약근은 시간이 지날수록 무기력해집니다. 결국 대변이 직장 벽을 자극해도 배변 반사가 잘 일어나지 않습니다. 심한 경우 내항문 괄약근의 감각이 소실될 수 있습니다. 이 경우라면 아무리 힘을 줘봤자 배변이 되지 않습니다.

변비의 원인은 다양하지만 이렇게 평상시 변의를 느낄 때 화장실에 가지 않고 참는 습관이야말로 가장 큰 원인입니다. 우리는 꼭 필요한 경우가 아니라면 내괄약근의 신호에 귀를 기울여야 합니다.

2

자세를 바로 합니다

기나긴 생명의 역사에서 인간은 중력에 가장 저항한 생명체입니다. 기거나 네 발로 걷는 동물과 달리 인간은 척추를 세우고 머리를 들고 두 발로 걸음으로써 중력에 저항하는 수직적인 자세를 취합니다.

이는 한자로도 나타납니다. 몸과 관련된 말에 신(身)과 체(體)라는 두 글자가 있지만 그 쓰임새는 다소 차이가 있습니다. '신(身)'이라는 글자는 '인(人)'과 '신(申)'의 합성어로 '펴 있는 몸'을 말합니다. 그에 비해 '체(體)'는 '뼈(骨)'과 '풍(豊)'의 합성어로 '뼈가 많은 몸'을 말합니다.

그렇기에 身과 體는 종종 구분됩니다. 예를 들어, 키는 '신장(身長)'이라고 하지만 몸무게는 '체중(體重)'이라고 합니다. '길게 펴 있는 몸'이야말로 인간을 다른 동물과 구분 짓는 중요한 차이입니다.

가장 인간적인 자세 중 하나가 수직이며, 인간은 수직의 방향으로 몸을 세울 때 활력을 느낄 수 있도록 진화되어 왔습니다. 그러나 지금 우리 자세는 어떤가요?

습관적으로 앉고
기계적으로 움직일 때

과거에 비해 정말 한국인의 체격은 놀랄 정도로 변화했습니다. 통계에 의하면 2014년 한국 여성의 키는 1914년에 비해 무려 20.1센티미터가 커진 것으로 추정합니다. 그리고 남성은 15.1센티미터 정도가 커졌습니다.

그러나 외적인 성장은 좋아졌지만 자세 이상은 점점 심각해지고 있습니다. 건강보험심사평가원에서 발표한 통계를 보면 2017년 어깨 병변 환자 수는 217만 5,980명으로 조사됐으며, 척추질환자는 860만 명에 이르는 것으로 나타났습니다. 그것도 해마다 증가하고 있는 추세입니다. 물론 어깨와 척추의 이상이 모두 안 좋은 자세 때문은 아니지만 가장 중요한 원인인 것은 틀림없습니다.

사실 좋은 자세가 중요하다는 것을 모르는 사람은 없지만, 실제 좋은 자세를 유지하는 것은 힘든 일입니다. 그 이유는 구부정하거나 비대칭적인 자세가 편하기 때문입니다. 인간은 특별한 경우를 제외하면 좋은 것을 추구하는 것이 아니라 편안한 것을 추구합니다.

그렇기에 좋은 자세를 유지하려면 의식적 각성과 노력이 필요합니다. 의식적으로 자세에 주의를 기울여야 하고 때때로 자세근육을 긴장시켜야 합니다. 그러나 우리는 습관적으로 앉고 기계적으로 움직일 뿐 스스로의 자세를 살피지 않고 살아갑니다.

하루에 수십 번씩 거울을 보면서도 자신의 자세가 이상한 점을 발견하지 못하는 사람들이 많습니다. 예를 들어, 거북목이 심각하거나 척추가 휘어 양쪽 어깨의 높이가 한쪽으로 기울어졌음에도 아무런 이상을 느끼지 못하는 경우도 많습니다.

결국 안 좋은 자세가 오랫동안 이어지면 휜 다리, 안짱걸음, 양쪽 다리 길이의 차이, 척추 측만, 거북목 등 수많은 자세 이상을 불러일으킵니다. 몸의 축이 뒤틀리고 휘어지면 몸이 변형되는 것은 물론 목이나 어깻죽지, 견갑골, 허리, 머리 등 다른 부위의 통증을 일으킵니다. 몸은 각 부위가 연결되어 있기 때문에 불균형은 더 큰 불균형을 낳습니다.

현대인의 자세 이상에 가장 큰 영향을 미치는 것은 무엇보다 컴퓨터와 스마트폰의 지속적 사용과 장시간의 좌식 생활입니다. 이로 인해 머리에서부터 허리까지 이어지는 척추 고유의 커브와 탄성이 깨져 있습니다. 특히 이러한 자세 불량이 자세 이상으로 이어지는 원인은 바로 '만성적인 근육 긴장'과 '자세에 대한 부주의' 때문입니다.

우리 몸의 근육은 자세 유지와 움직임을 위해 끊임없이 수축과 이완을 반복합니다. 그러나 근육의 수축 이후 충분히 이완되지 않으면 근육은 원래 길이로 돌아가지 않고 통상 10~20퍼센트의 수축 상태가 남게 됩니다. 심하게는 40퍼센트 이상의 긴장이 남아서 근육의 섬유가 더욱 짧은 상태로 있는 경우도 있습니다. 이렇게 긴장이 풀어지지 않고 쌓이는 것을 '만성적인 근육 긴장'이라고 합니다.

이 긴장이 해소되지 못하고 점점 굳어지면 통증을 초래하고, 이는 다른 부위에 더 큰 긴장을 줌으로써 결국 자세와 활동의 불균형이 초래됩니다. 신체 자각력이 떨어진 사람들은 자신의 자세를 인지하지 못하기 때문에 늘 그 상태로 머무르게 됩니다.

그러나 똑같은 시간 동안 책상에서 생활하더라도 자신의 근육 긴장과 자세를 알아차리는 사람이라면 중간 중간 스트레칭을 하거나 몸의 자세를 변경함으로써 긴장을 줄일 수 있습니다.

한 번씩
자신의 자세 의식하기

지금 앉아 있다면 어떤 자세로 앉아 있는지 가만히 살펴보세요. 자세의 자각이 중요한 이유는 우리 몸의 균형 능력을 회복할 수 있기 때문입니다.

세계적인 척추외과 의사 알프 나츰슨(Alf Nachemson) 박사의 오랜 연구에 따르면 바른 자세로만 앉아도 척추와 관절에 가해지는 압력을 최대 30퍼센트 줄일 수 있다고 합니다. 특히 다리를 꼬고 앉는 습관은 고쳐야 합니다. 오랜 시간 다리를 꼬는 습관은 허리와 골반 주변에 통증을 유발하고 척추 변형까지 가져올 수 있기 때문입니다.

물론 늘 반듯한 자세로 앉는다는 것은 현실적으로 어렵습니다. 다만 한 번씩 자신의 자세를 자각하고 좋은 자세를 취하려는 의식적 노력이 필요합니다.

그렇다면 어떻게 앉는 것이 좋을까요? 이를 위해 두 가지에 주의를 기울이는 게 필요합니다. 첫째, 무릎의 각도입니다. 허리를 반듯하게 펴고 구부린 무릎의 각도를 대략 90도로 유지하는 것입니다. 물론 이를 위해서는 두 발의 발바닥이 바닥에 닿아야 합니다.

둘째, 양측 좌골(궁둥뼈)을 느끼는 것입니다. 좋은 자세는 균형입니다. 앉을 때 좌우로 체중을 균형적으로 분산시키기 위해 양측의 좌골에 주의를 기울일 필요가 있습니다. 척추를 세우고 앉아 엉덩이를 좌우로 움직여 보면 의자에 닿는 양쪽의 뼈를 느낄 수 있습니다. 그것이 좌골입니다. 앉아 있을 때 상체의 무게는 좌골로 전해지기 때문에 양측 좌골로 체중을 균형 있게 나누어 앉는 것이 좋습니다.

그러나 몸을 느끼지 못하는 현대인들은 앉을 때 뼈가 의자에 닿는 느낌도 모르는 경우가 많습니다. 특히 늘 쿠션이 있는 의자나 쇼파에 앉는 사람일수록 더욱 좌골이 닿는 느낌을 알지 못합니다.

척추를 세워 앉는 것이 생각보다 쉽지 않은 이유는 속 근육이 약해서이기도 합니다. 몸을 바로 세울 수 있는 것은 겉 근육(운동근육)이 아니라 속 근육 즉, 자세근육이기 때문입니다.

쉽게 말해 속 근육은 우리 몸의 중심인 척추, 복부, 골반 주위의 근육을 말합니다. 이는 우리 몸 중심부를 단단히 한다는 의미에서 '코어근육'이라고 합니다. 구체적으로는 복사근, 복직근, 복횡근, 골반기저근 등의 근육을 말합니다. 좀더 체계적인 자세 교정이 필요하다면 몸 자각 훈련과 함께 속 근육을 강화하는 플랭크, 브릿지 등 코어근육 운동을 병행할 필요가 있습니다.

앉는 자세에 주의를 기울이게 되었다면 다음 단계로 천천히 일어났다가 천천히 앉는 훈련을 하면 더욱 좋습니다. 척추를 세워 양측 좌골을 느끼고 천천히 일어났다가 다시 앉는 것만으로도 훌륭한 운동이 됩니다.

이때 단지 천천히 움직이는 것이 아니라 그 움직임 속에서 근육과 관절, 그리고 신체 여러 부위의 유기적인 협력이 어떻게 이루어지는지를 느껴보는 것이 중요합니다.

자세가 바뀌면 마음이 달라집니다

누군가는 인간을 컴퓨터에 비유하여 몸을 하드웨어라 하고 마음을 소프트웨어라고 합니다. 그러나 컴퓨터는 하드웨어가 소프트웨어를 변화시키지 못하지만 인간의 몸은 얼마든지 마음에 영향을 주고 마음을 변화시킬 수 있습니다. 간단히 자세를 바꾸는 것만으로도 우리의 기분은 바뀔 수 있습니다.

우리가 자세를 느끼고 이를 바로잡는 것은 단지 바른 체형을 위해서나 다른 사람에게 보이는 인상 때문만은 아닙니다. 더 중요한 것은 자기 인식입니다. 자세는 자기 인식에 큰 영향을 미칩니다.

우리는 안정되고 바른 자세를 취할 때 자신감을 느끼고, 인내심을 발휘하고, 현재에 집중하고, 하는 일의 성과를 높일 수 있습니다. 그렇기에 자세가 바뀌면 인생이 바뀐다는 말은 거짓말이 아닙니다.

실제 심리학계에서는 자세가 생각과 감정 그리고 활력에 어떤 영향을 미치는지 많은 연구를 하고 있습니다. 그중에 두 가지만 소개하고자 합니다.

먼저 2004년《인체생리학지(Human Physiology)》에 발표된 「호르몬에 미치는 자세의 영향」이라는 논문이 있습니다. 이 연구는 참가자들에게 요가의 코브라 자세를 3분 동안 취하게 하고 어떤 호르몬의 변화가 있는지 관찰한 것입니다. 그 결과 참가자들에게서 안티-스트레스 호르몬인 테스토스테론이 16퍼센트 증가하고, 스트레스 호르몬인 코르티솔이 11퍼센트 감소했습니다.

한편, 오랜 시간 동안 바른 자세의 이점을 연구하고 있는 미국 조지 메이슨 대학 심리학과 존 리스킨드(John Riskind) 교수는 1980년에 이런 실험을 한 적이 있습니다. 절반의 피실험자들에게는 등을 구부리고 고개를 아래로 향하게 하였습니다. 그리고 나머지 절반에게는 똑바로 앉아서 어깨를 펴고 고개를 치켜든 자세를 각각 3분 동안 취하게 했습니다. 그 뒤 이들에게 펜을 떼지 않고 한 번에 도형을 그리는 문제들을 주었습니다.

그러나 이 문제들은 애초에 답이 없었습니다. 리스킨드는 답을 맞추는 것이 아니라 얼마나 인내심을 가지고 문제를 푸느냐를 보려고 했던 것입니다. 3분 동안 바른 자세를 취한 사람들은 구부정한 자세를 취한 사람들에 비해 두 배나 더 오래 문제를 붙들고 있었습니다.

여러 실험에 의하면 바른 자세와 구부정한 자세를 취할 때 떠오르는 생각의 내용이 다릅니다. 대부분 바른 자세를 취할 때는 행복하고 낙관적인 생각을 떠올리기 쉬웠다고 응답했고, 반대로 구부정한 자세를 취할 때는 안 좋은 일이나 비관적인 생각을 떠올리기 쉬웠다고 합니다.

리스킨드는 이러한 현상을 몸과 마음의 '일치(congruence) 현상'이라고 불렀습니다. 즉, 자세와 생각이 동기화된다는 것입니다. 자세가 움츠러들면 생각도 부정적으로 되고, 자세가 펴지면 생각도 확장되는 것을 말합니다.

이러한 실험 결과, 우리의 마음은 우리가 생각하는 것 이상으로 몸의 자세에 의해 많은 영향을 받는다는 것을 알 수 있습니다. 마음은 우리 몸에 뿌리를 두고 있으며, 몸을 건드리면 마음이 건드려집니다. 몸은 마음으로 들어가는 통로입니다.

옛 사람들도 이를 알았습니다. 옛 선비들은 '반일정좌 반일독서(半日靜坐 半日讀書)'라고 할 만큼 자세를 중요하게 여겼습니다. 여기에서 정좌란 '정좌(正坐)'가 아니라 '정좌(靜坐)'인데, 이는 바르게 앉는 것을 통해 마음의 고요함을 얻었기 때문입니다. 율곡 이이, 퇴계 이황, 남명 조식, 다산 정약용 등 조선의 학자들은 매일 정좌의 시간을 가졌습니다. 그들의 바른 마음은 바른 자세에서 비롯되었다고 할 만큼 옛 선비들은 남이 볼 때나 보지 않을 때나 자신의 몸가짐에 주의를 기울였습니다.

하루 2분 바르게 앉기 훈련

척추를 쭉 펴고 수직적 자세를 취하는 것만으로도 호르몬의 분비가 달라집니다. 코르티솔이 줄고 테스토스테론 호르몬의 분비가 늘어납니다. 그러므로 바르게 앉는 연습은 자세 교정뿐 아니라 마음 훈련의 방편이기도 합니다. 이를 위해 하루에 2분가량 바르게 앉는 훈련을 권합니다. 그 방법은 다음과 같습니다.

1. 의자 등받이에서 등을 떼고 아랫배에 힘을 주고 척추를 바로 세웁니다.
2. 엉덩이를 좌우로 움직여 양쪽 엉덩이의 좌골을 느껴봅니다.
3. 양쪽 좌골에 체중이 균형 있게 실리도록 합니다.
4. 양 발바닥이 바닥에 밀착되도록 발을 움직입니다. 대략 양 무릎의 각도가 90도 정도일 때 발바닥과 바닥의 접촉이 잘 이루어집니다.
5. 양 어깨를 펴고 시선은 정면의 약 15도 위를 바라봅니다.
6. 양손은 무릎을 감싸거나 혹은 옆으로 가만히 늘어뜨립니다.
7. 2분 동안 호흡과 신체 내부감각에 집중해 봅니다.

3

배고픔과 식탐을
구분합니다

"아! 배불러 미치겠네."

몇 년 전까지만 해도 제가 식사 후에 자주 내뱉는 말이었습니다. 저도 모르게 이 말이 나오면 자신이 참 한심하게 느껴졌습니다. 또 이 말을 할 게 뻔한데도 양을 줄이지 못했기 때문입니다.

당시에는 배가 부르다고 느끼기 전에 숟가락을 놓으면 되는데 이것이 너무나 어려웠습니다. 일단 음식 먹는 속도가 빨랐습니다. 위장의 공복감이나 팽만감 등을 전혀 의식하지 않은 채 혀로만 음식을 먹었습니다.

물론 건강하다면 별 문제가 안 될 수 있지만 당시에 '위식도 역류질환'이 심한 상태였습니다. 이는 식도와 위를 연결하는 괄약근의 수축력 약화로 인해 위산이나 소화가 안 된 위 안의 음식물이 역류하여 트림, 속 쓰림 등의 증상이 나타나는 질환입니다.

이 질환은 과거에는 없던 대표적인 문명병입니다. 과식, 운동 부족, 기름지고 자극적인 음식, 빠르게 먹기 등 현대인들의 식습관 자체가 발병 원인이 되고 있습니다.

당시에는 늘 1인분을 다 먹어야 수저를 놓았고, 하루 종일 앉아서 생활했으며, 맵고 짜고 기름진 음식을 좋아했습니다. 그러한 식습관으로 인해 트림이 자주 나오고 신물로 인해 식도가 불에 타는 듯한 통증을 느끼면서도 아무 생각 없이 습관적으로 먹었던 것입니다.

"이거 먹고
빨리 잊어버려!"

지금은 어린아이가 울면 게임기나 스마트폰을 주는 부모가 많습니다. 옛날에는 사탕을 주곤 했습니다. 아이는 울다가도 사탕을 보면 울음을 멈춥니다. 그리고 사탕을 빨면서 이내 웃음을 되찾습니다. 자신이 왜 울었는지조차 까맣게 잊어버리고 맛있게 사탕을 먹습니다. 그렇다면 그 아이를 눈물 나게 했던 그 이유는 사라졌을까요?

사실 아이가 울 때 왜 우는지 물어보지 않고 공감해 주지 않은 채 사탕을 주는 것은 '가짜 위로'입니다. 많은 부모들은 가짜 위로를 주는 것에 익숙합니다. 빨리 아이의 기분을 바꿔주고 싶어서이기도 하지만 아이를 어떻게 대해야 할지 잘 모르기 때문입니다. 가짜 위로는 순간적으로 표면적인 기분을 바꿔주지만, 공감받지 못한 진짜 감정은 마음의 밑바닥에 고스란히 쌓여갑니다.

가짜 위로를 받고 자라온 아이들은 어른이 되면 힘들 때마다 자신에게 가짜 위로를 줍니다. 어른들의 가짜 위로는 다양합니다. 술, 게임, 동영상 등 여러 가지가 있지만 가장 대표적인 것이 바로 음식입니다. 기분이 안 좋을 때마다 기분을 신속히 바꿔주는 음식을 먹는 것입니다. 이때 음식은 어린 시절에 사탕을 주며 "자, 이것 먹고 빨리 잊어버려!"라며 가짜 위로를 건넨 부모와도 같습니다.

물론 음식으로 위로를 받아서는 안 된다는 게 아닙니다. 뜻대로 되지 않아 괴로울 때 어머니가 차려준 따뜻한 밥상을 받으면 힘이 납니다. 실연의 고통에 시달릴 때 친구와 함께 한 술자리는 큰 위로가 됩니다. 혼자라서 외로운 날에 재료를 사다가 나를 위해 요리를 하면 기분이 나아집니다. 이렇게 음식은 우리 마음을 진정시키고 현실의 문제를 헤쳐 나갈 수 있는 힘을 줍니다.

그러나 음식은 마음을 마비시키고 현실을 외면하게 하는 가짜 위로가 되기도 합니다. 음식이 가짜 위로가 될 때 우리는 음식 중독에 빠져듭니다. 기분을 빨리 바꿔주는 가짜 위로는 반복되면 반복될수록 뇌의 보상 시스템을 자극하여 중독 회로를 만들어내기 때문입니다.

음식에 중독될수록 점점 먹는 것을 제어하기가 힘들고, 힘들 때마다 즉각적으로 기분이 좋아지는 음식을 찾게 됩니다. 그러나 기분이 좋아지기 위해서 먹은 가짜 위로의 음식은 점점 폭식으로 이어지고 특정 음식에 탐닉하게 됩니다. 알코올 중독자들이 다양한 술로 시작하다가 나중에는 취기에 빨리 도달하기 위해 소주를 마시는 것처럼 음식 중독자들은 점점 자극적 음식에 빠지게 됩니다.

이러한 음식들은 빠르게 혈당을 높이고 혀의 미각 수용체를 강하게 자극합니다. 케이크, 떡볶이, 과자, 튀김, 치킨, 피자 등 달달하고 맵고 바삭거리고 기름진 음식들이 대부분입니다. 이를 '쾌미 음식(palatable food)'이라고 합니다.

음식에 탐닉하는 사람들의 뇌를 영상 촬영해 보면 약물이나 알코올 중독자와 유사한 반응을 볼 수 있습니다. 공통적으로 뇌의 보상 시스템에 관여하는 배쪽 줄무늬 체와 배후 선조체가 비정상적으로 활성화됩니다. 이러한 쾌미 음식, 특히 단 음식은 기분을 좋게 하는 도파민이나 베타엔돌핀의 분비를 촉진하기 때문에 즉각적으로 기분을 나아지게 합니다.

과연 이 기분 좋은 느낌은 얼마나 갈까요? 미국 캘리포니아 주립대학 심리학과 로버트 테이어 교수는 1987년도 《성격과 사회심리학(Journal of Personality and Social Psychology)》에 사탕이나 초콜릿을 먹고 나서의 감정효과를 발표한 바 있습니다.

사람들은 단 음식을 먹고 난 후 바로 기분이 좋아지고 에너지가 생기는 느낌이 들었지만, 한 시간이 지나자 감정은 오히려 먹기 전의 수준 아래로 떨어지고 오히려 긴장감이 증가하였습니다. 기분이 나빠서 술을 마시고 기분이 좋아졌지만 술이 깨고 나니 기분이 더 나빠진 것과 같습니다.

그러나 우리는 그 짧은 시간의 좋은 기분을 포기하지 못합니다.

잠시라도 힘든 상태를 벗어나고 싶기 때문입니다. 마약 중독자들이 그 찰나의 황홀함을 끝내 잊지 못하는 것처럼 우리는 진짜 위로보다 즉각적으로 기분을 바꿔줄 수 있는 눈앞의 위로를 원합니다.

그리고 중독자가 아니라 애주가라고 합리화하는 술꾼처럼 우리는 음식 중독을 부정합니다. '난 음식을 좋아하는 사람이야!' '어쨌든 음식은 잠시라도 기분을 나아지게 하잖아' '먹는 게 나아. 아무것도 하지 않는 것보다'라며 점점 더 깊은 물속으로 빠져듭니다. 음식 외에는 별로 삶의 낙이 없어지고, 혀의 즐거움만을 쫓아 결국 건강 이상을 일으키게 됩니다.

가짜 위로 말고
진짜 위로를 찾아서

불과 10년 사이에 음식과 관련된 방송들이 홍수를 이루고 있습니다. 왜 그렇게 많은 방송이 만들어지고 그렇게 많은 사람들이 시청하는 걸까요?

크게 세 가지 이유가 있다고 봅니다. 첫째는 고달픈 현실에 대한 위로의 욕구 때문입니다. 과도한 경쟁 속에 현실의 어려움은 가중되고, 위로다운 위로가 사라져가는 사회에서, 많은 현대인들은 피곤함, 불안, 공허함, 외로움, 권태, 몸의 고통, 몸의 긴장 같은 괴로움을 달래줄 무언가를 필요로 합니다. 음식은 가장 쉬운 방편입니다.

둘째는 대리 만족입니다. 우리는 마음껏 음식을 먹을 수 있지만,

마음껏 먹어서는 안 되는 사회에 살고 있습니다. 이 이중 압박 속에 사람들은 그 갈등의 탈출구를 음식 방송을 통해 해소합니다. 다른 사람이 맛있게 먹는 모습을 통해 대리 만족을 얻는 것입니다.

셋째는 불확실한 미래의 행복보다는 오늘의 작은 행복을 추구하려는 마음 때문입니다. '소확행'이라는 유행어의 뜻처럼 '소소하지만 확실한 행복'을 챙기겠다는 현대인들의 마음입니다. 이는 행복을 미루지 않는다는 점에서 긍정적이지만, 능동적인 여가보다 '인생 뭐 있나? 그냥 맛있는 거 먹고 사고 싶은 것 사는 게 행복이지'라는 소비 활동으로 점점 치우치고 있습니다.

늘 핵심은 균형입니다. 음식이 삶에서 차지하는 비중이 지나치게 커지는 것은 퇴행입니다. 이는 전혀 예상하지 못한 순간에 우리를 망가뜨리게 됩니다.

놀랍게도 조선의 실학자 이익은 이러한 음식의 중독성을 다음과 같이 경계했습니다. 이익이 쓴 『관물편』의 한 대목을 보면 어떤 사람이 다친 야생 거위를 붙잡아 집에서 기른 이야기가 나옵니다.

그 사람은 거위를 우리에 가둬두고 불에 익힌 음식을 먹였습니다. 먹을 게 없는 거위는 익힌 음식을 먹고 상처가 나아졌지만 이내 뚱뚱해지고 말았습니다. 급기야 날지 못할 정도가 되었습니다. 이에 거위를 기른 사람은 안심하고 우리를 열어두었습니다. 그런데 어느 날부터 거위가 음식을 거의 먹지 않기 시작했습니다. 거위는 점점 살이 빠져 이전의 몸무게가 되었습니다.

그 거위는 어떻게 되었을까요? 몸이 가벼워지자 거위는 날아가 버렸습니다. 그 사람은 닭 쫓던 개 모양으로 허망하게 허공을 쳐다볼 수밖에 없었습니다. 이 이야기를 전해들은 이익은 이렇게 말했습니다.

"지혜롭구나, 스스로를 잘 지켰도다."

이익의 이야기는 지금 현대인들에게 더 의미심장합니다. 우리는 너무 많은 음식을 먹어서 날고 싶어도 날지 못하는 거위가 되었습니다.

그렇다면 포만감을 느껴도 잘 멈추지 못하고, 심지어 포만감조차 잘 느끼지 못하는 사람의 미래는 무엇일까요? 군이 이야기할 필요도 없을 것입니다. 우리는 지혜로운 야생 거위가 되어야 합니다. 더이상 자신을 망치기 전에 스트레스를 음식으로 푸는 습관에서 벗어나 건강한 방식으로 해소할 통로를 찾아야 합니다.

배가 고플 때는 음식을 먹고 배가 부르면 멈추도록 몸이 깨어나야 하며, 음식보다 더 좋은 위로가 있음을 경험해야 합니다. 음식중독에서 벗어나려면 자기만의 진짜 위로를 찾아야 합니다. 실제로 알코올 중독에서 회복한 이들은 술을 대체할 진짜 위로를 찾은 사람들입니다.

물론 그 진짜 위로는 사람마다 다릅니다. 운동, 신앙, 봉사활동, 창작, 춤, 공예 등 스스로 기쁨을 누리는 활동입니다. 알코올 중독의 회복은 그냥 술을 끊으려고 애쓰는 것이 아니라 부정적인 중독이 긍정적인 중독으로 대체되어 갈 때 가능합니다. 음식 중독 역시 마찬가지입니다.

내 몸이 원하는 만큼
'적정 식사'하기

적정 체중을 유지하거나 음식 중독에서 벗어나려면 몸이 깨어나야 합니다. 혀만 즐거운 식사가 아니라 몸이 즐거운 식사를 해야 하며, 머리로 계산하는 양이 아니라 몸이 원하는 양을 먹어야 합니다.

사실 살이 찌는 원인은 간단합니다. 어떤 이유에서든지 소모되는 열량보다 더 많은 열량을 먹기 때문입니다. 성인의 1인분 기준은 어디를 가더라도 똑같습니다. 건강을 우선시하는 병원이라고 하더라도 나이나 체중 등 개인에 따라 제공되는 식사량은 크게 다르지 않습니다.

건강한 다이어트는 머리로 생각하는 적정 체중을 유지하는 것이 아니라 내 몸이 요구하는 양의 음식을 먹는 것입니다. 몸이 요구하는 양을 지키는 것은 '1,500칼로리'라고 정해놓고 먹는 것보다 더 어려운 일입니다. 그러나 몸의 감각이 깨어나면 우리는 자연스럽게 적정 칼로리를 찾을 수 있습니다. '내 마음이 원하는 만큼'이 아니라 '내 몸이 원하는 만큼' 먹을 수 있습니다.

몸이 원하는 만큼 먹기 위해서는 배고픔과 식탐을 구분할 줄 알아야 합니다. 간단히 말해 배고픔이란 비어 있는 위장에서 오는 생물학적 반응이지만, 식탐은 위장이 비어 있지 않은데 음식에 대한 심리적 갈망을 느끼는 상태입니다.

우리는 배가 고프지 않은데도 뭔가 먹고 싶을 때가 참 많습니다. 식사를 한 지 얼마 되지도 않았는데 괜히 냉장고를 열어볼 때가 있습니다. 그것이 바로 식탐입니다.

왜 그럴까요? 일반적으로 식탐을 자극하는 것은 네 가지입니다.

첫째, 과도한 스트레스입니다. 스트레스를 많이 받고 정서적으로 불안정해지면 우리는 이러한 마음에서 빨리 벗어나고 싶어서 자꾸 쾌미 음식을 찾게 됩니다.

둘째, 정서적 허기입니다. 무료함, 공허함, 외로움 등 정서적으로 무언가 결핍되어 있는 느낌을 신체적 허기로 오인하기 쉽습니다.

셋째, 식욕 호르몬의 과다 분비입니다. 배가 부르면 식욕 호르몬의 분비가 멈춰야 하는데 탄수화물 과다 섭취, 불규칙한 식사, 그리고 심한 다이어트를 할 때는 그렇지 않습니다. 그렐린(ghrelin)과 같은 식욕 호르몬이 과도하게 분비되어 배가 불러도 자꾸 음식을 찾게 됩니다.

넷째, 수면이나 휴식 부족 등으로 인한 신체적인 피곤함 때문입니다.

이상 네 가지 요인들에 의해 우리는 배고픔이 아니라 식탐으로 음식을 먹습니다. 물론 이 네 가지 상황을 다 피해갈 수는 없습니다. 다만 지금 무언가를 먹고 싶을 때 식탐인지 배고픔인지를 구분해 보는 것만으로도 의미가 있습니다. 식탐이라고 느껴지면 한번씩 음식 말고 다른 방법으로 이를 해소해 보면 더욱 좋습니다.

식탐과 배고픔을 구분하는 것과 함께 몸챙김의 식사에서 가장 중요한 점은 배고픔을 존중하는 데 있습니다. 우리의 몸이 허기지도록 방치해서는 안 됩니다. 살빼기를 위한 식이제한식 다이어트는 결과 지향적입니다. 몸이 힘들더라도 배고픔을 참고 어떻게든 체중을 감량하는 것을 목표로 합니다.

그에 비해 건강을 위한 식이조절은 과정지향적입니다. 과정에서부터 몸을 힘들게 하는 것이 아니라 건강하고 활력 있도록 식사를 하는 것입니다. 즉, 건강한 다이어트는 균형 있는 식단으로 몸에 필요한 칼로리를 섭취하는 '적정 식사'입니다. 체중 감량은 그에 따른 결과로 주어집니다.

만약 당신이 배고픔을 인내하며 다이어트를 한다면 실패하기 쉽습니다. 우리는 흔히 다이어트를 하다가 실패하면 의지가 약하다고 생각하지만 반대로 다이어트가 오히려 의지를 약화시키는 주된 원인입니다. 왜냐하면 우리의 뇌는 유난히 배고픔을 못 견디기 때문입니다.

뇌는 1.5킬로그램밖에 안 되지만 우리 몸의 에너지를 20퍼센트 이상 소비합니다. 그래서 굶게 되면 배도 고프지만 뇌가 연료 부족에 빠지게 되어 뇌 기능이 급격히 떨어집니다. 특히 저혈당 상태가 되면 감정과 충동을 조절하는 전전두엽의 기능이 먼저 약화됩니다. 이는 사람을 신경질적으로 바꿔놓습니다.

그래서 일반적인 분노와 구분하여 배가 고파서 화가 나는 것을 가리켜 '행그리(hangry)'라는 단어를 쓰기도 합니다. 즉, 배가 고프면 술에 취한 사람처럼 감정이나 충동에 대한 자제력이 잘 기능할 수 없는 것입니다.

몸챙김 식사는 스스로 배고픔의 정도를 파악해서 음식의 양을 조절합니다. 이를 위해 배고픔을 수치화시켜 인식하는 것이 큰 도움이 됩니다. 건강한 식이습관은 배고픔 지수를 4~6단계 이내로 유지하는 것을 말합니다.

그에 비해 체중 감량을 위해 다이어트를 하는 사람들은 늘 배고픔 지수가 1~4단계에 머물러 있습니다. 그렇기에 늘 음식에 사로잡혀 있고 몸은 활력이 없으며 결국 어느 순간에 의지력 고갈에 빠져 폭식증으로 넘어가기 쉽습니다.

반면에 습관적인 과식자들은 6단계에서 식사를 마치지 못하고 늘 7단계 이상이 되어야 멈추고, 폭식증에 걸린 사람들은 더 나아가 9~10단계가 되어서야 비로소 식사를 멈춥니다.

현재 자신은 어느 단계에서 음식의 양을 조절하는지 아래 배고픔 지수를 보며 살펴봅시다.

배고픔 지수	상태
1단계	심한 허기, 어지러움, 두통 등으로 집중할 수 없는 상태
2단계	안절부절못하고 힘이 없고, 짜증이 나고, 배에서 꼬르륵거리는 상태
3단계	배가 고파 무언가를 먹고 싶은 강한 충동을 느끼는 상태
4단계	약간 배가 고프다고 느끼고 음식이 자꾸 생각난다
5단계	허기가 해소되어 만족스러움. 배고프지도 배부르지도 않은 상태
6단계	기분 좋은 포만감을 느끼는 상태
7단계	다소 불편감이 있지만 아직 더 먹을 수 있는 상태
8단계	배가 꽉 차 더 들어갈 것 같지 않고 더 먹고 싶지 않은 상태
9단계	위장이 너무 팽창하여 배가 당기고 몹시 불편한 상태
10단계	몸을 일으키기 힘들고 속이 메스껍고 배가 아픈 상태

배고픔 지수

* 이 지수는 MIT 메디컬에서 개발한 배고픔 지수를 바탕으로 좀더 이해를 돕기 위해 약간의 설명을 추가하였습니다.

4

앞 맛, 본 맛, 뒷맛을
느끼며 먹습니다

얼마나 먹느냐 만큼이나 무엇을 먹느냐 역시 중요합니다. 많은 전문가들이 건강에 좋은 식단을 이야기합니다. 그러나 내 몸에 맞는 식단을 어떻게 알 수 있을까요?

한의학에서는 체질을 진단하고 그에 궁합이 맞는 식단을 권합니다. 푸드테라피를 표방하는 병원에서는 음식에 대한 면역 반응과 같은 개인별 검사를 통해 그 사람의 몸에 적합한 맞춤 식단을 알려주기도 합니다. 그러나 전문가의 도움을 받아 자신에게 맞는 음식을 찾았다고 하더라도 실제 음식을 바꾸는 것은 쉬운 일이 아닙니다.

인류학자들에 의하면, 한 민족이 다른 문화로 이주하여 고립되면 고유한 전통문화를 점차 잃어가는데 그중에서도 끝까지 남는 것이 음식 문화라고 합니다. 그만큼 음식의 습관은 끈질긴 것입니다.

　그러나 이렇게 바꾸기 힘든 식습관이더라도 몸의 감각이 깨어나면 점점 변화가 일어납니다. 억지로 음식을 바꾸느라 고생하지 않고 입에도 맞고 몸에도 편안한 음식을 찾아갈 수 있습니다.

나는 66.6퍼센트 채식주의자입니다

　제가 병원을 정리하고 안식년을 보내는 동안에도 위식도 역류 증상은 지속되었습니다. 늘 먹던 음식을 먹었고, 1인분을 다 먹어야 숟가락을 놓는 식습관은 여전했습니다.

　그러나 여행하는 동안 몸과 많은 대화를 하면서 식습관 역시 조금씩 변화가 일어났습니다. 몸을 삶의 동반자로 존중하게 되고 신체 내부감각이 깨어나면서 나타난 변화였습니다. 계속 몸에 고통을 가하거나 몸의 고통을 외면하는 식습관을 모른 체할 수 없었습니다.

　일단 음식을 먹을 때 내 몸이 어떻게 느끼는지에 주의를 기울이기 시작했습니다. 어느 정도 양을 넘어섰을 때, 그리고 어떤 음식을 먹었을 때 위장이 힘들어하는지를 관찰했습니다. 이를 위해서는 무엇보다 식사 속도를 의식적으로 늦춰야 했습니다. 그 과정에서 위에 부담을 주지 않는 적절한 양을 알게 되었고, 어떤 음식이 위장을 가장 힘들게 하는지도 알게 되었습니다.

　위식도 역류의 증상을 기준으로 음식을 5단계로 구분할 수 있었습니다. 가장 위장을 힘들게 하는 5단계 음식은 밥과 찌개류였습니다. 평소에 자주 먹던 순대국, 뼈 해장국, 김치찌개 등이 문제였습니다. 그 다음 4단계는 면류와 빵이었고, 3단계는 육류, 2단계는 해산물, 가장 위장에 편안한 1단계 음식은 채소와 과일 종류였습니다.

위장에 어떤 음식이 안 좋은지 구체적으로 알게 되자 자연스럽게 메뉴가 바뀌게 되었습니다. 처음에는 탄수화물과 육류를 끊다시피 하고 매 식사를 채소, 과일, 달걀 정도만 먹었습니다. 채식을 하려고 해서 한 게 아니라 위장의 편안함을 쫓다 보니 그렇게 되었습니다.

식단을 바꾼 지 3개월도 안 되어 위식도 역류 증상은 사라졌습니다. 그러나 채식을 유지하는 것은 쉽지 않았습니다. 3개월 동안 먹는 즐거움이 사라졌고, 사람들과 어울리는 것도 힘들었으며, 무엇보다 힘이 없었습니다. 위식도 역류를 고치는 것도 좋지만 평생 이렇게 살아갈 자신이 없었습니다. 그렇다고 채식을 그만둘 수는 없었습니다.

이후로 여러 실험을 거쳤습니다. 시행착오 끝에 2년 전부터는 아침과 점심 식사로 채소와 과일을 먹고 저녁은 특별히 가리는 것 없이 자유롭게 먹고 있습니다. 자칭 '66퍼센트 채식주의자'가 된 것입니다. 저녁 식사라고 하더라도 가능한 탄수화물 섭취는 하지 않고 음식량 역시 예전처럼 1인분을 고집하지는 않습니다. 배고픔 지수가 6 정도 되면 음식을 그만 먹으려고 합니다.

나름 균형점을 찾으면서 혀의 즐거움과 몸의 편안함을 함께 추구하게 되었고, 몸의 활기 또한 유지할 수 있게 되었습니다. 먹고 싶은 음식도 간헐적으로 즐길 수 있게 되었습니다. 그리고 저녁 시간에 사람들을 만나더라도 메뉴를 고민하지 않고 잘 어울릴 수 있게 되었습니다.

잠 자던 미각을 깨웁니다

미식가는 영어로 '에피큐어(epicure)'라고 합니다. 이는 단지 맛있는 음식을 좋아하는 사람을 뜻하는 게 아닙니다. 세상에 맛있는 음식을 좋아하지 않는 사람이 누가 있겠습니까. 미식가가 되려면 감각과 인지 모두 필요합니다. 미식가란 맛을 잘 감지하고 이를 식별할 줄 알고, 음식에 대한 풍부한 지식을 가지고 있는 사람입니다.

사실 동물의 세계에서 보면 인류 자체가 미식가입니다. 인간은 음식과 관련해서 본능을 넘어섭니다. 아주 오래전부터 음식을 연료로만 대하지 않고 맛을 추구해 왔습니다. 양념을 하고 조리를 해서 더 맛있게 음식을 먹는 방법을 발전시켜 왔습니다. 동물은 그냥 배가 부르면 그만이지만 인간은 맛을 구분하고 맛을 즐기고 맛을 만들어 왔습니다.

또한 인간은 다른 동물들과 달리 먹던 것만을 고집하지 않습니다. 기후 변화나 전쟁으로 인해 식량을 구하기 어려운 상황이 되면 나무뿌리부터 곤충까지 못 먹는 것이 없을 만큼 다양한 음식을 먹어왔습니다. 동물계의 몬도가네가 호모 사피엔스인 셈입니다. 이러한 미식가 성향과 초잡식성(超雜食性)이야말로 인간의 중요한 특징입니다.

'감탄고토(甘呑苦吐)'라는 말이 있습니다. '달면 삼키고 쓰면 뱉는다'는 말입니다. 그러나 정말 그런가요? 아이들은 그렇지만 어른들은 그렇지 않습니다. 동물들이야말로 달면 삼키고 쓰면 뱉습니다. 그러나 인간의 미각은 놀랍습니다. 동물들은 거들떠보지 않는 쑥, 마늘, 겨자, 고추 등을 즐겨 먹습니다. 인간은 쓰고 맵고 신맛을 즐길 줄 알고, 이를 다른 음식의 맛을 더 풍부하게 만드는 데 활용할 줄 아는 창조적 미식가들입니다.

물론 미각의 감수성은 사람마다 다릅니다. 개인의 미각은 혀 표면에 분포한 미각 수용체의 숫자에 따라 다릅니다. 대략 인구의 25퍼센트는 평균보다 더 많은 미각 수용체를 가진 초미각자들입니다. 50퍼센트는 보통이며, 남은 25퍼센트는 미각 수용체가 적어서 맛을 잘 구별하지 못하는 무미각자 즉, 미맹(味盲)에 가깝습니다.

이 미각의 감수성은 미맹 테스트를 해보면 쉽게 구분할 수 있습니다. PTC 용액을 묻힌 종이를 혀에 대게 하면 보통의 미각을 가진 사람은 쓴맛을 느끼지만, 무미각자들은 아무 맛을 못 느끼거나 다른 맛을 느낍니다. 그에 비해 초미각자들은 쓴맛을 단계적으로 구분할 줄 압니다.

미식가는 이러한 초미각자를 이야기하는 것입니다. 당신은 어떤가요? 저는 무미각자에 가깝습니다. 음식의 간도 잘 맞출 줄 모르고, 여러 와인을 마셔도 그 맛의 차이를 잘 구별할 줄 모릅니다. 그렇기에 와인 테이스팅을 하는 사람들의 표현을 듣고 있노라면 놀랄 때가 한두 번이 아닙니다.

그러나 무미각자였던 저 역시 뒤늦게나마 조금씩 미각이 발달해 가고 있습니다. 채식 위주의 식단으로 바꾸고, 스스로 요리를 하고, 식사 속도를 늦추게 되자 미각이 조금씩 발달되었습니다. 강한 자극이 아니면 못 느꼈던 음식의 맛이 세분화되고 더 선명해졌습니다. 샐러드를 먹어도 청경채, 케일, 근대, 치커리, 양상추 등 각기 채소가 어떤 맛인지를 구별하며 먹을 수 있게 되었습니다.

식성이란 고정된 것이 아닙니다. 나이가 들어가고 환경이 바뀌면서 변화가 일어납니다. 어릴 때는 나물, 묵, 회, 고추나 마늘, 삭힌 음식, 채소 등을 질색했던 사람이라도 나이가 들면 좋아할 수 있고, 어릴 때는 달달한 음식을 좋아했던 사람도 나이가 들면 싫어하는 경우가 많습니다. 물론 어릴 때의 식성이 잘 바뀌지 않는 성인도 있기에 '초딩 입맛'이란 표현도 있습니다.

요리 수필가인 피셔(M. F. K. Fisher)는 인간은 자라면서 음식 선호에 대한 전형적인 변화의 패턴이 있다고 말합니다. 일반적으로 나이가 들수록 음식에 대한 집착을 덜 하게 되고, 음식을 음미하는 능력을 터득한다고 합니다.

여기에서 '음미'란 맛을 느끼며 음식을 먹는 것뿐 아니라 맛을 느끼는 감각기관이 확장되는 것을 의미합니다. 어린이들이나 청소년들은 혀의 맛으로만 음식을 먹는다면 나이 들수록 몸의 느낌을 감안하며 음식을 먹게 됩니다. 스스로 위에 부담을 주지 않을 정도로 양을 조절하거나, 혀 이외에도 음식이 몸에 주는 느낌을 중요하게 여기거나, 음식의 영양소를 감안하며 먹는 것입니다.

어릴수록 음식에 대한 쾌락주의를 추구한다면 나이 들수록 몸을 생각하는 보신주의 성향을 보인다고 할 수 있습니다.

마치 와인을 테이스팅하는 것처럼
음식을 먹기

맛은 혀가 느낍니다. 그러나 가만히 살펴보면 맛이라는 것은 꼭 혀로만 느끼는 것은 아닙니다. 예를 들어, 감기가 걸려 코가 막히면 맛을 잘 느끼지 못합니다. 그리고 분명 먹을 때는 맛있게 먹었는데 먹고 나면 속이 느끼하고 거북하여 힘든 음식이 있습니다. 미각이 중요하지만 음식의 맛은 다른 감각기관과 신체감각이 어우러져 느끼는 것임을 알 수 있습니다.

우리는 몸챙김의 식습관을 위해 음식의 맛을 세 개의 코스 요리처럼 나누어볼 필요가 있습니다. 즉, 코스 요리가 전식, 본식, 후식으로 나누어져 있는 것처럼 음식의 맛 또한 앞 맛, 본 맛, 뒷맛으로 구분해 보는 것입니다.

먼저 '앞 맛'이란 음식을 먹기 전에 느껴지는 맛을 말합니다. 음식의 빛깔, 냄새, 감촉 등으로 전해지는 맛입니다. 우리는 음식을 먹기 전에 이미 맛에 대해 예측하고 기대하게 됩니다. '맛깔스럽다' '싱싱해 보이네' '군침이 돈다' 등 이미 먹기 전부터 맛을 느끼고 우리의 뇌는 관련 기억을 끄집어내어 쾌감의 호르몬을 방출시킵니다.

'본 맛'은 말 그대로 혀로 느끼는 맛을 말합니다. 현재 알려진 미각으로는 단맛, 짠맛, 신맛, 쓴맛, 감칠맛 이렇게 다섯 가지가 있으며 이는 혀가 가장 중요한 역할을 합니다.

'뒷맛'은 음식을 삼킨 뒤에 입 속이나 몸에서 느껴지는 맛을 말합니다. 예를 들어, 어떤 음식은 먹을 때는 잘 몰랐는데 먹고 나면 '입 안이 텁텁하다' '속이 느끼하다' '입이 쓰다'는 느낌이 듭니다. 뒷맛이 안 좋은 것입니다. 반대로 어떤 음식은 '입안이 개운하다' '맛이 깔끔하다' '속이 시원하다' 등의 느낌이 듭니다. 바로 뒷맛이 좋은 것입니다.

앞 맛은 눈과 코와 손으로 느끼는 것이라면, 본 맛은 혀로 느끼는 것이고, 뒷맛은 입뿐 아니라 신체 내부감각이 더해집니다. 정말 맛있는 음식은 앞 맛, 본 맛, 뒷맛 모두가 맛있어야겠지요. 이는 시간이 갈수록 잘 먹었다는 느낌을 줍니다. 물론 음식을 만든 사람과의 교감도 중요한 몫을 차지합니다.

그렇다고 혀로 느끼는 음식의 맛이 중요하지 않다는 것은 아닙니다. 다만 혀로만 음식을 먹는 것이 아니라 몸으로 함께 맛을 느끼는 식사가 필요합니다. 그럴 때 자신에게 어떤 음식이 잘 맞는지를 알 수 있습니다. 이는 이분법의 문제가 아니라 균형의 문제입니다. 혀의 즐거움만큼이나 몸의 편안함도 중요하게 여겨야 합니다.

이러한 균형과 조절이 가능하려면 몸에 대한 감각이 살아 있어야 합니다. 이를 위해 먹을 때 몸에 주의를 기울여 마치 와인을 테이스팅하는 것처럼 음식을 먹어볼 필요가 있습니다. 색을 살피고 향을 맡고 그리고 맛을 음미하는 것입니다.

먼저, 음식을 대할 때 입으로 바로 가져가는 것이 아니라 음식 자체에 주의를 기울입니다. 이왕이면 외국 여행을 가서 처음 접해보는 음식을 대하는 것처럼 호기심을 가지고 관찰하는 것입니다.

음식의 색깔과 재료를 살펴보고 코를 가까이 대고 냄새를 맡아봅니다. 과일이나 빵이라면 손으로 만지며 느껴봅니다. 잠깐 오감을 이용하여 앞 맛을 느꼈다면 이제 본격적으로 먹습니다. 평소와 다르다면 그냥 습관적으로 씹고 삼키는 것이 아니라 천천히 맛을 음미하며 씹고 삼킵니다.

이를 위해서는 감각에 집중해야 합니다. 특히 음식을 삼킨 뒤 식도를 거쳐 위장으로 넘어가는 과정을 느껴봅니다. 감각이 뛰어난 분들은 음식이 위장에 들어간 뒤에 위장이 늘어나는 느낌을 감지할 수도 있습니다.

처음에는 잘 느껴지지 않기 때문에 위장이 음식을 먹은 양만큼 무거워졌음을 상상해 볼 수도 있습니다. 그리고 음식을 삼킨 뒤에 입 속과 위장과 몸의 느낌이 어떤지를 음미합니다. 이를 통해 혀의 즐거움뿐 아니라 몸에 편안함을 주는 음식이 무엇인지 찾아보는 것입니다.

몸챙김 식사법

몸챙김 식사는 몸의 감각을 깨워 식사하는 것을 말합니다. 다만 바쁜 일상 속에서 매 식사를 이렇게 할 수 없기 때문에 자신의 상황에 맞게 하루 한 끼 혹은 일주일에 한 끼는 몸을 챙기며 식사를 해봅니다.

1. 식사 시간을 두 배로 늘려 몸의 감각에 집중하며 식사를 합니다. 식사 속도가 잘 늦춰지지 않는다면 숟가락을 치우고 젓가락만 사용하는 것도 괜찮습니다.
2. 정해진 시간에 식사하는 것이 아니라 배고픔 지수가 3~4단계일 때 식사를 시작합니다.
3. 음식을 먹기 전에 앞 맛을 느껴봅니다. 음식을 눈으로 보고 만져보고 냄새를 맡아봅니다.
4. 음식을 먹을 때 와인을 테이스팅하듯이 천천히 씹고 맛을 음미해봅니다. 혼잣말로라도 그 맛을 세부적으로 이야기해 봅니다.
5. 음식을 삼킬 때 신체감각에 주목합니다. 입에서 식도로 넘어가는 느낌, 위장의 팽만감과 느낌에 주의를 기울입니다. 위장의 팽만감은 잘 느껴지지 않을 수 있으므로 그냥 상상해 보는 것도 좋습니다.
6. 정해진 양을 먹는 것이 아니라 위장의 감각에 주의하면서 배고픔 지수가 5~6단계일 때 식사를 마칩니다. 음식 남기는 것을 아까워하지 말기 바랍니다.
7. 식사 후 몸 전체의 신체감각을 통해 뒷맛을 느껴봅니다.

5

잠이 올 때 잠을 잡니다

　종현 씨는 무역회사에 다니는 5년차 회사원입니다. 그는 평소 일을 미루는 습관으로 결국 회사에서 저성과자로 분류되어 상담실을 찾았습니다. 그는 술도 별로 좋아하지 않고 취미활동으로 시간을 보내는 것도 아닙니다. 오히려 다른 사람들에 비해 책상 앞에 앉아 있는 시간이 더 많습니다. 놀 생각으로 가득한 것도 아니고 회사 일, 외국어 공부, 자격증 준비 등 해야 할 일들을 늘 생각합니다. 그러나 그에 비해 실제 일하는 시간은 턱없이 부족합니다.

　그는 퇴근할 때마다 회사 노트북을 들고 집에 가지만 정작 집에 가면 노트북을 꺼내지도 않거나 꺼내서 펼치더라도 딴짓을 합니다. 그 패턴은 늘 같습니다. 조금만 쉰 다음에 할 일을 하려고 하지만 늘 새벽까지 인터넷 서핑을 합니다. 할 일이 많다고 느끼기에 졸음이 쏟아져도 안 자려고 발버둥을 칩니다.

하지만 겨우 깨어 있을 뿐 무의미하게 시간을 보내고 맙니다. 결국 잠은 서너 시간밖에 못 잡니다. 잠이 부족하니 늘 멍한 상태입니다. 아침부터 밤까지 진한 커피만 네다섯 잔을 마십니다. 근무 시간은 물론 회의 시간에도 가장 먼저 졸고 맙니다.

충분히 잠을 안 자는 것도
자해가 된다

우리는 평생 동안 대략 인생의 3분의 1을 잠을 잡니다. 어떻게 생각하면 아까운 시간일 수 있습니다. 그래서 많은 사람들은 잠에 대해 이중적인 태도를 가지고 있습니다.

잠이 보약이라고 하지만 자신도 모르게 잠을 낭비라고 생각하기 때문에 어떻게든 자는 시간을 줄여야 한다고 생각합니다. 어떤 이들은 죽으면 실컷 잘 수 있으니 살아 있는 동안 최대한 잠을 아끼라고 서슴없이 말합니다.

그러나 한번 생각해 볼까요? 지금 호모 사피엔스는 지구의 최상위 포식자이지만 아주 오랜 옛날에는 그렇지 못했습니다. 인간은 사냥도 잘 하지만, 사냥도 잘 당했습니다. 기껏해야 먹이 피라미드의 중간 정도에 위치했습니다.

그런 점에서 보면 잘 이해되지 않습니다. 오랜 시간 잠을 자는 것은 생존에 불리했을 텐데 왜 인간은 이렇게 잠을 자는 것일까요?

분명한 것은 잠을 제대로 자는 것은 인간의 생명을 유지하는 데 중요하다는 사실입니다. 잠을 자는 동안 우리 몸은 아무것도 안 하는 것처럼 보이지만 가장 바쁘게 움직입니다. 기본적인 생명 활동을 이어가는 것은 물론 몸을 재정비하고, 손상된 세포와 조직을 복구하거나 제거하고, 기억을 처리하고, 발육이 일어나고, 면역 기능을 회복하는 등 수많은 활동을 합니다.

수면의 질은 정신 건강에도 중요합니다. 그렇기에 정신과 진료 시에는 반드시 수면 상태를 점검합니다. 건강한 수면은 심신건강의 지표이며 정신적으로 문제가 생기면 수면의 리듬에 변화가 오기 때문입니다.

우리는 24시간 주기의 '일주기 리듬'을 기반으로 살아갑니다. 야행성 동물을 제외하면 해가 지면 잠을 자고 해가 뜨면 활동하는 것이 태곳적부터 이어져온 생명의 리듬입니다.

특히 잠은 뇌의 휴식과 재충전을 위해서 필수적입니다. 하루짜리 시험은 밤샘 공부가 통하지만 며칠씩 이어지는 시험이라면 적정 수면 시간을 자야만 좋은 결과가 나올 수 있습니다. 밤샘을 자주 할수록 뇌는 그만큼 망가지기 때문입니다.

실험에 의하면 보통 사람들은 하루만 잠을 안 자도 집중력이 떨어지고, 2~3일이 되면 운동 능력과 기억력에 장애가 생기고, 4~5일이 되면 환각과 극도의 신경예민에 빠지게 됩니다. 그렇기에 국제사면위원회는 오래전부터 장기간 잠을 자지 못하게 하는 행위를 고문으로 간주합니다.

그뿐 아닙니다. 2011년도에 《조직행동과 의사결정과정(*Organizational Behavior and Human Decision Processes*)》에 발표된 미국 워싱턴 시애틀 대학의 크리스토퍼 바네스(Christopher M. Barnes) 등의 연구에 의하면 수면이 부족한 직장인은 비도덕적인 행동을 할 가능성도 높은 것으로 나타났습니다. 수면 부족은 몸뿐 아니라 마음에도 부정적인 영향을 미치는 셈입니다.

또한 2018년 《네이처 커뮤니케이션(*Nature Communications*)》에 게재된 미국 UC 버클리 대학 수면 연구소의 연구에 의하면 수면의 질은 인간관계에도 영향을 미칩니다. 이들은 청년기 성인 18명을 대상으로 푹 잤을 때와 잠을 설쳤을 때를 비교 실험했습니다. 사람들이 걸어오는 비디오 영상을 보여주고 너무 가까이 다가왔다고 느낄 때 테이프를 멈춰달라고 요청했습니다.

어떤 차이가 있었을까요? 잠이 부족한 상태의 참가자들은 더 빨리 테이프를 멈췄습니다. 푹 잔 상태와 비교하면 거리상으로 60퍼센트가량 멀찍이 있을 때 이미 '너무 가깝다'고 느낀 것입니다.

뇌 영상 촬영 결과, 잠이 부족한 참가자들은 위험을 감지하는 뇌의 부위가 더 활발하게 반응했습니다. 잠이 부족할수록 관계의 필요성을 덜 느끼고 관계에서 불필요한 거리감과 불편함을 느낀다는 것을 엿볼 수 있습니다.

문제는 이러한 불면증이 만성화되었을 때입니다. 만성적인 불면은 뇌에 치명적입니다. 네덜란드 VU 의과대학 엘레마리제 알테나(Ellemarije Altena) 교수가 이끈 연구에 의하면 만성 불면증 환자는 좌측 전전두엽의 피질 활성도가 크게 떨어지는 것으로 밝혀졌습니다. 좌측 전전두엽의 기능 저하는 결국 자제력 부족과 집중력 저하로 이어집니다.

그렇기에 만성 불면증을 가지고 있는 사람들은 신경이 날카롭습니다. 작은 소리에도 예민하고, 별것 아닌 일에도 짜증을 내고, 주변 사람들과 마찰이 잦습니다. 수면 부족은 술에 취한 상태나 심한 다이어트를 하는 것과 다를 바가 없습니다. 이 모든 상태는 전두엽의 기능을 떨어뜨려 더욱 빨리 의지력을 고갈시킵니다.

결국 수면 부족은 여러 가지 측면에서 감정과 충동을 불안정하게 만들어 정신 건강을 위협하는 중요한 원인이 됩니다. 그럼에도 우리 사회는 잠을 줄여가며 공부하고 일할 것을 독려합니다. 오늘도 대한민국에서는 전체 노동자의 15퍼센트가량이 밤에 일을 하고 있습니다.

잠을 잘 자려고
너무 애쓰지 마세요

종현 씨는 매일 잠을 적게 자려고 애를 씁니다. 남보다 뒤처졌고 할 일도 많다 생각하니 시간이 아깝기만 합니다. 그러나 정작 책상에 앉아 있는 동안 집중력은 떨어진 상태라 대부분의 시간을 쓸데없는 일에 허비하느라 할 일도 제대로 못하고, 잠도 못 잡니다. 그럼에도 그는 최대한 버틸 수 있는 데까지 버티다가 잠이 듭니다.

좋은 수면의 기준은 '깊은 잠'이라고 생각하지만 사실 깊은 잠을 잤는지는 깨어 있는 동안의 상태로 알 수 있습니다. 좋은 잠을 자고 나면 아침에 눈을 떠서 5~10분쯤 후에 기분이 상쾌해집니다. 일어났을 때 두통이나 근육통이 없고, 멍한 느낌이 없으며, 낮에 졸리거나 집중력의 곤란을 느끼지 않습니다. 그리고 잠자리에서 들어서 역시 5~10분 이내에 수면 상태에 들어가며 중간에 자주 깨지 않습니다.

일반적으로 아이들은 좋은 잠을 잡니다. 누가 업어가도 모른다고 할 정도로 정신없이 깊은 잠을 잡니다. 그러나 40대가 넘어가면서부터는 수면의 질이 떨어지면서 전체 수면 시간도 짧아지고 자주 깨기 시작합니다. 아이들과 달리 생각과 고민이 많아지면서 긴장이 잘 해소되지 않기 때문입니다.

나이가 들어갈수록 잠의 깊이가 얕아지는 것은 정상적인 과정입니다. 그렇기에 불면증은 과도한 스트레스에 놓인 상황을 제외하면 대체적으로 나이든 사람들의 문제입니다.

잠이 잘 안 오거나, 깨어난 뒤로 멍한 느낌이 가시지 않으면 사람들은 잠을 잘 자려고 노력합니다. 그러나 역설적으로 '잠을 잘 자야 한다'는 생각이나 노력은 수면의 질을 더욱 떨어뜨립니다. 만일 당신이 '오늘은 열 시에 잠들 거야'라고 계속 생각하고 주문을 외우면 열 시에 잠이 들까요? 결심한다고 해서 일찍 잠들 수 있다면 수면제가 필요 없을 것입니다.

우리는 의지로 깨어날 수 있지만 의지로 잠들 수는 없습니다. 왜 그럴까요? 일정 수준에서 각성은 의지로 가능하지만 수면은 긴장이 풀어지고 이완이 되어야 하기 때문입니다. 그런데 어떤 사람이 계속 '잠을 자야지, 잠을 자야지'라고 생각하고 있다면 이는 이완을 방해할 수밖에 없습니다. 오히려 꼭 자야 한다는 생각이 클수록 '잠이 안 오면 어쩌나' 하는 걱정과 불안이 커지고 이는 불면을 악화시킵니다. 그러므로 잠을 잘 자려면 생각을 멈추고 힘을 뺄 줄 알아야 합니다.

건강한 수면을 위한 네 가지 습관

건강에 좋은 수면 시간은 사실 정답이 없습니다. 어떤 사람은 네 시간을 자도 하루 종일 피곤하지 않는 사람도 있고, 어떤 사람은 열 시간을 자도 낮에 졸린 사람이 있습니다. 그러므로 기계적으로 누군가 하는 이야기에 맞춰 자신의 수면 시간을 결정할 필요는 없습니다. 스스로 자신의 몸이 원하는 적정 수면 시간을 찾아야 합니다.

그러기 위해서는 몸의 감각을 느껴야 합니다. 불면증을 약물 치료로 고칠 수는 없습니다. 응급상황이나 감염성 질환은 약물 치료나 수술이 필수적입니다. 하지만 잘못된 생활 습관이 원인이 되는 만성질환은 생활 습관의 교정이 필수입니다. 불면증 또한 수면 습관의 문제입니다.

꼭 불면증이 아니더라도 건강한 수면을 위해서는 다음 네 가지의 습관을 유지하는 게 좋습니다. 이 네 가지만 제대로 실천해도 수면의 질은 나아지고 우리 몸은 보다 활기를 띠게 됩니다. 오랜 시간 수면제를 복용한 경우라고 하더라도 이 네 가지 수면 습관을 유지하면서 약물을 점진적으로 감량하면 수면제를 끊을 수 있습니다.

첫째, 일정한 시간에 일어나야 합니다. 기상 시간을 일정하게 하면 우리에게 필요한 적정 수면 시간을 파악할 수 있습니다. 우리는 잠드는 시간을 통제할 수 없지만 기상 시간은 통제할 수 있습니다. 수면 습관에 중요한 것은 규칙성입니다. 일정한 시간에 일어나면 점점 더 일정한 시간에 졸리게 됩니다. 그때 잠자리에 누우면 됩니다.

예를 들어, 규칙적인 기상 시간이 오전 여섯 시라면 이제 자신이 몇 시에 졸린지 살펴보면 됩니다. 만약 반복해서 밤 열한 시 정도에 졸린다면 몸이 원하는 적정 수면 시간은 일곱 시간 정도라고 생각할 수 있습니다.

만일 일어나는 시간이 점점 당겨진다면 일어나야 할 기상 시간을 점점 앞으로 맞추면 됩니다. 그에 따라 졸음이 오는 입면 시간도 앞당겨질 수 있습니다. 그리고 이때 중요한 것은 주말에도 가능한 일정한 시간에 일어나는 것입니다.

둘째, 졸릴 때 잠자리에 누워야 합니다. 좋은 수면 습관은 머리가 아니라 몸을 따라가는 것입니다. 시간이 돼서 잠자리에 눕는 것이 아니라 졸릴 때 눕는 것입니다. 만일 침대에 누웠는데 15분 이상 잠이 안 오면 일어나 침실 밖으로 나가는 것이 좋습니다.

잠은 결코 억지로 잘 수 없습니다. 15분이 넘으면 잠이 올 것 같더라도 아깝게 여기지 말고 일어나 다른 공간에서 조용한 활동을 하는 게 좋습니다. 그러다가 다시 잠이 오면 또 잠자리에 눕습니다.

수면의 질에 가장 안 좋은 일은 자는 것도 아니고 깨어 있는 것도 아닌 어정쩡한 상태로 누워 있는 것입니다. 이는 불면증 환자들의 가장 대표적인 수면 습관입니다. 그렇기에 종종 가족들로부터 잠만 잘 자더라는 오해를 사기도 합니다. 눈을 감고 억지로 누워 있는 시간이 많기 때문입니다. 이는 무척 해로운 습관입니다.

셋째, 잠자리에서는 생각이 아니라 몸의 감각에 주의를 기울여야 합니다. '한 마리, 두 마리……' 양을 세는 것도 의미가 없습니다. 생각을 내려놓아야 합니다. 이는 생각을 안 하려고 애쓰기보다 몸에 주의를 기울일 때 가능합니다. 감각의 뇌가 활성화가 되면 생각의 뇌는 약화됩니다.

앞에서 이야기한 바디스캔은 아주 좋은 방법입니다. 몸의 감각에 집중하는 것은 빠른 입면과 숙면에 아주 도움이 됩니다. 몸의 각 부위에 숨구멍이 있어 그곳을 통해 숨이 드나들고 있다고 느끼며 몸에 주의를 기울이다 보면 저절로 잠이 듭니다.

넷째, 수면 환경을 정비해야 합니다. 좋은 수면을 위해서는 수면 환경을 정비할 필요가 있습니다. 여러 가지가 있겠지만 가장 중요한 사항은 침대를 오직 수면을 위해서만 사용하는 것입니다.

잠을 잘 못 자는 사람들일수록 침대를 다양한 용도로 사용합니다. 침대에 누워서 잠이 올 때까지 독서, TV 시청, 스마트폰 사용, 음악 감상, 통화 등을 합니다. 심지어 식사도 침대에서 하는 경우도 있습니다.

이는 뇌를 혼란에 빠뜨립니다. 침대에 눕는 것을 수면으로 들어가는 신호로 받아들이는 것이 아니라 또다른 활동의 신호로 받아들입니다. 침대에 누울 때 '이제 자려고 하는구나!'라고 뇌가 반응할 수 있도록 침대는 잠을 자기 위해서만 사용하는 것이 좋습니다.

5장

몸을
자각하며
움직이기

1

꾸준히 운동을
할 수 없을까요?

병원을 운영하는 대학 선배가 있습니다. 선배는 쉰이 넘으면서 체중이 부쩍 늘었습니다. 몇 년 전 보았을 때는 학창시절 때보다 20킬로그램 넘게 늘어 있었습니다.

선배의 아버지가 뇌졸중으로 쓰러져 투병하다 돌아가셨는데 선배도 혈압 약과 고지혈증 약을 같이 먹고 있었습니다. 선배도 운동하려고 노력하지만 3개월 이상을 넘긴 적이 없었습니다. 헬스부터 시작해서 수영, 테니스, 승마, 마라톤을 시도했지만 작심삼일이었습니다. 그러는 사이에 체중은 더 늘고 혈압은 더 조절되지 않았습니다.

그 후 1년 반 뒤에 선배를 다시 봤을 때는 제 눈을 의심했습니다. 학창 시절의 몸으로 되돌아간 것입니다. 그 사이에 무슨 일이 있었던 것일까요?

우연히 선배는 라틴 댄스를 접하고 아내와 함께 춤을 배우기 시작했습니다. 춤은 선배 부부를 매료시켰습니다. 일주일에 세 번씩 꾸준히 춤을 추러 다녔고 이제는 무대 위에 올라 멋진 공연도 펼치고 있습니다.

춤을 통해 새로운 세상을 만났고 예전의 몸을 되찾았습니다. 건강이 좋아진 것은 물론 부부 관계도 좋아지고 더 나아가 병원도 번창했습니다. 삶의 전반에 활력을 되찾은 것입니다.

강제로 운동을 시키는 법이 만들어진다면

우리는 운동의 필요성을 너무나 잘 알고 있습니다. 운동이 신체적 건강은 물론 스트레스 관리나 정신 건강에도 탁월한 효과가 있다는 것은 상식입니다.

그렇기에 새해 계획 중에는 늘 운동이 빠지지 않고, 평상시에도 늘 '운동해야 하는데……'라는 강박적인 생각을 가지고 있습니다. 주변을 보면 운동과 관련된 시설은 차고 넘치고, 미디어와 인터넷에는 운동과 관련된 각종 콘텐츠들이 쉴 새 없이 쏟아져 나옵니다.

그렇다면 운동 인구와 운동 시간도 꾸준히 늘어나고 있는 것일까요? 정부의 국민건강증진종합계획인 '헬스플랜 2020'에 따르면 우리 국민의 운동 실천율은 2008년 14.5퍼센트에서 2013년 6.8퍼센트로 감소했습니다.

2016년도에 발표된 질병관리본부의 국민건강영양조사 발표에 따르면 지난 10년간 신체활동 수준을 나타내는 걷기 실천율은 오히려 19.5퍼센트나 감소했습니다. 이는 최근 1주일 동안 걷기를 1회 10분 이상, 1일 총 30분 이상, 주 5일 이상 실천한 비율을 말합니다. 이는 2005년 60.7퍼센트에서 2015년 41.2퍼센트로 떨어졌는데 국민 열 명 중에 여섯 명은 하루에 30분도 걷지 않고 있습니다.

운동하던 사람들이 더 많이 할 뿐, 정작 운동을 해야 할 사람들은 점점 더 운동을 안 하고 있다고 볼 수 있습니다. 이는 우리나라만의 문제가 아니라 전 세계적인 문제인데, 대략 성인 인구의 30퍼센트는 운동다운 운동을 하지 않는 것으로 추정됩니다.

이제 신체활동 부족은 혈압, 흡연, 고혈당에 이어 사망 원인으로 네 번째로 꼽히고 있습니다. 나라마다 국민들의 신체활동을 늘리기 위해 골머리를 앓고 있습니다.

우리나라의 경우 국민의 건강 생활을 증진하기 위해 1995년도에 '국민건강증진법'을 제정했습니다. 개인과 조직, 국가적 차원에서 건강을 종합적으로 증진할 법적, 제도적 기반을 마련하기 위해서입니다. 물론 이 법은 운동을 하라고 강제하거나 운동을 하지 않으면 처벌하겠다는 것은 아니라 운동을 촉진하기 위한 법률안입니다.

세부적인 시행령을 보면 운동시설을 이용할 쿠폰을 나누어주고, 운동을 열심히 하는 사람들에게는 세제 혜택을 주며, 지자체 별로 생활체육과의 예산과 인력을 높이는 것 등입니다.

이 법이 강화되면 운동을 안 하던 사람들이 운동을 시작하고, 운동 실천율이 높아질까요?

결국 중요한 것은 동기 부여입니다. 처벌이나 보상은 외적 동기일 뿐입니다. 말 그대로 처벌이나 보상이 줄어들거나 사라지면 그 동기는 금방 사라집니다. 가장 중요한 것은 내적 동기입니다. 그렇다면 운동의 내적 동기를 끌어올리려면 어떻게 해야 할까요?

내일이 아니라 오늘을 위한 운동

아무리 운동이 좋다고 해도 꾸준히 할 수 없다면 효과가 없습니다. 운동의 생활화를 위해 좋은 운동이 무엇인지를 생각해 볼 필요가 있습니다.

간단히 말해 좋은 운동은 자신에게 적합하고, 운동 중에 즐거움을 주며, 일상생활에 활력을 주는 것을 말합니다. 그에 비해 좋지 않은 운동도 있습니다. 자신에게 맞지 않고, 운동 중에 스트레스를 주고, 일상생활을 더욱 피폐하게 만드는 것입니다.

그렇기에 꾸준히 운동을 하려면 다음 세 가지가 필요합니다. 첫째, 즐거운 운동입니다. 여기에서 즐거움은 운동의 결과가 아니라 과정에서 느껴지는 것을 말합니다. 운동을 하면서 즐거울 때 우리는 꾸준히 지속할 수 있습니다. 많은 사람들이 운동을 꾸준히 하지 못하는 이유는 결과에 대한 목표 의식이 있을 뿐 과정 자체의 동기 부여가 뒷받침되지 않기 때문입니다.

예를 들면, 살이 빠지고 몸매가 예뻐지고 싶다는 목표의식은 있지만 피트니스 클럽에 가서 운동하는 것은 스트레스가 된다면 당연히 오래할 수 없습니다. 꾸준한 운동을 위해 가장 중요한 것은 목표나 자제력이 아니라 '과정에서의 즐거움'입니다. '해야 하는 운동'이 아니라 '기분을 좋게 해주는 운동'이어야 합니다. 몸을 쓰는 게 스트레스가 아니라 즐거움일 때 운동은 몸에 뿌리를 내립니다.

운동을 싫어하는 분들은 그것이 가능하냐고 묻습니다. 그러나 주변을 보면 그 자체가 즐거워서 운동을 하는 사람도 많습니다. 즐거운 운동을 의심하기 전에 스스로 이를 얼마나 찾으려고 했는지 돌아보아야 합니다. 앞에서 소개한 선배 역시 처음에는 즐거운 운동이란 개념을 상상조차 못했습니다. 춤의 세계를 만나기 전까지는 말입니다.

그러므로 즐거운 운동을 위해서는 자기 탐색과 자기 이해가 중요합니다. 시행착오를 통해 자신에게 맞는 운동이 무엇인지를 찾아가야 합니다. 자연을 좋아하는 사람이 실내의 러닝머신 위에서 뛰는 것은 재미없는 일입니다. 스릴을 좋아하는 사람이 차분한 요가를 하는 것은 답답한 노릇입니다. 사람들과 어울리는 활동을 좋아하는 사람이 혼자 운동을 하게 되면 무료해집니다.

각자 자신에게 즐거움을 주는 움직임과 조건을 찾아야 합니다. 아무리 좋은 신발이라도 내 발에 안 맞으면 무슨 소용이며, 아무리 비싼 옷이라도 내 몸에 안 맞으면 어떻게 입고 다니겠습니까. 무엇보다 내게 잘 맞고, 내 몸이 기뻐하는 몸의 움직임을 찾아가는 것이 중요합니다.

둘째, 단계적 운동입니다. 어떤 일을 꾸준히 하지 못하는 것은 의욕이 부족해서이기도 하지만 반대로 의욕이 너무 앞서기 때문이기도 합니다. 사람들은 무엇이든 마음먹기에 달려 있다고 생각하지만 몸이 적응하고 바뀌기 위해서는 시간이 필요합니다. 어떤 운동이든 본 운동에 들어가기 앞서 기초 훈련과 적응 과정이 있어야 합니다.

그러나 의욕이 앞선 사람들은 이를 건너뛰려고 합니다. 마치 스윙 연습도 제대로 하지 않은 채 필드에 나가려는 것이나 5킬로미터 단축 마라톤도 뛰어보지 않은 사람이 나이만 믿고 하프마라톤에 출전하려는 것과 같습니다.

체력보다 의욕이 앞서면 몸에 탈이 나고 운동을 그만두게 됩니다. 물론 본인은 적당하다고 생각할 수 있고 초반에는 잘 될 수도 있습니다. 하지만 무리한 운동은 급속히 피로가 축적되어 탈진이나 부상을 입기 쉽습니다.

동물과 달리 인간의 운동 발달은 무척이나 단계적입니다. 동물은 태어나서 얼마 되지 않아 뛰어다니지만, 인간은 수년 간의 학습을 거쳐야 합니다. 기기, 뒤집기, 앉기, 걷기, 달리기 등의 움직임으로 단계적으로 나아갑니다. 이는 스스로 수많은 시행착오를 겪으며 최적화된 움직임을 만들어가는 지난한 과정입니다.

정신노동을 하는 사람들은 더욱더 촘촘하게 단계를 밟아가야 합니다. 육체노동자들은 연료가 근육에 많이 저장되어 있기에 상대적으로 많은 운동을 소화할 수 있지만, 정신노동을 하는 사람들은 연료가 뇌에 저장되어 있기에 갑작스럽게 많은 운동을 하면 쉽게 피곤해지고 아플 수 있습니다.

이는 운동에 재미를 잃고 쉽게 그만두는 흔한 이유가 됩니다. 너무 당연한 이야기이지만 몸이 적응할 수 있도록 천천히 운동량을 늘려가야 합니다.

셋째, 삶에 활기를 주는 운동입니다. 몸뿐 아니라 삶에, 운동 시간뿐 아니라 운동하지 않는 시간에도 활기를 줄 때 우리는 운동을 꾸준히 할 수 있습니다.

모든 운동이 그렇지 않느냐고요? 그렇지 않은 경우도 많습니다. 운동을 한 후에 일을 제대로 할 수 없을 정도로 몸이 힘든 경우도 있고, 심한 경우에는 잦은 부상에 시달리거나 운동에만 빠져서 가족과의 관계가 힘들어지는 경우도 많습니다.

운동의 즐거움과 활기가 동심원이 되어 삶으로 번져나갈 때 우리는 운동을 꾸준히 할 수 있습니다. 또한 우리 주위 사람들도 운동에 참여하게 됩니다.

이 세 가지 중에서 가장 중요한 것은 즐거움입니다. 우리에게 필요한 것은 심신에 즐거움을 주는 운동입니다. 운동이 무언가를 얻기 위한 도구가 되면 오래할 수 없습니다.

꾸준히 할 수 있는 운동은 내일을 위한 운동이 아니라 오늘을 위한 운동입니다. 좋은 운동은 과정 지향적이고 건강과 아름다움은 그에 대한 보상일 뿐입니다.

2

섬세한 움직임은
뇌를 건강하게 자극합니다

동물과 식물의 차이는 무엇일까요? 가장 큰 차이는 이동성입니다. 그렇다면 왜 동물은 이동할 수 있고 왜 식물은 이동할 수 없을까요? 무엇이 동물을 움직일 수 있도록 할까요?

물론 '발'이라고 생각할 수 있습니다. 하지만 좀 더 생각해 본다면 발이 움직일 수 있는 것은 '신경'이 있기 때문입니다. 동물은 뇌와 같은 신경계가 있고 식물은 없습니다.

우리는 뇌의 기능을 떠올리면 먼저 '생각'이라고 생각하기 쉽습니다. 하지만 뇌의 기원은 이동과 관련되어 있습니다. 뇌가 만들어진 것은 생각하기 위해서가 아니라 보다 더 잘 이동하기 위해서입니다.

수중생물인 멍게를 볼까요. 멍게는 헤엄쳐 다니는 유생 시기에는

'원시 뇌'라고 할 수 있는 신경절이 있습니다. 이동을 해야 하기 때문입니다. 하지만 바위에 붙어 정착 생활을 하게 되면 더 이상 이동할 필요가 없습니다. 그렇기에 바위에 붙은 멍게는 스스로 자신의 뇌를 먹어버립니다. 입과 항문만 가지고 살아가는 것입니다.

이처럼 뇌가 퇴화하는 것은 생각을 안 해서라기보다 움직이지 않아서입니다. 움직임이 줄어들면 뇌는 사라지기 시작합니다.

"건강한 신체에 건강한 정신이 깃들기를"

흔히 '학문하는 사람'이라고 하면 왠지 유약한 이미지가 있고, '운동하는 사람'이라고 하면 왠지 공부를 잘하지 않을 것이라는 편견이 있습니다. 실제로 주위를 보면 이렇게 어느 한쪽에 치우친 사람들이 있습니다.

그러나 과거로 올라갈수록 학문과 운동은 분리되지 않았습니다. 동서양을 막론하고 문무를 겸비한 이들이 많습니다. 그리스 철학자 플라톤의 원래 이름은 '아리스토클레스(Aristocles)'입니다. 이 이름에는 '넓다'는 뜻이 들어 있습니다. 무엇이 넓은 것일까요? 플라톤은 훌륭한 레슬러였습니다. 학자들은 그의 이름이 아마 '어깨가 넓다'는 뜻에서 유래했을 것이라고 봅니다.

그의 스승인 소크라테스는 어땠을까요? 그야말로 철학자 이전에 아테네의 위대한 전사였습니다. 포티다이아 원정, 델리온 전투, 암피

폴리스 전투 등에 참전했고, 틈만 나면 체육관에서 운동했습니다. 그리고 학문과 예술을 포함하는 시가(詩歌) 교육은 반드시 운동과 병행해야 한다고 강조했습니다. 소크라테스에게 학문하는 사람은 '책상에 앉아 책만 보는 사람'이 아니라 '운동과 지식을 자신의 삶에 적용하는 사람'을 의미했습니다.

소크라테스가 위대한 이유는 철학의 주제를 외부에서 인간의 내면으로 전환시켰기 때문이 아닐까 합니다. 이전 그리스 철학자들의 관심은 자연이었기에 이들은 우주와 세상이 무엇으로 되어 있느냐를 이야기했습니다.

소크라테스는 그 초점을 인간의 내부로 돌려 '너 자신을 알라'고 외쳤습니다. 자기 이해가 철학의 중요한 주제임을 말한 것입니다. 이때 그가 말한 '너 자신'은 영혼이나 마음만을 이야기하는 것이 아니었습니다. 소크라테스는 평생 자신의 체질을 연구했고, 어떤 음식과 어떤 운동이 자신에게 맞는지를 관찰하고 적용했으며, 학문과 운동을 병행했습니다.

그러나 데카르트의 등장 이후 몸과 마음은 서로 다른 실체라는 이원론이 강조되면서 몸과 마음은 분리되고 말았습니다. 그리고 상대적으로 몸은 천시되고 마음과 영혼의 위대함만을 강조하는 문화가 이어졌습니다. 지금도 그렇습니다.

예를 들어, '일체유심조(一切唯心造)'라는 말이 있습니다. 우리는 이 말을 '모든 것은 마음먹기에 달려 있다'는 뜻으로 사용합니다. 하지만 사실 이 말은 '모든 것은 오로지 마음이 지어낸다'는 의미로, 흔히 마음에 가려 실체를 있는 그대로 보지 못하는 어리석음을 경계

할 때 쓰이기도 합니다. 그런데 엉뚱하게 이 말이 긍정적 사고의 중요성을 넘어 인간의 정신력은 물리적인 세계나 몸의 한계를 얼마든지 뛰어넘을 수 있는 것처럼 남용됩니다.

한편 '건강한 신체에 건강한 정신이 깃든다'는 말이 있습니다. 몸이 건강해야 마음도 건강할 수 있다는 의미입니다. 그러나 몸이 건강하면 덩달아 마음도 건강해질까요? 그렇다면 건강한 운동선수들이야말로 가장 건강한 정신을 가지고 있고, 몸이 아픈 사람일수록 건강하지 못한 정신을 가지고 있을까요?

이 말은 1세기 로마 시인 유베날리스의 시구인 "mens sana in corpore sano"에서 유래했습니다. 그런데 이 문장을 인용할 때 원문에서 생략된 부분이 있다고 합니다. 'ut sit'라는 말입니다. 이는 소망과 바람을 나타내는 말입니다. 원문을 해석하면 "건강한 신체에 건강한 정신이 깃들기를!"이라는 소망의 뜻이 됩니다.

결국 모든 게 마음에 달린 것도 아니고, 모든 게 몸에 달린 것도 아닙니다. 몸과 마음을 함께 바라보고 몸과 마음을 연결하고 그 균형을 맞춰가는 노력이 중요합니다.

운동을 통해 점점 더
자신을 좋아하게 됩니다

현재 운동을 꾸준히 하는 사람들은 모두 운동을 좋아해서 시작했을까요? 물론 그런 사람들도 있지만, 이들 중에도 예전에는 운동을 싫어했던 사람들이 많습니다. 운동을 싫어하던 사람들이 운동을 시작하고 꾸준히 하는 이유는 무엇일까요?

대개 운동을 시작하는 큰 계기는 건강 이상과 다이어트 때문입니다. 그러나 몸이 아니라 마음이 힘들어서 운동을 시작한 이들 또한 많습니다. 사랑하는 사람과 이별의 아픔을 겪고, 무언가 뜻하던 일이 되지 않고, 죽을 것 같은 공황 발작이 시작되고, 자신에게 환멸이 느껴지거나 우울한 기분에 휩싸이는 등 정신적으로 힘들어지면 운동을 시작하기도 합니다.

그 과정에서 위기를 넘어서거나 치유가 일어나는 것뿐만 아니라 새로운 세상을 만나게 된 이들도 많습니다. 운동을 통해 자기와 세상에 대한 관점이 근본적으로 바뀌게 된 경우도 있습니다.

이전에는 알지 못했던 기쁨과 용기, 행복 더 나아가 희열을 경험하기도 하고 자신에 대한 느낌이 근본적으로 바뀌는 이들도 있습니다. 열등감과 낮은 자존감에 사로잡혔던 사람이 운동을 꾸준히 하고 난 뒤로 자부심을 갖게 된 경우도 어렵지 않게 찾아볼 수 있습니다.

사소한 일에도 짜증을 내고 늘 따지기 좋아하던 이가 운동을 한 뒤로 성품이 부드러워지는 경우도 봅니다. 남 앞에서는 이야기도 못하고 수줍음이 많던 사람이 운동을 통해 자신감을 되찾고 자신이 원하는 삶을 살아가는 경우 또한 많습니다.

분명 운동은 신체적 단련 이상의 것임에 틀림없습니다. 실제 운동이 자존감과 같은 자아관에 긍정적인 영향을 미친다는 연구 결과는 차고 넘칩니다.

영국 런던대학교 버벡 칼리지 사회심리학과 교수인 세렌 도건(Ceren Doğan)은 운동이 자아관에 미치는 영향을 연구한 바 있습니다. 도건은 정기적으로 피트니스 클럽에 다니는 31명의 사람들을 대상으로 심층 인터뷰를 한 후 이를 2015년도《유럽 심리학 저널(Europe's Journal of Psychology)》에 논문으로 게재했습니다.

심층 인터뷰 결과를 보면 정기적으로 운동한 이들은 공통적으로 운동 이전에 비해 자신에 대해 더 좋은 느낌을 갖는데, 이는 세 가지 측면에서 이루어진다고 밝혔습니다.

첫째, 운동하는 이들은 자신을 효율적이고 생산적인 사람이라고 생각하게 된다.

둘째, 운동하는 이들은 운동뿐 아니라 삶에 대한 통제력이 향상되었다고 느낀다.

셋째, 운동은 신체적인 감각뿐 아니라 심리적 감각을 향상시켜 스트레스에 대한 대처능력을 강화한다.

운동을 지속한 결과는 운동 외 시간에도 영향을 미칩니다. 자신의 몸에 집중하는 운동 시간처럼 운동 외 시간에도 자신에게 집중하고, 더 나은 삶을 살기 위해 노력하게 됩니다.

무엇보다 가장 중요한 변화는 자신을 점점 더 좋아하게 된다는 사실입니다. 그렇기에 운동만큼 자기 사랑과 자존감을 회복하는 데 좋은 방법도 없습니다. 물론 자기 자신에게 잘 맞는 운동을 찾아간다면 말이지요.

쓰면 쓸수록
강화되는 뇌

신생아들의 움직임은 투박합니다. 신경이 분화되지 못해 크고 작은 근육들이 제각기 움직여지지 않고 통으로 움직여지기 때문입니다. 자라는 동안 감각과 운동신경이 분화되면서 점점 세밀하고 정확한 동작을 배워갑니다.

이는 신체 부위마다 그에 표상되는 뇌의 지도가 만들어지고 유기적 연결이 이루어지는 것을 말합니다. 실제 뇌의 신체지도를 차지하는 비중은 신체 부위의 크기가 아니라 신체 부위를 얼마나 자주 그리고 정교하게 사용하느냐에 달려 있습니다.

예를 들어, 자주 사용하고 정교하게 움직이는 손가락은 그 크기에 비해 넓은 뇌 지도를 차지하지만 허벅지의 뇌 지도는 상대적으로 작습니다. 누군가 손 기술이 정교하다면 각각의 손가락에 해당되는 뇌 지도 역시 정교하다는 것을 의미합니다.

만약 다쳐서 손을 쓸 수 없게 되면 뇌 지도는 어떻게 될까요? 모호해지고 줄어들게 됩니다. 반대로 우리가 의식적 훈련을 통해 몸의 감각과 움직임에 면밀하게 주의를 기울이고 보다 섬세한 동작을 하게 된다면 해당되는 신체 부위의 뇌 지도 역시 보다 세밀해지고 넓어지게 됩니다. 이렇게 몸과 뇌는 긴밀하게 연결되어 있기에 몸속에 뇌가 있고 뇌 속에 몸이 있다고 말할 수 있습니다.

그렇다면 밥 먹듯이 운동하는 운동선수들이 지닌 뇌의 기능과 구조는 일반인과 다르지 않을까요? 고려대 의대 해부학 교실 유임주 교수팀은 이를 연구했습니다. 농구 선수들의 뇌를 촬영해 보았는데 눈과 손의 협응에 중요한 역할을 하는 소뇌의 소엽 부분이 일반인에 비해 약 14퍼센트 정도 컸습니다. 실험에 참가한 스무 명의 농구 선수들은 평균 8년 이상 꾸준히 운동을 해왔습니다.

이는 다른 분야도 마찬가지입니다. 런던에서 택시 기사를 준비하는 경우를 봅시다. 택시 기사 자격증을 취득하기까지는 보통 3~4년이 걸릴 만큼 어렵다고 합니다. 2만 5천개나 되는 도로와 수천 개의 광장 등 복잡한 도시를 다 알아야 하고 몇 번의 시험을 치러야 할 만큼 까다롭습니다.

유니버시티 칼리지 런던에서 뇌를 연구하는 앨리너 매과이어(Eleanor A. Maguire) 교수 등은 자격증을 취득하는 전후 과정에서 뇌에 어떤 변화가 일어나는지에 관심을 가졌습니다. 이에 택시 기사 지원자 79명을 대상으로 3~4년 후 해마의 성장을 조사했습니다. 시험에 합격하여 공인 택시 기사가 된 이들은 해마의 회색질의 신경세포가 두드러지게 증대하였습니다. 몇 년 동안 복잡한 런던 시내에서 위치를 파악하기 위해 노력한 결과였습니다.

동일한 기간 동안 버스를 운전한 사람들의 해마는 어떨까요? 버스 기사는 정해진 노선만 운행하기 때문에 처음에만 의식적으로 주의를 기울일 뿐, 이후로는 정해진 코스대로 주행을 합니다. 새로운 길을 익힐 필요성이 현저히 낮기 때문에 공간기억력과 관련 있는 해마의 크기는 증가하지 않았습니다.

그렇다면 네비게이션의 안내로만 운전하는 우리들의 뇌에는 어떤 변화가 생겨나고 있을까요? 뇌는 쓰면 쓸수록 더욱 좋아지고 강화되며, 반대로 쓰지 않으면 않을수록 더욱 퇴화되고 약화되는 기관입니다. 여기에서 뇌를 사용한다는 말은 습관적인 게 아니라 의식적인 주의와 움직임을 의미합니다.

실제로 성인의 뇌에서 새로운 신경세포가 생긴다는 사실을 과학계에서 받아들인 것은 1990년대 중반으로 그리 오래된 일이 아닙니다. 특히 운동은 뇌의 신경세포를 새롭게 만들어내는 데 가장 중요한 자극임이 밝혀졌습니다. 그로 인해 신체 건강뿐 아니라 인지 발달과 학업 성취에도 운동이 중요한 역할을 한다는 것을 깨닫게 되었습니다.

2007년도 《스포츠와 운동심리학(*Psychology of Sports and Exercise*)》에 게재된 일리노이 대학 신경과학 운동생리학 실험실의 찰스 힐먼(Charles Hillman) 교수 등의 연구가 대표적입니다. 이들은 미국 일리노이 주의 초등학교 3학년과 5학년 학생 2백59명을 대상으로 체질량을 측정하고 기초 운동을 시킨 다음, 아이들의 운동 능력과 수학, 읽기 능력을 비교해 보았습니다. 그 결과 운동 능력이 개선되면 학습 능력 역시 나아지는 것으로 드러났습니다.

이는 크게 세 가지 이유 때문입니다. 첫째, 유산소운동을 하게 되면 심장의 혈액 공급량이 늘어나면서 뇌세포에 산소와 영양 공급 또한 더 잘 이루어집니다. 둘째, 운동을 하면 뇌의 신경세포 발달을 촉발하는 신경성장유발물질(BDNF)이 높아집니다. 셋째, 규칙적인 운동을 했을 때 학습과 기억을 관장하는 해마에서 신경세포가 발생합니다.

지금까지의 연구 결과로 보면 운동을 통해 해마, 전두엽, 소뇌 부위의 신경세포가 새롭게 생성되는 것은 분명합니다. 반대로 운동을 하지 않으면 뇌가 위축된다는 연구 결과도 있습니다.

메이오 클리닉 신경학과 에릭 알스코그(Erick Ahlskog) 연구팀은 2011년에 인지능력과 운동의 상관관계를 다룬 1,603건의 논문과 보고서를 검토한 바 있습니다. 그 결과 움직임이 없는 생활 습관은 점점 인지 기능을 떨어뜨린다는 사실을 알아냈습니다. 그렇기에 많은 치매 예방 습관에 있어 움직임은 가장 중요한 요소입니다. 이렇듯 운동은 몸과 마음 그리고 뇌를 모두 발달시킵니다.

3

세계적 기업들이
명상과 요가에 관심을 가지는 이유

현대의학의 발달로 많은 질병들이 치료되고 있지만 유독 정신 건강의 영역만큼은 낙관적인 전망을 갖기 어렵습니다. 이는 우리나라만의 문제가 아닙니다.

그런데 놀랍게도 서양에서는 이 정신적 위기의 돌파구를 동양의 전통에서 찾고 있습니다. 20여 년 전부터 명상과 요가의 가치를 발견하여 종교적 색채를 빼고 누구나 참여할 수 있도록 현대화하는 작업을 하고 있습니다. 이런 노력으로 서양에서 명상과 요가를 하는 인구는 꾸준히 늘고 있는 데 비해 정작 동양에서는 심신 수련의 오랜 전통을 가지고 있음에도 그 속도가 더딥니다.

미국 질병통제예방센터가 발표한 보고서에 의하면 명상하는 미국인

수는 해마다 늘어나고 있습니다. 2017년 기준 전체 인구의 14.2퍼센트에 달할 정도이며 이는 2012년에 비해 3배나 증가한 것입니다.

이러한 명상 붐은 구글, 페이스북, 아마존, 트위터 등 미국 IT 업계를 중심으로 명상 프로그램이 도입되면서 주요 트렌드로 자리를 잡았습니다. 게다가 스마트폰을 통해서도 얼마든지 명상을 쉽게 접할 수 있게 되었습니다. 이미 모바일 명상 앱은 수천 개에 달하며 그 관련 업체는 수조 원의 기업 가치를 달성한 회사가 있을 정도입니다.

이렇게 명상이 주목받게 된 이유는, 명상이 단지 스트레스를 감소시키는 정도를 넘어 집중력과 창의성 등 내적 역량을 계발할 수 있는 중요한 도구로 입증되고 있기 때문입니다. 기업에서 명상과 요가에 관심을 갖는 것은 단지 직원들의 복지 차원이 아니라 인적 계발과 생산성 향상의 효과가 입증되기 때문입니다.

요가가 이끄는
몸과 마음의 변화

오래 전 요가를 배운 적이 있습니다. 집 근처에 있는 요가원을 지날 때마다 요가를 하면 무엇이 달라지는지 궁금해서 등록을 했습니다. 그곳은 초급 반이 따로 없어서 기존에 하던 사람들과 함께 요가를 배웠습니다. 요가 선생님은 초보자인데다가 유일한 남성 회원인 제게 신경을 써주었습니다.

그 마음을 모르는 것은 아니지만 특별히 신경을 써주는 것만큼 부담의 무게는 컸습니다. 부들부들 몸이 떨리고 아플 만큼 열심히 따라 했습니다. 요가 수업을 다녀온 날이면 끙끙 앓으며 잠을 잘 정도였습니다. 결국 요가원에 가는 것 자체가 점점 스트레스가 되었고, 요가를 통해 어떤 변화가 일어나는지 미처 알아내지도 못한 채 그만두고 말았습니다.

그렇게 그만두게 되었지만 이후로도 요가를 하는 사람을 만날 때마다 두 가지를 물어보았습니다. 요가를 시작하게 된 동기와 요가를 통해 어떤 변화가 일어나고 있는지에 대해 이야기를 나누었습니다.

대부분 요가를 시작하게 된 계기는 몸의 고통 때문이었습니다. 두통, 목의 통증, 요통, 어깨 뭉침, 피곤함 등 몸의 고통과 불편을 느끼면서였습니다. 그리고 요가를 하면서 하나같이 통증과 피곤함이 사라지고 몸이 가뿐해졌다고 이야기했습니다.

이처럼 신체적인 변화뿐 아니라 정신적인 변화를 이야기하는 사람들 또한 많았습니다. 크게 세 가지를 꼽았습니다.

첫째는 집중력입니다. 그 전까지만 해도 산만했던 마음이 요가를 하면서 많이 나아졌다고 이야기합니다. 몸에 집중하는 힘이 마음에 집중할 수 있는 바탕이 된다는 것입니다.

둘째는 자신감입니다. 요가를 통해 자신의 몸을 조절하고 자신이 하지 못했던 난이도 있는 동작을 하나씩 익혀가면서 성취감과 자신감이 향상되었다고 이야기합니다.

셋째는 유연함입니다. 예전보다 덜 예민해지고 인간관계에서 보다 유연해졌다고 이야기했습니다.

최근 요가의 효과와 관련된 여러 연구 결과들은 이러한 정신적 변화를 말하고 있습니다. 2017년에 발표된 인도 뉴델리 전인도의과대학 해부·생리학과 리마 다다(Rima Dada) 교수 팀의 논문에 의하면 6개월 요가 수행이 심신의 건강은 물론 노화와 수명을 결정하는 텔로미어의 길이를 유지하는 데에도 도움이 된다고 합니다.

또한 요가는 많은 정신질환의 치유에도 도움이 된다고 보고되고 있습니다. 2012년도에 미국 듀크 대학의 무랄리 도래스와미(P. Murali Doraiswamy) 교수 등은 '요가의 정신의학적 영향'에 관한 16건의 연구를 분석했습니다. 그 결과 요가는 정신 건강과 관련된 질환에 대부분 긍정적인 효과를 주었습니다. 가벼운 우울증은 물론 ADHD와 조현병의 치료에 있어서도 보조적인 방법으로 효과가 있다고 합니다.

걷기, 춤, 스트레칭 중에 인지 기능에 가장 좋은 것은?

그렇다면 모든 운동이 심신을 단련해 주고 뇌를 강화시켜 줄까요?

운동이 만병통치약도 아니고 모든 운동이 심신 건강에 다 도움이 된다고 이야기할 수 없습니다. 그렇다면 일상에서 쉽게 접할 수 있는 걷기, 춤, 스트레칭 중에서 인지 기능에 가장 좋은 것은 무엇일까요?

2017년도 《노화신경과학 프런티어(Frontier in Aging Neuroscience)》에는 이를 실험한 미국 콜로라도 주립대학의 신경과학자인 아크니

스츠카 부르친스카(Agnieszka Z. Burzynska) 등의 연구 결과가 게재되었습니다. 연구자들은 60세 이상 174명의 자원 봉사자들을 모집했습니다. 이 연령대는 일반적으로 뇌의 백질 변성으로 인해 인지 기능이 떨어질 수 있습니다. 참가자들은 운동을 잘 하지 않고 좌식 생활을 하는 이들이 대부분이었습니다. 기초 검사를 거친 후에 이들은 3개의 하위 그룹으로 나뉘었습니다.

첫 번째 그룹은 걷기 프로그램을 했습니다. 그들은 일주일에 세 번, 활발한 속도로 1시간 동안 걸었습니다. 두 번째 그룹은 스트레칭을 했습니다. 그들은 일주일에 세 번, 근육 스트레칭과 자세 균형을 위한 운동을 했습니다. 세 번째 그룹은 일주일에 세 번, 댄스 스튜디오를 찾아갔습니다. 단순한 리듬의 컨트리 음악을 들으며 춤을 추었고, 춤의 동작은 점점 복잡해졌습니다.

이 실험은 6개월 동안 지속되었고, 뇌의 변화를 확인하기 위해 정기적으로 뇌를 촬영했습니다. 어떤 변화가 나타났을까요? 공통적으로는 아무런 운동도 하지 않는 대조군에 비해 실험에 참가한 모든 이들은 뇌의 백질 상태가 악화되지 않았습니다. 그리고 참가자 전원이 실험 전에 실행된 인지 기능 검사와 비교할 때 실험 후에 더 나은 결과를 얻었습니다. 그중 향상의 폭이 가장 높은 사람들은 6개월 동안 춤을 춘 그룹이었습니다.

최근에는 파킨슨병 환자들을 대상으로 탱고 동작을 응용한 운동 프로그램과 기존의 일반 운동치료 프로그램의 효과를 비교한 연구 결과들이 나오고 있습니다. 탱고를 가미한 새로운 운동 프로그램이 일반 운동치료보다 운동을 인지하는 능력을 높이고, 균형 감각을 높이고, 동작을 수행하는 속도를 더욱 빠르게 하는 것으로 나타나고 있습니다. 이처럼 최근 재활의학에서는 춤에 주목하고 있습니다.

판단하지 않고
신체감각을 알아차립니다

춤과 요가, 그리고 명상은 신체 건강뿐 아니라 정신 건강에도 효과적입니다. 그것은 몸의 움직임을 자각하는 것과 관련되어 있습니다. 몸과 마음은 연결되어 있기에 몸을 자각하고 좋은 움직임이 만들어지면 이는 정신적인 변화로 이어집니다.

대체로 이러한 움직임은 땀을 흠뻑 흘리게 하는 고강도 운동이 아닙니다. 오히려 심박수와 호흡이 비교적 안정된 저강도 운동입니다. 다만 땀을 흘리지 않는다고 해서 설렁설렁 하는 것이 아니라 자신의 움직임을 자각하면서 하는 것이 핵심입니다. 요가, 합기도, 태극권, 국선도, 필라테스, 펠덴크라이스, 알렉산더 테크닉 등 동서양의 운동법이 그 대표적인 예입니다.

이러한 운동은 몸 수련이자 동시에 마음 수련이 됩니다. 그렇다면 몸의 움직임을 자각하는 것이 왜 정신 건강에 도움이 될까요? 몸의 움직임을 자각하게 되면 뇌에는 어떤 변화가 생겨날까요?

트라우마 치유 전문가 반 데어 콜크 박사는 생애 초기에 심각한 트라우마를 경험한 6명의 여성에게 20주 동안 요가 수업을 받게 했습니다. 어려운 요가 동작보다 호흡과 순간순간 발생하는 몸의 감각에 집중하는 훈련이었습니다. 그리고 어떤 변화가 일어나는지를 관찰했습니다.

그 결과 섬엽과 내측 전전두엽 피질이 활성화되는 것을 확인할 수 있었습니다. 즉, 부변연계와 전전두엽의 기능이 강화되어 다시 몸의 감각을 되찾을 수 있었고, 이는 주의력과 감정을 조절하는 힘이 되었습니다.

명상 또한 마찬가지입니다. 최근 각광받고 있는 위빠사나 명상이나 마음챙김 프로그램은 기본적으로 호흡과 몸의 감각에 주의를 기울이는 것입니다.

막스 플랑크 연구소의 조슈아 그랜트(Joshua Grant)와 학자들은 최소 1,000시간 이상 명상을 수행한 사람들의 뇌를 촬영하여 일반인의 뇌와 비교한 바 있습니다. 그 결과 숙련된 명상가들의 뇌에서는 판단을 담당하는 전전두엽 피질의 활동은 감소한 반면에 신체감각을 느끼는 섬엽의 활동은 증가하였습니다. 그리고 집중력을 조절해 주는 전방 대상회의 활동이 증가했습니다.

이는 초보 명상가들의 뇌 영상과 다소 차이가 있습니다. 숙련된 명상가들일수록 잘 판단하지 않고 신체감각을 잘 알아차리는 데 집중하고 있음을 말해줍니다.

2017년도에 런던 킹스 칼리지의 캐서린 영(Katherine S. Young) 등은 마음챙김 프로그램으로 인한 뇌의 변화를 연구한 여러 논문을 살펴보았습니다. 논문마다 차이가 있지만 공통적으로 나타난 변화는 섬엽의 활성화였습니다. 즉, 명상이나 마음챙김을 오래 하게 되면 뇌의 부변연계 특히 섬엽이 강화된다는 것을 알 수 있습니다.

신체감각을 지각하는 섬엽의 기능이 떨어져 있는 우리들은 부변연계를 다시 강화시켜 주어야 합니다. 가장 좋은 방법은 일상에서 몸을 자각함으로써 섬엽을 포함한 부변연계를 활성화시키는 것입니다. 우리가 움직임을 의식적으로 자각하려는 노력은 그 경험과 관련된 뇌의 신경을 발화시키고, 이를 반복하면 새로운 시냅스 연결이 이뤄지고, 뇌는 새롭게 재구성됩니다.

결국 몸을 느끼는 것은 뇌를 바꾸는 것이고 마음을 단련하는 것이며 더 나아가 삶을 풍요롭게 만들어줍니다.

4

의식적으로
일상의 활동을 늘립니다

현대사회를 '좌식 사회'라고 이야기할 만큼 현대인들은 깨어 있는 대부분의 시간을 앉아서 보냅니다. 2014년 국민건강영양조사에 참여한 19세 성인 4,303명 중에 54.2퍼센트가 하루에 일곱 시간 이상을 앉은 채로 생활하는 것으로 조사되었습니다. 이는 과거 인류와 비교할 때 눈에 띄는 변화입니다.

그렇다면 이러한 생활 변화는 인간의 건강에 어떤 영향을 미치고 있을까요? 우주의학을 연구하는 조앤 버니코스(Joan Vernikos)는 이러한 현대인들의 비활동적인 생활로부터 발생하는 문제를 '중력 결핍증후군'이라고 명명합니다. 상당한 시간을 앉아서, 혹은 침대에 누워 보내는 사람들에게서 나타나는 여러 가지 신체 증상이 마치 우주 비행사들의 신체 증상과 비슷하다는 것입니다.

무중력 상태에서 생활하는 우주 비행사들의 몸은 빠르게 퇴화하여 여러 문제를 일으킵니다. 평형감각 이상, 유산소 능력의 감소, 혈장량 및 근육량의 감소, 심박동과 박출량의 감소, 자세근육의 약화로 구부정한 자세, 반응 시간의 감소, 테스토스테론 감소, 소화불량 등 다양한 건강의 문제들이 보입니다. 놀랍게도 이는 좌식 생활을 하는 현대인들의 건강 문제와 일치합니다.

육체노동을 하는 사람들의 몸은 더 건강할까요?

'마음챙김의 어머니'라고 일컬어지는 하버드대 심리학과 교수 엘렌 랭거(Ellen Langer)는 한 대형 호텔로부터 노동자들의 건강 관련 컨설팅을 의뢰받게 됩니다. 랭거는 건강 정보가 담긴 자료를 검토하기 앞서 호텔의 육체노동자들이 사무직 노동자들보다 건강 상태가 더 좋을 것이라고 예상했습니다.

그러나 결과는 의외였습니다. 육체노동자들의 건강 역시 하루 종일 앉아서 일하는 사람들과 비교해서 다를 바가 없었습니다. 랭거는 깊은 의문이 들었습니다. '왜 육체노동자들은 하루 종일 몸을 많이 움직이는데도 건강에 아무런 이로움이 없는 것일까?'

랭거는 건강의 차이가 없는 이유는 활동량의 문제가 아니라 활동에 대한 인식의 문제임을 발견했습니다. 육체노동자들은 몇 년 이상 매일 힘든 육체노동을 하고 있음에도 자신은 '운동을 하지 않는 사람'이라고 생각하며 살아왔던 것입니다. 이들은 육체노동을 하기 싫은 일이라고 여기고 몸에 아무런 주의를 기울이지 않고 기계적으로 움직이고 있었던 것입니다.

랭거는 실험에 참여한 84명의 호텔 청소 노동자를 절반으로 나누었습니다. 그리고 A그룹에게는 그들의 노동에 따른 열량 소모를 알려 주었습니다. 객실 한 곳을 청소할 때마다 행위 별로 얼마나 열량이 소모되는지를 설명한 것입니다. 예를 들어, 15분 동안의 시트 교체는 40칼로리, 청소기 돌리기는 50칼로리, 욕실 청소는 60칼로리가 소모된다고 알려주었습니다. 그리고 B그룹에게는 아무런 설명을 하지 않고 하던 일을 그대로 하게 했습니다.

4주 후, 랭거 박사는 두 그룹의 건강 상태를 다시 비교해 보았습니다. 물론 두 그룹이 하는 일은 실험 전과 동일했습니다. 어떻게 되었을까요? 설명을 들은 A그룹의 청소원들은 혈압이 10퍼센트 감소하고, 체중이 1킬로그램 이상 감소했으며, 허리 대 엉덩이 둘레 비율도 유의미하게 감소했습니다. 일상의 움직임 또한 운동이 될 수 있음을 인식하자 일상의 활동이 운동 효과를 발휘한 것입니다.

우리는 이 실험 결과를 통해 무엇을 알 수 있을까요? 그것은 습관적 움직임과 의식적 움직임의 차이입니다. 똑같은 시간 몸을 움직이더라도 의식적인 움직임과 습관적인 움직임은 큰 차이가 있습니다. 의식적인 움직임은 스스로 움직임을 자각하는 상태로 운동과 관련된 뇌 영역뿐 아니라 신체감각 그리고 인지와 관련된 뇌 영역을 동시에 활성화시킵니다. 그에 비해 습관적인 움직임은 대뇌피질의 의식적 경로를 거치지 않고 피질 아래의 기저핵에서 자동적으로 처리하기 때문에 뇌를 사용하지 않습니다.

만약 매일 출퇴근을 하느라 30분씩 걷는다고 해봅시다. 그 시간 동안 움직임을 전혀 의식하지 않고 다른 생각을 하며 습관적으로 걷는다면 이는 운동 효과가 거의 나타나지 않습니다. 하지만 그 시간을 운동이라고 생각하고 몸과 자세에 주의를 기울여 걷는다면 운동 효과도 좋을 뿐 아니라 인지능력 또한 개선될 수 있습니다. 그러므로 중요한 것은 운동 시간이나 운동량을 늘리는 것이 아니라 몸을 자각하며 운동하는 것입니다.

"저는 운동에 반대합니다"

운동을 실천하지 못하는 데는 사회적인 이유도 있지만 심리적인 이유가 큽니다. 많은 사람들은 운동이라는 말을 들으면 일단 부담부터 느낍니다.

이는 운동에 대한 고정관념과 관련이 있습니다. 우리는 운동이란 헬스장이나 수영장과 같은 시설에서 갖추어진 운동복을 입고 땀을 흘리며 하는 활동이라고 생각합니다. 물론 별도의 비용이 들지 않는 걷기나 달리기와 같은 운동도 있습니다. 하지만 이 역시 운동화를 신고 잘 다듬어진 트레일과 같은 정해진 공간에 가서 해야 한다고 생각하는 경우가 많습니다.

하지만 잠자는 시간도 부족한 사람들이 언제 준비하고 운동하러 갈 수 있을까요? 무엇보다 운동을 잘 실천하지 못하는 것은 운동을 시간과 돈을 들여 땀을 흘려야 하는 어렵고 귀찮은 일로 인식하고 있기 때문입니다. 많은 이들에게 운동은 일처럼 느껴집니다. 스트레스인 것입니다.

그렇다 보니 운동에 대한 심리적 저항이 무척 높습니다. 시작하기도 어렵고 유지하는 것은 더욱더 어렵습니다. 운동 계획은 늘 실패로 이어지고 실천 의지는 점점 약해져서 급기야 아예 몸에 대해 신경을 쓰지 않고 살아가게 됩니다.

그럴수록 운동을 해야 한다는 압박은 커지기에 운동하지 않는 자신을 계속 자책합니다. 결국 어느 순간에 위기감이 들면 고강도의 특별한 운동 계획을 실천하려고 하다가 작심삼일에 빠지는 악순환이 반복됩니다.

"저는 운동에 반대합니다."

이렇게 말하면 사람들은 무슨 소리인가 합니다. 엄밀히 말하면 운동 자체를 반대한다기보다는 '운동'이라는 개념에 대해 반대하는 것입니다. 우리가 운동을 해야 한다고 생각하는 순간, 그리고 운동 시간을 별도로 계획하는 순간에 이미 일상과 운동은 분리됩니다.

만일 우리가 일주일에 몇 시간, 몇 번으로 운동을 계획한다는 것은 반대로 그 이외의 시간에는 자신의 움직임에 관여하지 않겠다는 것을 의미합니다. 그러나 꼭 땀 흘리는 강도 높은 몸의 움직임만을 운동이라고 생각할 필요가 없습니다.

운동이란 체력과 건강을 향상시키기 위해 구조화된 계획적이고 반복적인 신체활동을 말합니다. 그에 비해 신체활동은 모든 몸의 움직임을 총칭하는 말이기도 합니다. 활동 속에 운동이 포함된다고 할 수 있겠지요. 이를 기계적으로 나눌 필요가 없습니다. 일상의 계획적이지 않는 신체활동이라고 하더라도 우리가 의식적으로 움직인다면 이는 얼마든지 운동이 될 수 있습니다.

앉고 설 때 몸의 자세를 의식하고 일어나고, 잠들기 전에 누워서 척추를 쭉 펴고, 출퇴근길에 에스컬레이터 대신 계단을 이용한다면 이 또한 운동이 됩니다. 정말 건강을 원한다면 운동에 대한 고정관념을 바꾸고, 일상과 친해져야 하며, 이때 모든 활동은 운동이 될 수 있습니다.

우리에게 필요한 것은
'좋은 움직임'

이런 상상을 해보면 어떨까요? 골절이 될 만큼 자동차에 세게 부딪혔는데 곧바로 골절이 일어나고 통증을 느끼는 것이 아니라 10년 뒤에 그렇게 된다면 어떤 일이 벌어질까요? 곧바로 해로운 결과가 나타나지 않으므로 사람들은 자동차에 부주의할 것입니다. 눈앞에 이득이 없으면 잘 움직이지 않는 것처럼 즉각적인 해로움이 없다면 우리는 조심하지 않습니다.

인간은 눈앞의 이익에 끌려가고 당장의 불편함을 피하려고 합니다. 지금 당장은 순간적인 쾌감을 주지만 장기적으로는 해로움을 준다고 하더라도 순간적인 쾌감을 추구하기 쉽습니다.

담배를 피우는 것이 나쁘다는 것을 다 알지만 많은 사람들은 여전히 담배를 피웁니다. 그 해로운 효과가 당장 나타나지 않기 때문입니다. 만일 담배 한 갑을 필 때마다 손가락이 한 마디씩 떨어져나간다면 담배를 피는 사람은 없을 것입니다.

해로운 습관이 지속되는 이유는 비슷합니다. 퇴근하자마자 소파에 누워 TV를 보는 습관, 늘 구부정하게 스마트폰 게임을 즐기는 습관, 가까운 거리도 늘 차를 타고 다니는 습관, 심심하면 늘 주전부리에 손을 대는 습관들은 즉각적인 위안을 줍니다. 하지만 장기적인 관점에서는 우리 몸에 해롭습니다.

몸을 움직이지 않으면 당장은 편하지만 우리 몸과 뇌는 서서히 죽어갑니다. 그러나 우리는 이를 걱정하지 않습니다. 지금 당장 크게 해가 되지 않기 때문입니다.

'이코노미 좌석 증후군'을 아시나요? 이는 장시간 비행 시 좁고 불편한 비행기 좌석에서 오랜 시간 동안 앉아 있을 때 피가 제대로 돌지 않아 다리가 붓고 저려 오며, 더 나아가 하지정맥에 혈전이 생기는 증후군입니다. 심한 경우에 폐색전증이 발생하여 호흡곤란과 사망에까지 이르게 됩니다. 경미한 증상까지 포함하면 매년 약 200만 명이나 앓는 매우 흔한 질환입니다.

이는 꼭 비행기에서만 발생하는 것이 아닙니다. 버스나 기차 여행을 할 때에도 일어납니다. 특히 중년 이후 당뇨병, 동맥경화, 고혈압, 비만 등의 증세가 있는 사람들은 각별히 주의해야 합니다. 그리고 일상생활에서도 얼마든지 일어날 수 있습니다. 컴퓨터 작업이나 게임 등으로 의자에 오랫동안 앉아 생활하는 사람에게도 나타날 수 있습니다.

몸은 일정 시간 움직이지 않으면 답답함을 느끼고 움직이기를 원합니다. 그렇다고 기계적으로 몸을 움직이자는 것이 아닙니다. 우리에게 필요한 것은 좋은 움직임이며 이는 몸을 자각하며 움직이는 것입니다.

몸의 자각능력이 향상되면 몸 구석구석까지 의식이 뻗어나가게 됩니다. 일어날 때 몸의 어느 근육이 관여하는지 알게 되고, 길을 걸을 때 몇 번째 발가락이 땅에 가장 잘 닿는지 느낄 수 있고, 세수를 할 때 얼굴에 닿는 손바닥의 느낌을 알 수 있습니다. 마치 혈관이나 신경이 몸의 말단까지 뻗쳐 있는 것처럼 의식이 머리에 머무는 것이 아니라 온몸으로 순환함을 느낄 수 있습니다.

그것이 바로 몸에 주의를 기울이는 바디풀니스의 상태입니다. 바디풀니스 상태에서 우리는 신체에 대한 인지력이 높아지고 이는 자연스럽게 좋은 움직임으로 이어집니다.

'니트'를
늘립시다

메이오 클리닉의 운동생리학자인 제임스 레바인은 'NEAT(non-exercise activity thermogenesis, 비운동성 활동 열생성)'라는 용어를 제안했습니다. 간단히 말해 '니트'란 열량을 소모하는 운동을 제외한 일상의 활동을 말합니다. 운동선수가 아니라면 보통 사람들은 달리기, 자전거 타기 등과 같은 조직적인 고강도 운동보다 사소한 일상의 움직임에 의해 더 많은 열량을 소모합니다.

레바인이 제안한 니트란 온종일 근육을 작고, 짧게, 자주 움직이는 활동을 말합니다. 서기, 앉기, 눕기, 줍기, 쪼그려 앉기, 대화하기, 웃기, 물건 꺼내기, 옷 입고 벗기, 칼질하기, 걷기, 섹스하기, 청소하기, 설거지하기, 정원 손질하기 등 우리의 자세를 바꾸는 일상의 모든 움직임들은 열량을 소모하는 활동입니다.

이때 이를 의식적으로 하는 것이 중요합니다. 의식적으로 일상의 활동을 할수록 칼로리 소모가 많아지고 운동 효과가 나타납니다. 앞에서 소개한 랭거 박사의 호텔 노동자 실험 결과처럼 말이지요.

현대인들에게 필요한 것은 고강도의 제한된 운동이 아니라 일상적인 움직임을 보다 의식적이고 능동적으로 하는 일입니다. 중요한 것은 자주 움직이는 습관을 갖는 것이며 가능하면 의식을 하고 움직이는 것입니다.

가만히 앉아 있거나 구부정하게 있는 시간을 줄여보세요. 일상의 행위를 운동의 관점에서 바라보세요. 동료들과 대화 중에 웃음이 나오면 미소만 짓지 말고 박수를 치며 웃어보세요. 앉아 있을 때에도 손발을 꼼지락거리고, 한 번씩 의자를 붙잡지 말고 꼿꼿이 일어나보세요. TV나 스마트폰을 볼 때도 편한 자세보다는 바른 자세를 해보고, 통화를 할 때에도 앉아서 하기 보다는 일어서서 통화를 해보세요.

가까운 거리는 걸어가고, 지하철 에스컬레이터 대신 계단을 오르

내려봅시다. 무신경하게 걷기보다 몸의 움직임을 느끼면서 걷고, 청소할 때에도 관절과 근육의 움직임을 느껴보는 것입니다. 손질되지 않은 채소를 사서 다듬고 리듬감을 주며 칼질을 해봅시다. 우리가 매일 하는 일상의 작은 움직임 속에 마음을 얹어보는 것입니다.

어떤 변화가 생길까요? 그 순간 우리 몸은 깨어납니다. 일상에서 의식적인 움직임이 많아질수록 우리 삶은 생기를 띠게 됩니다. 더 좋은 삶이란 먼 곳에 있지 않습니다. 지금 우리가 거처하고 있는 곳에서 건강한 하루를 보내는 것입니다.

일상이 달라지지 않는다면 좋은 삶은 결코 오지 않습니다. 아무리 주말마다 등산을 가고, 새벽마다 수영장을 다니고, 마라톤 풀코스를 뛰어도 매일의 생활에서 자세가 무너지고 생각 없이 움직인다면 건강은 무너지기 쉽습니다.

오늘 의식적인 움직임을 만들어내고, 좋은 음식을 먹고, 긴장과 이완의 리듬을 유지하며, 활기차게 활동하는 것이야말로 건강한 삶 그 자체입니다.

일상의 움직임을 운동으로 바꾸는 법

1. 생각을 바꿔 보세요. 일상의 모든 활동이 운동이 됩니다.

2. 의식적인 움직임을 만들 '나의 니트 목록'을 작성해서 보이는 곳에 붙입니다.

3. 의식적으로 알아차리며 니트하세요. 그리고 횟수와 소모된 열량을 기록해 봅니다.

4. 움직임에 속도 변화를 줍니다. 똑같은 속도로 움직이기보다 평소보다 빨리 걷거나 혹은 천천히 앉습니다.

5. 한 번씩 과부하를 줍니다. 예를 들어, 의자 없이 앉은 자세로 있거나, 양팔을 활기차게 흔들면서 걷거나, 계단을 올라갈 때 뒤꿈치를 세워 걷습니다.

6. 새로운 동작을 만들어봅니다. 예를 들어, 몸으로 숫자나 글자를 써 보거나 오른손으로 하던 일을 왼손으로 해봅니다.

7. 중력을 의식합니다. 중력에 수직으로 척추를 세워봅니다.

8. 자주 눈을 감고 몸을 느껴봅니다. 때로는 실내에서 눈을 감고 움직여봅니다.

9. 자꾸 자세를 바꿔봅니다.

10. 음악을 듣고 리듬에 몸을 맡겨 흔들어봅니다.

일상 활동의 분당 칼로리 소비량

　연구에 따르면 따로 운동을 더 하지 않더라도 단지 자신의 활동량을 파악하는 것만으로도 건강해질 수 있습니다. 만보기로 걸음 수를 측정하는 것처럼 자신의 일상 활동을 관찰하고 매일 소비하는 칼로리의 양을 계산해 보는 것만으로도 전반적인 건강 상태가 나아집니다.

　다음은 1분당 칼로리 소모량이며 대략적인 수치로 개인별 차이가 있습니다. 똑같은 활동이라고 하더라도 의식하며 움직일수록 보다 칼로리 소비량이 늘어납니다.

서 있기: 1.5칼로리

샤워: 2칼로리

요리하기: 2칼로리

설거지하기: 3칼로리

다리미질: 3칼로리

세수: 3칼로리

보통 걷기: 3칼로리

장보기: 3칼로리

바르게 앉아 TV 시청하기:
　3.6칼로리

화장실 청소: 4칼로리

빨래 널기: 4칼로리

아이들과 놀기: 4칼로리

정원 손질: 5칼로리

자전거 타기: 5칼로리

걸레질하기: 5.5칼로리

세차: 5.5칼로리

빠르게 걷기: 6칼로리

계단 오르내리기: 8~10칼로리

6장

오늘부터
내 몸을 존중하기

1

"더 이상 저를
해치고 싶지 않습니다"

저는 내담자와 처음 상담할 때 내담자의 손이나 팔도 유심히 살펴봅니다. 때로는 그 사람의 감출 수 없는 마음의 상처가 몸에 드러난 경우도 있습니다. 여름철에도 긴팔 옷을 입고 오거나 손목에 암밴드 등을 하고 오는 이들 중에는 깊은 자해흔을 가지고 있는 사람도 있습니다.

그 도구도 다양합니다. 칼, 공구, 날카로운 필기구 등이 많지만 병조각, 담배 등으로 인한 자해흔도 있습니다. 상처를 내고 또 내어 심한 흉터를 가지고 있는 이들도 있습니다.

원래 반복적인 자해는 자폐증이나 조현병과 같은 심각한 정신질환을 지닌 사람들에게 자주 보이는 증상입니다. 그러나 최근에는 특별한 정신질환이 없는 청소년들 또한 자신의 몸에 상처를 냅니다. 게다가 그 연령이 갈수록 낮아져서 초등학생들의 비율이 점점 높아지고 있습니다.

문제는 단순한 호기심이나 장난으로 그치는 것을 넘어 반복적으로 행해진다는 점입니다. 예전과 달리 이를 감추지 않고 드러낸다는 것 또한 그 심각성을 더해가고 있습니다. SNS에 자해를 인증하는 사진을 올리거나 심지어 동영상으로 자해 장면을 촬영해서 올리고 그 방법을 안내하는 경우도 있습니다.

왜 스스로 자기 몸에
상처를 낼까요?

자해는 우리 시대의 불행과 열악한 환경을 말해 줍니다. 일반적으로 야생동물은 자해 행동을 하지 않습니다. 반면 비생태적 동물원에 갇혀 있는 동물일수록 자해 행동이나 이상행동을 보입니다.

이 동물들은 자신의 대소변을 먹거나 피가 나는데도 계속 털을 뽑아내거나 머리를 벽에 부딪히는 행동 등을 반복합니다. 감금으로 인한 움직임의 제한과 자극 부족은 동물들에게 스스로 몸을 해할 만큼 심각한 스트레스입니다.

인간은 어떨까요? 인간 역시 다를 바가 없습니다. 청소년의 자해 행동이 늘어난다는 것은 그만큼 청소년들의 환경이 창살 없는 동물원과 다를 바가 없음을 말해 줍니다. 많은 사람들이 동물원을 없애거나 생태 동물원으로 바꿔야 한다고 주장합니다. 그러나 상대적으로 우리 아이들이 다니는 학교 환경을 바꿔야 한다는 목소리는 작기만 합니다.

그렇다면 청소년들은 왜 자해하는 모습을 다른 사람들에게 공개하는 것일까요? 자해가 친구들에게 이상행동으로 보여지는 것이 아니라 동조나 지지를 받기 때문입니다. 그만큼 청소년들의 정신 건강이 위험한 수위에 도달해 있다는 것을 반증하는 현상입니다.

부모가 잘 모를 뿐이지 은밀한 자해는 생각보다 많이 이루어지고 있습니다. 여성가족부 산하 한국청소년상담복지개발원의 발표에 의하면 2018년 청소년과의 총 상담 건수 17만 2,998건 중에 2만 7,976건이 자해 관련인 것으로 확인되었습니다. 머리카락 뽑기 등 가벼운 자해 행동까지 포함할 경우, 청소년 자해 경험의 비율은 중국 17퍼센트, 미국 14퍼센트, 대만 11.3퍼센트, 영국 10퍼센트인데 비해 우리나라는 22.8퍼센트로 가장 높습니다.

그런데 이상하지 않나요? 지난 어느 시기보다 우리 청소년들은 부모의 많은 관심과 돌봄을 받으며 자라나고 있습니다. 그럼에도 자해가 늘어나는 데에는 만성적인 분노, 조절되지 않는 불안, 자기 과시욕, 도움 요청, 부모에 대한 반항 행동 등 여러 가지 동기가 뒤섞여 있습니다.

그 가운데 가장 우려스러운 상황은, 자해를 스트레스 해소를 위한 일종의 놀이처럼 여기는 것입니다. 자해를 하기까지 심각한 고민을 하는 것이 아니라 별 저항 없이 저지르는 아이들이 많아지고 있다는 것입니다.

그중에 습관적으로 자해를 하는 아이들은 자신의 몸에 상처를 내고 피를 볼 때 쾌감을 느낍니다. 마치 피가 나면 빠져나가지 못했던 마음의 분노와 긴장이 일순간 해소되는 느낌을 받는다고나 할까요. 자해가 일종의 '자가 진통제' 역할을 하면 아이들은 스트레스를 받을 때마다 자해로 자신을 위로하게 됩니다.

"제 마음을 위로하는 방법을 모르겠어요"

부모의 오랜 불화 속에서 반복적 자해를 하던 현우라는 대학생이 상담실에 온 적이 있습니다. 얼마나 자해를 많이 했던지 어깨와 허벅지 쪽은 성한 곳이 없었습니다. 현우의 부모는 서로 피가 나거나 가재도구가 부서질 정도로 심하게 싸웠습니다.

그런 모습을 지켜보면서 그가 할 수 있는 일은 방에서 싸움이 끝날 때까지 기다리는 것뿐이었습니다. 부모 중에 누구도 현우의 마음을 헤아려주지 않았습니다. 그가 방에서 무엇을 느끼고 어떻게 시간을 보냈는지 한 번도 물어봐주지 않았습니다.

중학생이 된 현우의 마음은 걷잡을 수 없이 소용돌이쳤습니다. 마음의 괴로움과 분노를 가눌 수가 없었습니다. 그는 부모가 싸우는 날이면 방문을 잠그고 "제발 그만 좀 해!"라고 외치며 자신의 어깨와 허벅지를 칼로 긋기 시작했습니다. 터질 것 같은 마음을 진정시킬 수 있는 유일한 방법이었습니다.

아주 오랜 시간 동안 몸은 그의 고통을 묵묵히 받아주었습니다. 나중에는 부모가 싸우지 않아도 기분이 안 좋을 때면 자해를 했습니다. 피를 봐야만 화나 긴장이 풀리고 마음이 잠시나마 편안해졌기 때문입니다. 그는 왜 상담을 받으러 왔냐는 질문에 옷을 걷어 올려 자신의 흉터를 보여주었습니다. 그리고 슬픈 눈으로 이야기했습니다.

"저를 좀 도와주세요. 제가 이렇게 몸에 상처를 내는 것은 혼자서 분노와 슬픔을 어떻게 할 수 없어서입니다. 저는 어른이 되었지만 여전히 다른 방식으로 제 마음을 위로하는 방법을 알지 못합니다. 제가 할 수 있는 것이라고는 이렇게 몸에 상처를 내는 것밖에 없습니다. 그러나 이제는 더 이상 제 몸을 해치고 싶지 않습니다."

현우는 아주 오랜 시간 동안 혼자 처리할 수 없는 심리적 고통을 신체적 고통으로 전환해 왔습니다. 몸의 고통을 통해 마음의 고통을 떨쳐내는 것이 그가 살아온 방식입니다. 그는 오랜 시간 동안 자신의 힘든 감정을 몸에다 풀었던 것에 대해 깊은 미안함을 가지고 있었지만, 도대체 어떻게 해야 할지 다른 길이 보이지 않았습니다.

현우와는 1년여 정도의 시간에 걸쳐 상담을 했습니다. 힘들 때 몸에 고통을 가하는 것 대신에 다른 방식으로 자신을 위로하는 길을 찾아 나갔습니다. 자신의 감정을 어떻게 다루고 표현해야 하는지를 익혀갔습니다.

일상 속
은밀한 자해

이 글을 읽으면서 당연히 '어떻게 자신의 몸에 상처를 낼 수 있지?'라고 잘 이해를 못하는 사람도 있을 것입니다. 그러나 정말 우리와는 관련 없는 이야기일까요?

저는 현우와 상담을 하면서 젊은 시절의 저를 만나곤 했습니다. 저 역시 방식은 달랐지만 제 안에 담아두기 힘든 감정들이나 스트레스를 몸에다 풀곤 했습니다.

특히 자신에게 실망할 때마다 혼자 산을 찾았던 적이 많습니다. 산을 좋아해서가 아니라 일종의 자기 처벌이자 극기 훈련이었습니다. 풍경을 즐기려는 마음은 없었고 그냥 저 자신을 힘들게 해야 마음이 편해졌습니다. 그 괴롭힘이란 제대로 먹지도 않고 쉬지도 않고 정상까지 빨리 올라갔다 내려오는 것이었습니다. 당시에는 몸을 힘들게 할수록 자기를 단련할 수 있다고 생각했습니다.

한번은 지리산에 갔을 때였습니다. 종주를 하려면 3박 4일은 잡아야 충분했는데 2박 3일에 끝내겠다는 목표를 잡았습니다. 결국 일이 벌어졌습니다. 시간이 부족하자 야간 산행 준비도 없이 해가 진 뒤에도 걸었습니다. 그러다가 그만 길을 잃어버렸습니다. 도무지 방향을 가늠할 수 없었습니다. 밤새 헤매다 탈진해서 바위 밑에 쓰러졌습니다.

몇 시간이나 잤을까요? 몸에 한기가 들고 허기와 갈증이 나 깨어났습니다. 동이 트면서 희미하게 길이 보이기 시작했습니다. 몸은 천

근만근 무거웠지만 기다시피 천왕봉에 올랐습니다.

가장 빠른 시간에 정상에 올랐지만 하나도 기쁘지 않았습니다. 내려오는 길에 몸에 열이 나고 다리가 풀려 여러 번 고꾸라졌습니다. '이게 뭐하는 짓인가!' 하는 후회가 밀려왔습니다. 그리고 슬퍼졌습니다. '왜 나는 이렇게 나를 괴롭히는 것일까?'라는 생각에 눈물이 났습니다.

넓게 보면 꼭 의도적으로 상처를 내지 않더라도 자신의 신체에 해가 되는 모든 행위와 습관을 자해라고 할 수 있습니다. 그러므로 몸을 잘 돌보지 않고 함부로 대하는 것 역시 자해입니다. 흡연과 과음을 하고, 기름진 야식을 먹고, 충분한 잠을 자지 않고, 아파도 쉬지 않고 일하는 것 등……. 우리들에게 자해는 일상이라 해도 과언이 아닙니다.

청소년들이 자해 사진을 친구에게 보여주는 것처럼 우리도 그런 사진을 SNS에 올리고 있습니다. 아이들의 자해가 몸에 스트레스를 풀거나 자기과시의 행위이듯이 어른들 역시 마찬가지입니다. 더 예뻐지기 위해 건강을 해칠 정도로 몸에게 고통을 가하고, 더 많은 성과를 내려고 카페인 음료를 들이붓고, 허전함을 느끼면 허겁지겁 야식으로 배를 채우고, 스트레스를 받으면 줄담배와 폭음을 일삼습니다. 이 모든 게 다 '은밀한 자해'입니다.

몸이 존중되지 않는 사회에서 몸은 자기 과시, 자기 위로, 자기 처벌의 도구가 됩니다. 스트레스가 과도한 사회에서 몸은 이를 받아내는 쓰레기통이 되고 맙니다. 도구로 전락한 몸! 은밀한 자해가 행해지는 몸! 지금 우리가 몸과의 관계를 회복해야 할 또하나의 이유입니다.

2

"처음으로 몸에게
사과했습니다"

40대 후반의 연주 씨는 초등학교 교사입니다. 지난 20여 년 동안 맏며느리 역할을 하며 두 아이를 키우느라 바쁘게 살았습니다. 그러다가 지난해 건강검진을 하다가 유방암이 발견되었습니다. 청천벽력이었습니다.

수술은 정말 싫었지만 암세포가 퍼져 금방 죽을 것 같은 공포 앞에서 어떻게 할 도리가 없었습니다. 한쪽 가슴을 절제했습니다. 이후 수술보다 더 힘든 항암치료까지 받았습니다. 그렇게 8개월이 지났습니다.

그런데 연주 씨는 지금까지 한 번도 수술 부위를 제대로 본 적이 없습니다. 자신의 몸을 도저히 볼 자신이 없어서입니다. 수술 전만

하더라도 유방 재건 수술을 받겠다고 생각했지만 막상 절제술을 받고 나자 마냥 수술도 미루고 있습니다. 흉터 치료를 위해 사놓은 연고는 한 번도 사용하지 않고 그대로 방치하고 있습니다. 흉터를 보는 것도 만지는 것도 너무 싫기 때문입니다.

심지어 샤워를 할 때면 흉터를 보지 않으려고 일부러 고개를 빳빳이 들고 천장을 봅니다. 그녀는 밖에도 잘 나가지 않고 남편과도 따로 방을 쓰고 있습니다. 남편이 자신을 동정하는 것 같아서입니다.

"그동안 내가 그렇게 싫었어?"

어느 날, 연주 씨는 사진 한 장을 보았습니다. 1980년대에 유방암으로 수술을 받은 디나 메츠거(Deena Metzger)의 상반신 나체 사진이었습니다. 그녀 역시 한쪽 가슴을 절제했습니다. 그러나 사진 속 그녀는 두 팔을 벌리고 한쪽 가슴이 잘려나간 상반신을 당당히 드러내고 있었습니다. 그녀의 얼굴에는 미소가 흘러넘쳤습니다. 그녀의 몸에는 긴 흉터가 있었지만 흉측스럽게 보이는 게 아니라 아름다웠고 자유로워 보였습니다.

실제 이 사진은 유방암에 대한 사회적 관심을 불러일으키고 유방 절제술을 받은 환자에게 큰 희망을 주었습니다. 연주 씨는 그 사진을 보면서 자신의 몸을 떠올렸습니다. '나도 그녀와 같은 몸을 가졌는데 나는 왜 이렇게 내 몸을 싫어하는 것일까?' '한쪽 가슴이 없다고 내 몸을 이렇게 혐오해도 되는 것인가?'라는 강한 의문이 들기 시작했습니다. 생각할수록 몸은 아무 죄가 없었습니다. 오히려 지금까지 자신을 위해 열심히 살아주었습니다. 정말 학교 일과 가정에 모두 헌신하면서도 크게 아픈 데 없이 잘 버텨주던 몸입니다. 그런 자신의 몸을 흉측하게 여기는 자신이 이해되지 않았습니다.

연주 씨는 거울 앞에 섰습니다. 차마 볼 수 없어 눈을 감았습니다. 그리고 천천히 눈을 떴습니다. 아주 찬찬히 수술 부위를 살펴보았습니다. 흉터는 생각보다 끔찍하지 않았습니다. 그렇게 한동안 거울 앞에서 자신의 가슴을 바라보니 마치 몸이 자신에게 말을 하는 것 같았습니다.

"어서 와. 처음 봤지? 어때? 그동안 내가 그렇게 싫었어?"

그녀는 순간 주저앉아 대성통곡을 했습니다. 그녀는 연신 가슴과 흉터를 매만졌습니다. 너무 미안했습니다. 그녀는 태어나서 처음으로 몸에 진심어린 사과를 했습니다.

그후 연주 씨는 조금씩 우울감에서 회복했습니다. 자신의 몸을 받아들여가면서 몸을 점점 돌보게 되었습니다. 휴직으로 시간은 더 많았지만 예전처럼 집안일을 깔끔하게 하느라 몸을 피곤하게 만들지 않습니다. 아이들이 먹고 남은 음식 위주로 대충 끼니를 때우지도 않습니다. 어떤 음식을 먹을 때마다 몸이 어떻게 반응하는지 살피면서 채소와 과일 위주의 식단으로 식사를 합니다.

인간관계도 정리했습니다. 중요하지 않은 모임이나 집안의 대소사도 줄였습니다. 그동안 미뤘던 발레와 클라리넷을 배우기 시작했

습니다. 그리고 지금의 몸을 받아들이고 복원수술 또한 하지 않기로
했습니다.

아픈 몸과
대화하기

연주 씨처럼 몸에게 진심어린 사과를 한 적이 있나요? 연주 씨와
의 상담 경험을 바탕으로 '치유 걷기'를 할 때 '아픈 몸과 대화하기'
시간을 갖습니다. 이 시간에는 눈을 감고 자신의 아픈 신체 부위를
의인화시켜 대화를 나누어봅니다.

사람들은 처음에 어리둥절해 합니다. "무슨 몸과 이야기를 해?"라
며 황당해하는 사람들도 있습니다. 그래도 마지못해 아픈 몸과 대
화를 시작합니다.

이 대화의 시간에서 주의해야 할 것은 자신이 먼저 몸에게 하고
싶은 말을 건네는 것이 아니라 아픈 몸이 자신에게 어떤 이야기를
하는지 들어보아야 합니다.

종종 이 시간에 우는 사람들이 있습니다. 아픈 몸을 의인화시킬
때, 몸은 그 동안의 몸에 대한 고통 외에 또다른 고통을 이야기합니
다. 자신에게조차 외면당하고 무관심 속에 방치되었던 외로움, 섭섭
함, 원망 등의 심정을 털어놓습니다. 마치 우리가 어린 시절에 밖에
서 힘든 일이 있었을 때 가족들이 관심을 가져주지 않거나 오히려
왜 그렇게 했냐며 꾸중을 들었을 때의 심정과도 같은 느낌입니다.

한번은 자살예방협회에서 일하는 사람들과 '치유 걷기'를 할 때의 일입니다. 아픈 몸과의 대화 시간에 한 여성 상담사가 계속 울었습니다. 처음에는 이런 것을 왜 하느냐고 퉁명스럽게 이야기했던 사람이라 더 의외였습니다.

제가 아픈 데가 어디냐고 묻자 그녀는 잠시 고민하다가 무릎을 떠올렸습니다. 그녀는 생애 처음으로 무릎과 이야기를 하기 위해 눈을 감았습니다. 그동안 통증이 계속 이어졌지만 병원 한 번 찾지도 않은 그녀에게 무릎은 오랫동안 참고 있었던 원망과 서러움을 토해냈습니다.

"다른 사람의 고통은 함께 가슴 아파하면서 왜 내 고통은 모른 척 해! 다른 사람들이 힘들다고 하면 따뜻한 위로를 해주면서 내가 힘들다고 하면 왜 나를 구박해. 내가 꾀병이라도 부리는 것처럼. 내가 쓰러져야 그때 가서 관심을 가져줄 거야. 내가 힘들다고 할 때 내 말에 귀를 기울여주면 안 돼!"

그녀는 무릎이 자신에게 화를 내는 동안 아무 이야기도 할 수 없었습니다. 하나도 반박할 수 없는 말이었습니다. 타인의 고통에는 민감했지만 자신의 몸에 대한 고통에는 정말 둔감했기 때문입니다. 무릎이 안 좋은데도 밤이면 음식으로 스트레스를 풀어 체중은 오히려 점점 늘어만 갔습니다.

그날 그녀는 태어나서 처음으로 몸에게 사과를 했습니다. "정말 미안해!" 그녀는 행사가 끝나면 친구를 만나 술을 마실 계획이었습니다. 그러나 친구와의 약속을 뒤로 미루고 병원부터 들르기로 했습니다. 그리고 무릎의 통증을 덜기 위해 자신이 무엇을 해야 할지 진지하게 생각해 보았습니다.

이는 그 상담사의 이야기만이 아닐 것입니다. 우리는 몸의 고통을 외면하는 데 익숙해져 있습니다. 많이 아픈데도 병원에 가지 않고, 심지어 몸에 고통을 가하는 것 역시 익숙한 경우가 많습니다.

몸에 친절을 베풀고 몸을 챙기기 전에 지난 시간 동안 우리가 자신의 몸에 저질러온 악행들과 악습들에 대해 진정한 사과를 해야 하지 않을까요?

3

외모에 대해
비난하지 않습니다

대학교 신입생인 소정 씨와 어머니가 함께 상담을 받으러 왔습니다. 소정 씨는 거의 끌려오다시피 왔습니다. 어머니는 앉자마자 딸이 외모에 지나치게 신경을 쓰는 것 때문에 힘들다고 하소연합니다.

어느 정도냐면 아침마다 화장을 하고 머리를 만지는 데 두 시간가량이나 걸려서 지각이나 결석을 밥 먹듯이 한다는 것입니다. 시험 기간에도 다르지 않았습니다. 이 때문에 엄마는 매일 딸과 전쟁을 벌이는 것으로 하루를 시작합니다.

그뿐 아닙니다. 소정 씨는 다른 핑계로 돈을 달라고 한 뒤에 부모 몰래 성형시술을 받아왔습니다. 지금은 겨울 방학에 가슴 확대 수술을 받겠다며 돈을 달라고 들들 볶는다는 것이었습니다.

자기 몸을 억지로
사랑할 수 없다면

잠시 어머니를 밖에 나가 있게 한 후 소정 씨와 이야기해 보았습니다. 이제 스무 살이면 수술을 받기에는 이른 나이가 아닌지 물어보았습니다. 그녀도 부분적으로는 동의했습니다.

상담을 하다 보니 그녀가 가슴 수술에 매달리는 것은 남자친구와의 관계 때문이었습니다. 자신은 남자친구를 정말 좋아하는데 남자친구는 자신을 별로 안 좋아하는 것 같아 고민이라고 했습니다. 남자친구는 함께 길을 걷다가도 예쁜 여자들만 보면 자꾸 눈길을 주고, 여자 연예인을 볼 때마다 몸매가 예쁘다는 말을 해서 자꾸 스트레스를 준다는 것입니다.

그렇다 보니 그녀는 자신의 볼륨 없는 몸에 대해 더욱 집착하게 되었습니다. 가슴을 키우고 더 예뻐지지 않으면 남자친구는 자신을 떠날 것만 같았습니다.

남자친구와의 관계에서만 그런 것이 아닙니다. 소정 씨는 지금의 얼굴과 몸으로는 다른 사람들의 관심이나 사랑을 받기 어렵기에 다른 사람들이 원하는 외모로 바뀌어야 한다는 생각이 강했습니다.

소정 씨는 기억할 수 있는 나이 때부터 언니는 엄마를 닮아 예쁘고 자신은 아빠를 닮아 못생겼다고 생각하고 살아왔습니다. 물론 혼자만의 생각은 아닙니다. 주위 사람들도 언니를 보며 "엄마 닮아 예쁘다"는 말을 하곤 했습니다. 그런 이유로 어릴 때부터 외모에 대한 열등감이 컸고 언니만 사랑해 주는 것 같아 엄마를 미워했습니다. 이제 대학생이 되었으니까 그런 외모를 바꾸고 싶을 뿐입니다.

소정 씨는 하루 종일 거울을 보고, 남자들에게 인기가 많은 연예인들의 스타일을 따라하고, 가상성형 사이트에 들어가서 얼굴을 여기저기 바꿔봅니다.

저는 그녀에게 물었습니다.

"지금의 몸을 받아들이는 것이 힘든가요?"

그녀는 그 말을 지금 자신의 몸을 사랑하라는 말로 이해했는지, 다시 되물었습니다.

"그럼, 이 몸으로 평생 살라는 말인가요? 지금 이 몸을 사랑하라고요?"

뭐라고 이야기를 해야 할까요? 물론 지금 이대로의 몸을 사랑하라고 이야기할 수도 있습니다. 하지만 자신의 마음에 들지 않는 몸을 과연 우리는 사랑할 수 있을까요? 남들로부터 '예쁘다'는 말을 별로 들어보지도 못한 몸을 과연 예쁘다고 바라볼 수 있을까요?

그렇게 말할 수 있을지 모르지만 진심을 담아 이야기하는 것은 쉽지 않을 것입니다. 자신이 뚱뚱하다고 생각하는 딸에게 아무리 부모가 "네가 뭐가 뚱뚱해? 너 정도는 보기 좋아"라고 말하는 것이 딸의 마음속으로 전혀 흘러들어가지 않는 것처럼 말이지요.

자기 존중감 훈련 때에도 자주 하는 이야기이지만 우리는 억지로 자신을 좋아할 수 없습니다. 아니, 우리는 자신뿐 아니라 누군가를 억지로 좋아할 수도 없습니다.

몸도 마찬가지입니다. 아무리 자신의 몸을 사랑해야 한다고 이야기하더라도 억지로는 사랑할 수 없습니다. "너도 예뻐"라고 아무리 말해도 굳어버릴 대로 굳어버린 부정적인 바디 이미지는 쉽사리 바뀌지 않습니다.

그렇다면 우리는 자신의 몸에 대해 어떤 태도를 취해야 할까요? 저는 다시 이야기를 했습니다.

"자신의 몸을 억지로 사랑하라는 이야기는 아닙니다. 그러나 사랑은 못하더라도 자신의 몸을 존중할 수는 없을까요? 왜 다른 사람의 마음에 들 때까지 몸을 계속 고쳐야 하나요?"

존중은 사랑과는 다릅니다. 사랑은 상대를 좋아하는 자연스러운 감정이 있어야 합니다. '○○를 사랑해야지'라는 생각이나 결심으로 우리는 누군가를 사랑할 수는 없습니다. 그러나 존중은 상대를 좋아하지 않아도 가능합니다. 나와 다른 생각, 취향, 신념, 가치관을 가지고 있더라도 우리는 상대를 존중할 수 있습니다. 상대를 나와 다른 마음을 가진 한 인격체로 대할 수 있다면 말이지요.

존중은 기본적으로 차이와 다름을 인정하기에 상대를 바꾸려고 하지 않습니다. 그 모습 그대로를 인정해 주는 것입니다. 존중이 있다면 관계는 평화로워집니다. 그렇기에 성숙한 사랑은 반드시 존중을 포함합니다.

우리는 자신의 몸이 마음에 들지 않을 수 있습니다. 하지만 존중할 수는 있습니다. 그 상태로 존재할 수 있음을 허락할 수 있습니다.

존중은 존경과도 다릅니다. 존경은 상대가 나보다 훌륭하기에 본받고 싶은 마음을 말합니다. 그에 비해 존중은 상대가 나보다 훌륭하지 않아도 상관없습니다. 오히려 존중은 약자에 대한 태도를 말합니다. 나보다 나이가 어리고, 힘이 약하고, 지위가 낮고, 인격적으로

미숙하더라도 성숙한 이들은 상대를 한 인간으로 존중합니다.

존중은 약육강식의 동물세계로부터 인간을 구분 짓게 하는 인간적 태도이기도 합니다. 몸에 대한 존중도 마찬가지입니다. 몸을 존중하는 것은 내 몸이 완벽하고 내세울 만하고 강하고 영원하기 때문이 아닙니다. 오히려 흠이 많고, 보잘것없고, 아프기 쉽고, 유한하기 때문입니다.

그러므로 존중은 인간만이 아니라 우리와 함께 살아가는 생명 전체로 향할 수 있습니다. 이 존중에는 당연히 자신도 포함되어야 합니다. 아무리 좋은 미덕이라도 자신은 제외되고 다른 사람에게만 향한다면 이는 악덕에 불과합니다.

우리는 굳이 자신의 몸을 사랑할 필요도 존경할 필요도 없습니다. 그러나 몸 그 자체로 존중해 줄 수는 있어야 합니다. 그럴 수 없다면 적어도 비난은 하지 말아야 합니다. 그것이 바로 평생 우리와 함께 살아가는 몸에 대한 최소한의 예의입니다.

내 몸을 있는 그대로
받아들인다는 것

누구나 자신의 몸에 대한 열등감을 가지고 있습니다. 작은 키, 큰 머리, 낮은 코, 좁은 이마, 작은 가슴 등 각자 마음에 들지 않는 신체 부위가 있을 것입니다. 신체 부위가 아니라도 자주 아프다거나 체력이 약하거나 운동을 못하는 등 자라오면서 느꼈던 몸에 대한 열등감이 있습니다.

미스코리아나 연예인들도 예외가 아닙니다. 사람을 전체로 놓고 비교하는 것이 아니라 몸의 부위를 하나하나 떼어놓고 보면 몸에 대해 불만이 없는 사람이 없습니다.

외모뿐 아니라 우리는 누구나 인간적인 부족함을 가지고 있고, 보편적인 열등감을 지니고 살아갑니다. 문제는 병적인 열등감입니다. 이는 자신의 약점을 인간적인 약점으로 보는 것이 아니라 치명적인 약점으로 바라보는 것을 말합니다.

사람들은 인간적인 약점과 치명적인 약점을 혼동합니다. 잘 드러나지 않는 약점은 어떻게든 감추려고 하고 드러나는 약점은 어떻게든 바꾸려고 합니다. 예를 들어, 어떤 이들은 작은 키를 인간적인 약점으로 받아들이고 대신 다른 장점에 집중하며 살아갑니다. 하지만 작은 키를 치명적인 약점이라고 여기는 사람이라면 그는 어디를 가든 키 높이 신발을 신고 다니고, 어떻게든 뼈를 늘리는 수술을 받고야 말 것입니다.

우리 사회는 정말 빠른 속도로 집단주의 문화에서 개인주의 문화로 이동하고 있습니다. 그에 따라 개성 즉, 자기다움이 강조되고 있습니다. 요즘 출판되는 책만 보더라도 '나답게' '나다운' '나로'처럼 제목에 '나'라는 단어가 많이 들어가 있고 자기답게 사는 게 제일 중요하다고 이야기합니다.

그러나 이렇게 자아가 넘치고 자기다운 삶의 방식이 강조되고 있는 지금 우리 몸은 얼마나 그 고유성을 인정받고 있을까요? 오히려 몸은 점점 더 협소하고 획일적인 아름다움의 기준에 갇히고 있는 것은 아닐까요?

진정한 자기다움은 몸의 고유성에서 시작합니다. 내가 '한 사람(a people)'이 아니라 '유일한 사람(the people)'이라면 내 몸은 세상에 하나밖에 없는, 그래서 내 유일성을 드러내주는 실체입니다.

우리는 모두 '하나의 몸(a body)'이 아니라 '유일한 몸(the body)'을 지녔습니다. 세상에 그 어느 누구도 나와 같은 몸을 가진 이는 없습니다. 몸집, 피부, 지문, 동작, 자세, 목소리 등 우리는 모두 제각각입니다. 우리는 누군가의 개별성을 존중할 수 있었기에 좋은 친구가 되었지, 친구가 내 기준에 맞게 바뀌었기 때문에 좋은 사이가 된 것은 아닙니다.

몸과의 관계도 마찬가지입니다. 모든 사람이 자신의 몸과 사랑에 빠지거나 몸과 연인 관계일 필요는 없습니다. 그러나 좋은 친구가 되어야 합니다. 평생 함께 살아갈 테니까요. 이를 위해 몸 자체의 개별성을 존중하는 것이 가장 중요합니다.

소정 씨는 전신 성형을 하면 삶이 크게 바뀔 거라고 생각합니다. 이처럼 외모에 대해 열등감이 많은 사람일수록 외모만 바뀌면 모든 게 해결될 것처럼 생각합니다. 이들은 흔히 자기가 외모 때문에 자존감이 낮고 사람들에게 인기가 없다고 생각합니다.

하지만 이는 착각입니다. 이들은 몸의 부족함 때문에 부정적인 자아상을 가지게 된 것이 아니라 부정적인 자아상 때문에 몸의 부족함에 집착하는 것입니다.

많은 사람들이 자존감이 중요하다고 이야기합니다. 하지만 몸의 존중감에 바탕을 두지 않는 자존감은 허구입니다. 우리에게는 우리고유의 몸이 그 모습 그대로 기능하고 존재하도록 허락하는 '몸 존중감'이 필요합니다.

그렇다고 몸을 가꾸지 말자는 이야기가 아닙니다. 화장을 하지 말고 몸매에 신경 쓰지 말고 성형도 하지 말자는 것이 아닙니다. 외모에만 신경을 쓰는 편협함에서 벗어나 몸 전체에 적극적으로 관심을 갖자는 것입니다. 외모로 좁아지고 있는 미의 기준을 좀더 다양한 영역으로 확장시키고, 몸을 느끼고 돌보고, 몸과 함께 살아가자는 것입니다.

삶의 평화와 행복은 내가 원하는 대로 나를 바꿀 때 얻어지는 것이 아닙니다. 내 안에 있는 것들을 한 울타리 안으로 끌어안을 때 얻을 수 있습니다.

내 몸을 받아들이는 것이 바로 몸 존중감입니다. 내 몸을 받아들이면 내 몸과 친해지고, 내 몸을 잘 이해하고 잘 돌볼 수 있게 됩니다. 그리고 놀랍게도 마음도 관계도 삶도 풍요로워집니다.

4

몸은 삶의
평생 동반자입니다

2018년 말에 아버지는 담도 암 진단을 받았습니다. 처음 입원할 때 아버지의 얼굴은 노랗다 못해 검었습니다. 가려움증과 전신 쇠약감이 심했습니다. 기본적인 일상생활을 할 수 있었지만 부쩍 말이 없어졌고 씻을 때조차 거울을 보지 않았습니다. 병색이 완연한 얼굴이 너무 싫어서였습니다.

잠시 퇴원을 했지만 황달이 심해서 두 번째 입원을 했습니다. 걸어서 입원했지만 며칠 만에 거동을 못하게 되었습니다. 점점 혼자할 수 있는 활동이 없어지기 시작했습니다. 혼자서 걸을 수 없는 것은 물론 식사도 못했고, 이를 닦을 수도 없었고, 혼자 몸을 일으켜 세울 수도 없었습니다. 이내 괄약근까지 약해져서 대소변 조절이 어려워졌습니다. 의식은 명료했지만 성인용 기저귀를 찰 수밖에 없었습니다.

그렇지 않아도 암 때문에 우울했던 아버지는 기저귀를 찬 것 때문에 더 낙담하고 절망했습니다. 이런 몸으로 남은 시간을 사는 것이 무슨 의미가 있느냐며 곡기를 끊고 싶다고 했습니다. 그 심정이 너무 이해가 갔습니다.

늙고 병든 몸을
받아들일 수 있을까요?

아버지의 모습을 보면서 자연스럽게 '내가 이 상황이라면 나는 어떻게 할까?'라는 생각을 떠올렸습니다. 막상 그때가 되면 다를 수 있겠지만 저 역시 스스로 곡기를 끊고 싶을 것 같았습니다. 아무것도 할 수 없는 몸을 받아들일 자신이 없었습니다. 그런 몸 상태라면 죽는 것만 못한 게 아닐까요?

약한 모습을 유독 보이기 싫어하던 성격이라 아버지는 자신의 병든 몸을 더욱더 받아들이기 힘들어했습니다. 그러나 차츰 아버지의 태도는 바뀌었습니다. 다시 음식을 먹고 자신의 몸을 주위 사람들에게 내맡겼습니다. 그리고 삶의 마지막 시간을 고향에서 보내고 싶어하셨습니다.

돌아가시기 전까지 마지막 3개월의 시간을 고향의 호스피스 병원에서 보냈습니다. 가족, 간병인, 그리고 자원봉사자의 돌봄 속에서 아버지는 서서히 죽음을 맞이하셨습니다.

혼자서 아무것도 할 수 없는 몸으로 모든 것을 도움받아야 했지만 아버지의 '죽어감'은 비참하지도 않고 존엄성을 잃지도 않았습니다. 물이 흘러가듯이 자연스러워 보였습니다.

아버지의 죽음 앞에서 많은 생각이 들었습니다. 우리는 과연 늙고 병들어가는 몸을 어떻게 생각하고 어떻게 대해야 할까? 스스로 할 수 있는 것을 하나씩 잃어가고 결국 아무것도 할 수 없는 몸이 남았을 때 우리는 그 몸을 가치 있다고 여길 수 있을까? 아니, 한평생을 같이 해온 몸을 기본적으로 존중할 수 있을까?

늙고 병든 몸을 받아들이지 못하는 것은 단지 개인의 성격 탓이 아닙니다. 사회의 문제입니다. 효율성과 유능함을 중시하는 사회에서 늙음과 질병은 무능과 무가치를 의미합니다. 아프지 않고 건강하게 오래 사는 것만을 원하는 사회에서 질병과 늙음은 자연스럽고 정상적인 인생 과정으로 자리 잡을 틈이 없습니다.

우리 사회는 이제 아무런 문제의식 없이 '성공적 노화'라는 말을 받아들이고 있습니다. 건강하게 장수하는 삶이 성공이고 병들어 늙어가는 것은 실패가 되었습니다. 도대체 몇 퍼센트의 노인들이 아프지 않고 활기차게 나이 들어갈 수 있는 것일까요? 이를 과연 선택할 수 있는 것일까요?

이렇듯 자신의 몸을 통제하고 관리할 수 있어야 한다는 압박이 남녀노소를 가리지 않고 전방위적으로 가해지고 있습니다. 이 사회에서 대부분의 사람들은 늙고 병들어가는 몸을 받아들일 수 없습니다. 존중은커녕 연민을 느끼기조차 어렵습니다. 스스로 폐품이라고 여기고 치워버려야 한다고 생각합니다. 그래서 우리 사회의 노인 자살률이 그렇게 높은지 모릅니다.

결국 많은 사람들은 어떻게든 늙어 보이지 않고 아프지 않으려고 버둥거립니다. 아픈 것조차 미안해하거나 부끄러워하면서 자신에게 큰 문제가 있는 것처럼 받아들입니다. 자연스럽게 나이 들어가는 것이 아니라 나이 들어감에 강하게 저항합니다. '웰-에이징(well aging)'이 아니라 '안티-에이징(anti aging)'을 원합니다.

그러나 몸의 질병과 쇠락은 우리의 의지 밖에 존재하며 아주 자연스럽고 정상적인 일입니다. 우리에게 건강하게 살아갈 권리가 있다는 말은, 아프지 않을 권리가 아니라 얼마든지 아플 수 있고 치료받을 수 있는 권리가 있다는 말입니다. 아픈 것도 서러운데 적어도 이를 개인의 무능함으로 바라보는 잔혹한 시선은 거두어야 합니다.

우리 중에 극히 일부를 제외하고는 성공적인 노화를 할 수 없습니다. 병에 걸리지 않고 건강하게 살다가 죽는 것은 망상에 가까우며 대부분은 병에 걸려 늙어가다가 누군가의 도움을 받아가며 죽을 수밖에 없습니다.

그렇게 보면 출생부터 죽음까지 인간의 삶은 직선이라기보다는 원에 가깝습니다. 손가락 하나 혼자서 움직일 수 없는 몸으로 태어나 누군가의 도움으로 두 발로 세상에 서서 살아가다가 나이 들면 또다시 누군가의 도움을 받아가며 죽어가는 것이 우리 인생입니다.

그렇다면 성숙한 사회란 어떤 곳일까요? 질병과 늙음이 머물다 갈 자리를 내어주고, 혼자 움직일 수 없는 몸을 존중하고 연민의 마음을 품을 수 있는 곳이 아닐까요?

요람에서 무덤까지
함께 할 친구

어떤 사람이 나를 정말 좋아하는지 알려면 무엇을 보아야 할까요? 내가 어려움이나 힘들어질 때 나를 대하는 태도를 보면 알 수 있습니다. 진짜 나를 좋아하는 사람은 어려움에 빠진 나를 안타깝게 여기고 도움을 주려고 합니다. 하지만 내 조건을 좋아했던 사람은 무심하거나 등을 돌리기 쉽습니다.

자신과의 관계도 그렇습니다. 자신을 사랑하는지의 여부는 자신이 힘들고 어려움에 빠질 때 자신을 대하는 태도를 보면 알 수 있습니다. 자신이 마음에 들 때 자신을 사랑하는 것은 누구나 할 수 있는 일입니다. 자신이 힘들 때 자신을 위로하고 함께 하는 것이 진짜 자신을 사랑하는 것입니다.

몸을 사랑하는 것 역시 마찬가지입니다. 젊고 건강하고 아름다운 몸을 사랑하는 일은 아무것도 아닙니다. 정말 중요한 것은 내 몸이 고통을 느끼고 병들었을 때의 태도입니다.

인생에서 뜻대로 되지 않는 일들이 참 많고, 상처받는 일들이 부지기수입니다. 그러나 힘든 인생이라고 하더라도 우리 곁에 든든한 동반자가 있다면 보다 잘 헤쳐갈 수 있습니다.

우리는 마땅히 가족이 좋은 동반자이기를 희망합니다. 그러나 가족이 좋은 동반자가 되어 인생을 살아가기 위해서는 많은 노력과 지혜가 필요하며, 설사 좋은 동반자라고 하더라도 늘 같이할 수는 없습니다. 자녀는 독립해서 자신들의 삶을 살아가고, 부부는 누군가 먼저 세상을 떠날 수밖에 없습니다.

결국 우리는 만나는 모든 사람들과 삶의 어느 순간에 이별을 맞이하게 됩니다. 대부분의 사람들은 어느 시기에는 혼자 살아가야 하는 시간과 마주하게 됩니다.

그렇다면 탄생부터 죽음까지 나와 함께 하는 대상이 있을까요? 억지스러울지 모르지만 그 대상이 있다면 바로 '몸'입니다. 몸만큼은 요람에서 무덤까지 모든 시간 동안 나와 함께 합니다. 그림자보다 더합니다. 그림자는 해가 떠야 나타나지만 몸은 해가 뜨나 해가 지나 24시간, 365일 언제나 나와 함께 합니다. 우리는 단 1초의 시간도 나에게서 내 몸을 떼어놓을 수 없습니다.

내 몸이야말로 내 평생의 동반자입니다. 그러므로 몸과의 관계는 인생 전체의 질을 좌우합니다. 혹시 여행할 때 같이 간 동행자가 마음에 들지 않아 여행을 망친 적이 있나요? 내가 싫은 사람과 하루를 같이 보내는 것도 힘든데 내가 싫은 대상과 평생을 함께 한다면 얼마나 끔찍할까요?

당신이 몸과 좋은 관계에 있다면 인생이라는 여행은 그래도 할 만합니다. 종종 행복할 수 있고 힘든 일을 겪더라도 좋은 동반자가 함께 있기 때문에 잘 견뎌낼 수 있습니다. 하지만 내가 내 몸을 싫어하고, 몸이 오래 아프면 인생은 고달프기만 할 뿐입니다.

"나와 함께
해줘서 고마워"

현규 씨는 오래전 지방 병원에서 만난 사람입니다. 그는 30년 가깝게 공장 노동자로 일하다가 작업 도중에 다쳐서 오른쪽 팔을 잃게 되었습니다. 그의 삶은 사고 전과 후로 극명하게 달라졌습니다.

밝고 성실하던 그의 성격은 우울하고 무기력한 모습으로 바뀌었습니다. 의수를 착용했지만 사람들과 접촉을 피했습니다. 왠지 사람들이 자신을 흉볼 것 같았습니다. 아내가 늘 옆에서 잘 챙겨주지만 그런 관심도 싫다고 화를 냈습니다. 제가 물었습니다.

"사고 전에 몸을 100퍼센트라고 한다면 사고 후에는 몸을 얼마나 잃은 것처럼 느껴지세요?"

그는 바로 "90퍼센트 이상입니다"라고 답했습니다.

그는 한쪽 팔을 잃은 것이 아니라 거의 몸 전체를 잃어버린 느낌이었습니다. 오른팔은 가난을 헤쳐오고 자녀들을 키워낸 고맙고 자랑스러운 팔이었기 때문입니다. 그러나 오른팔이 없는 지금은 거추장스럽기만 한 쓸데없는 몸이 된 것 같았습니다.

저는 다시 물었습니다.

"만일 아내가 가족을 위해 30년 동안 공장에서 일하다가 손을 잃게 되었다면 아내를 어떻게 대하겠습니까? 아내를 부끄러워하고 같이 다니기 싫어하겠습니까?"

그러자 현규 씨는 왼팔을 크게 저으며 대답했습니다.

"아닙니다. 어떻게 그러겠습니까! 많이 안쓰러울 것 같습니다. 오히려 미안하고 고마운 마음에 더 잘 해줄 것 같습니다."

실제 그의 아내가 그랬습니다. 아내는 남편에게 너무 미안하고 고마웠습니다. 그래서 잘 챙겨주고 싶고, 어디든 함께 하려고 했습니다. 그것은 동정심이 아니었습니다. 고마운 마음과 이제부터라도 남편과 같이 시간을 보내고 싶은 마음에서였습니다.

저는 현규 씨에게 다시 물었습니다.

"그렇다면 자신에게는 왜 그렇게 대합니까?"

한동안 현규 씨는 말을 잇지 못했습니다. 상담이 끝나자 아내의 손을 뿌리치지 않고 함께 밖을 나섰습니다.

당신은 몸을 삶의 동반자라고 생각하나요? 그렇게 여기면 몸을 함부로 할 수 없습니다. 몸과 친해지고 몸을 돌보고 그리고 몸에게 고마워집니다.

사람들은 가까운 가족에게는 감사의 마음을 잘 못 느끼거나 있더라도 잘 표현하지 않는 경우가 많습니다. 몸과의 관계도 그렇습니다. 많은 사람들이 평생 동안 단 한 번도 몸에게 감사를 해 본 적이 없습니다.

저도 그랬습니다. 그러다가 2014년도 혼자 여행을 하는 동안 몸에게 감사의 인사가 터져 나왔습니다. 특별한 일이 있어서가 아니라 그냥 저와 같이 이 여행을 함께 해주는 것 자체가 고마웠습니다.

"고마워. 그냥!"

"나와 함께 해줘서 고마워."

이런 말들이 터져 나왔습니다. 아마도 몸은 무척 당황했을 것입니다. '이 사람이 갑자기 왜 그래'라고 했을지 모릅니다.

안식년 여행 이후로 저는 몸을 대하는 태도가 근본적으로 달라졌습니다. 몸을 제 삶의 평생 동반자라고 여기고 살아가게 되었습니다. 어릴 때는 자주 아프고 운동도 못하고 힘이 약해서 부끄러웠던 몸이었고, 어른이 되어서는 혹사만 시키고 무관심했던 몸이지만, 이제는 그렇지 않습니다. 저와 같이 긴 인생을 살아갈 동반자가 되었습니다. 고마운 몸입니다.

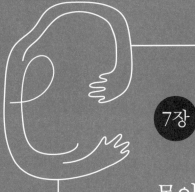

7장

몸이 깨어나면
삶이 깨어납니다

1

몸의 속도를 알아차릴 때
삶의 속도도 달라집니다

상담실에 찾아오는 이들 가운데 비현실감이나 이인감을 호소하는 이들이 예전보다 많아졌습니다. 원래 해리성 장애나 공황장애 등에서 잘 나타나는 증상이지만, 요즘은 꼭 그런 질환이 아닌 상태에서도 이러한 증상을 호소하는 경우가 늘고 있습니다. '내가 내가 아닌 것 같다' '내가 너무 낯설게 느껴진다' '세상이 달라진 것 같다' '꿈속에 있는 것 같다……'.

왜 그럴까요? 그것은 누누이 이야기한 것처럼 우리가 몸과 함께 살지 못하고 머리로만 살아가기 때문입니다. 우리가 건강하게 살아가려면 두 가지 자존감이 필요합니다.

우리가 잘 알고 있는 자기 존중감도 있지만 더 중요한 것은 자기 존재감입니다. 자기 존중감이 자신을 존중하는 인지적 태도라고 한다면, 자기 존재감은 자신이 여기에 존재한다는 감각적 경험에 기초합니다.

자기 존중감과 달리 자기 존재감은 머리가 아니라 몸의 감각에 기반을 둡니다. 그러나 삶의 토대인 몸을 배제한 채 머리로만 살아가게 되면 생각은 비대해지고 감각은 떨어지며 현실에서 멀어지고 공상으로 빠져듭니다. 그렇다 보니 지금 자신이 어떻게 살아가고 있는지 알지 못합니다.

너무나 낯선 일,
천천히 걷기

2014년도에 안식년을 갖고 여행을 다녔을 때 물리적인 시간은 넉넉했습니다. 그러나 여전히 속도 중독에서 벗어나지 못했습니다. 여기저기 가야 한다며 아침부터 아이들을 보챘고, 어디를 가더라도 혼자 먼저 간 뒤에 빨리 다른 곳으로 이동하자고 수신호를 보냈습니다.

속도 중독이 정말 심각하다는 것을 깨달은 것은 혼자 떠난 안나푸르나 트레킹에서였습니다. 트레킹을 시작할 때 가장 걱정했던 것은 고산병이었습니다. 고산병에 걸리면 다른 치료 방법이 없기에 최대한 천천히 걸으려고 단단히 마음먹었습니다. 트레킹을 시작한 날부터 '천천히 걷자. 천천히'라고 계속 되뇌었습니다.

하지만 생각보다 몸이 말을 듣지 않았습니다. 아무리 천천히 걸으려고 해도 잘 되지 않았습니다. 마치 다른 사람의 발인 것처럼 제

발의 속도를 제가 조절할 수 없었습니다. 늘 마음은 몸보다 앞서 저만큼 앞에 있었습니다.

저는 걷기를 다시 배워야 했습니다. 천천히 걷기는 너무나 낯선 일이었고 어려웠습니다. 의식을 발에만 집중해야 했습니다. 마치 돌 무렵의 아이가 온 신경을 걷는 데 집중하는 것처럼 말이지요. 발바닥과 땅이 닿는 느낌에 주의를 기울이며 '오른발, 왼발!' '하나, 둘!'을 속삭이면서 한 걸음 한 걸음씩 천천히 걸으려고 애를 썼습니다. 물론 조금만 마음이 흐트러지면 이내 걸음걸이는 빨라졌습니다.

그러나 계속 발에 집중을 하며 걷기 시작한 지 약 2주가 되자 드디어 걷기의 속도를 조절할 수 있게 되었습니다. 천천히 걷고 싶을 때는 천천히 걸었고, 빨리 걸어야 할 때는 빨리 걸을 수 있었습니다. 어설프지만 비로소 천천히 걷는 법을 배우게 된 것입니다. 늘 몸보다 마음이 앞섰는데 드디어 몸과 마음이 나란히 걷게 되었습니다.

여러분은 어떤가요? 걷는 속도를 조절할 수 있나요? 급할 때와 급하지 않을 때를 구분해서 움직이고 있나요? 삶에서 빨리 해야 할 것과 천천히 할 일을 구분해서 하고 있나요?

우리는 여행을 하면서도 그 다음 장소의 정보를 검색하느라 시간을 빼앗기고, 천천히 해야 할 이야기를 나눌 때도 "그래서 결론이 뭐야?"라며 재촉합니다.

자신의 몸인데도 스스로 그 움직임을 조절할 수 없다고 느낄 때가 많습니다. 속도 중독으로 인해 마음은 몸과 함께 살지 못하고 늘 몸을 먼저 떠납니다. 마음은 늘 몸보다 앞서서 몸을 부릅니다. 우리가 지금 이 순간을 살아갈 수 없는 이유입니다.

몸이 있는 곳에
마음이 머무를 때

여행에서 걷기 속도를 조절하게 되자 여행이 끝난 후에도 삶의 속도에 영향을 미쳤습니다. 걷기와 삶의 속도 간의 동기화가 일어난 것입니다. 꼭 바쁘게 움직여야 할 때를 빼고는 조금씩 알맞은 속도를 찾아갔습니다. 빨리 할 일과 천천히 할 일을 구분하게 되었습니다.

많은 현인들은 공통적으로 '지금-여기에 존재하라'라고 이야기합니다. 깨달음의 핵심인가 봅니다. 그렇다면 우리는 좀더 '지금-여기'에 살아가고 있는 것일까요? 이 간단한 말을 체화한다는 것은 상당히 어렵습니다.

아이들을 보세요. 아이들은 지금 행복합니다. 지금의 경험에 온전히 존재할 수 있기 때문입니다. 우리는 꽃이 피는 것에 경탄하고, 고개를 들어 구름이 흘러가는 것을 보고, 시간 가는 줄 모르고 놀이에 빠져들던 그 시절로 돌아가야 합니다. 삶의 속도를 조절할 수 있고, 현재에 머무를 수 있어야 합니다.

그러나 결심한다고 해서 삶의 속도가 조절되는 것은 아닙니다. 분주한 마음은 이런 결심마저도 순식간에 휘발시켜 버립니다. 이를 위해 가장 중요한 일은 몸으로 돌아오는 것입니다. 몸의 감각을 깨워야 합니다. 몸의 속도를 조절해야 합니다. 감각이 살아나면 우리는 자기 존재감을 회복하고 '지금-여기'에 존재할 수 있습니다. 마음이 몸과 함께 있을 때, 우리는 시간에 쫓기거나 앞서지 않습니다. 시간과 함께 흘러갈 뿐입니다.

몸이 있는 곳에 마음이 머무르는 것이 바로 '바디풀니스'입니다. 이는 작은 변화가 아닙니다. 몸에 마음이 머무르면 연쇄 효과가 나타납니다.

몸이 깨어나고 몸이 경험에 참여하면 우리는 더 깊이 느낄 수 있습니다. 여행을 가서 우리가 행복을 느끼는 것은 먹어보지 못한 음식을 먹어서도 아니고, 특급 호텔에 묵어서도 아니고, 숨이 막힐 것 같은 비경을 봐서도 아닙니다. 사소한 경험 하나하나도 깊이 있게 체험하도록 몸의 감각이 깨어나기 때문입니다.

그렇기에 다른 나라의 골목길 하나하나, 낯선 이와의 짧은 동행, 허름한 카페에서의 커피 한 잔, 사람들이 북적거리는 이름 없는 시장들만으로도 충분합니다.

만약 일상에서 감각이 살아난다면 우리는 똑같은 일상이라도 더 깊이 느낄 수 있습니다. 따뜻한 봄 햇살, 무더운 여름날의 한 줄기 바람, 형형색색 물들어가는 가을 숲, 소복이 쌓이는 겨울 눈길을 걸으면서도 우리는 행복을 느낄 수 있습니다. 그러나 몸의 감각이 죽어 있다면 아무리 비경을 보고, 진귀한 음식을 먹어도 행복할 수 없습니다.

몸이 깨어나면 똑같은 경험이라도 우리는 더 깊이 경험합니다. 몸 내부의 감각이 깨어나면 몸 외부의 감각도 깨어납니다. 경험에 수반되는 감각적 변화와 정서적 움직임을 다각적으로 체험하고 만끽함으로써 그 경험을 보다 풍부하게 받아들일 수 있습니다.

몸의 감각이 깨어나면 길가에 핀 이름 없는 꽃을 보며 경탄할 수 있고, 매일 하는 요리에 시간이 가는 줄 모르고 심취할 수 있습니다.

2

사람은 누군가와
몸으로 연결되기를 원합니다

포유류들은 왜 태어날 때 울음을 터뜨릴까요? 첫 울음은, 자궁 속에서 흡입한 양수와 폐를 메우고 있는 폐액들이 빠져나가고 처음으로 공기가 들어가서 폐호흡을 하게 된다는 증거입니다.

하지만 그 울음소리는 동물마다 다릅니다. 무엇보다 인간만큼 크게 우는 동물은 없습니다. 다른 동물들의 울음소리는 '잉잉'거리거나 '낑낑'거리는 것처럼 낮은 신음소리 같습니다.

그에 비해 인간의 아이 울음소리는 체구에 맞지 않게 우렁찹니다. 이 울음은 단지 호흡을 위해서만이 아니라 애착을 위한 몸부림입니다. 안아주고 보살펴달라는 아이의 절규인 셈입니다.

엄마는 응답합니다. "그래, 오냐오냐 내 새끼!" 엄마는 아이를 안고 볼을 부비고 젖을 물립니다. 아이는 이제 울음을 멈추고 힘차게 젖을 빱니다. 그리고 실눈을 뜨고 엄마를 바라봅니다. 희미하게 무언가 보입니다. 그 형체를 알기 어렵지만 품 안의 따뜻한 감촉으로 인해 이 낯선 세상에 자기 존재를 환영해 주는 누군가가 있다는 사실에 비로소 긴장이 풀어집니다.

아이와 엄마의 몸이 만나면 옥시토신이라는 안정감과 행복을 느끼는 호르몬이 흘러나옵니다. 엄마와 아이는 행복에 젖습니다. 이제 아이는 쌔근쌔근 세상에서의 첫 잠에 빠져 듭니다.

몸과 몸의 접촉으로 이루어진 사랑

낮잠을 자던 아이가 자동차 경적 소리에 놀라 잠에서 깨어납니다. 울음을 터뜨립니다. 아이는 비명을 지르듯 울며 팔을 버둥거립니다. 이때 울음소리에 놀란 엄마가 달려옵니다. 아이를 두 팔로 안아 가슴에 품고 토닥거려주고 흔들어줍니다. "괜찮아. 괜찮아. 엄마가 여기 있잖아" 하며 어루만져줍니다. 아이는 비로소 울음을 멈추고 다시 잠이 듭니다.

그런데 만일 이 순간, 아이를 안아주거나 토닥이지 않고 말로만 "괜찮아. 괜찮아"라고 하면 어떨까요? 아이는 울음은 잘 멈추지 않을 것입니다. 지금 아이에게는 엄마의 말이 아니라 엄마의 몸이 안전함을 제공하기 때문입니다. 몸과 몸이 맞닿은 순간, 아이의 놀란 마음은 서서히 가라앉고 안도감을 느낍니다. 덩달아 엄마의 마음도 편안해집니다.

이렇듯 인간 최초의 사랑은 몸과 몸의 접촉으로 이루어집니다. 그리고 안온한 감촉은 우리의 온몸에 각인되고, 우리는 평생 그 따뜻한 감촉을 잊지 못합니다.

아이와 양육자의 정서적 공유를 '동조(attunement)'라고 하며 이것이 애착의 기본입니다. 동조는 기본적으로 언어 이전에 육체적 상호작용을 통해 이루어집니다. 미소와 미소가 오가고, 눈과 눈이 만나고, 피부와 피부가 맞닿는 것이 바로 애착의 토대입니다.

하지만 아이는 자라는 동안 수많은 비동조의 경험을 반복합니다. 아이는 졸린데 계속 무등을 태워주고, 아이가 호기심을 가지고 무언가를 바라볼 때 부모는 다른 곳을 바라보거나, 아이가 미소 지을 때 부모는 무표정하고, 아이가 안기려고 할 때 귀찮아하는 것이 바로 비동조의 경험입니다.

그것은 부모가 아이를 사랑하지 않아서가 아닙니다. 지금 이 순간에 머물러 있지 못하고 자꾸 무언가에 정신을 빼앗기는 부모라면 반복적으로 아이의 신호를 놓칠 수밖에 없습니다.

동조의 경험이 많은 아이와 비동조의 경험이 많은 아이들은 어떤 차이가 있을까요? 동조를 많이 경험한 아이들은 당연히 자신의 존재가 사람들에게 환영받는다고 느낍니다. 내가 손을 내밀면 상대는 그 손을 잡아주고, 내가 미소를 지으면 세상은 미소로 화답을 해주고, 내가 울면 누군가 나를 안아줄 것이라는 믿음을 갖게 됩니다.

하지만 비동조의 경험이 많은 아이들은 그렇지 않습니다. 사람을 믿지 못하고 자꾸 거리를 두거나 혹은 매달리는 아이가 됩니다. 양육자의 일거수일투족에 신경을 쓰고 눈치를 보거나 정반대로 양육자에게 별다른 관심을 보이지 않을 수도 있습니다.

이렇듯 아이가 세상에 나와 자신의 존재가 환영받는다는 느낌은 몸의 감각을 통해 이루어집니다. 그러므로 유아기에 양육자가 몸에 대한 어떤 태도를 가지고 있고 어떤 반응을 보이느냐는 애착에 많은 영향을 미칩니다.

아이가 울 때 어떻게 반응했는지, 음식을 어떻게 주었는지, 얼마나 쓰다듬거나 안아주었는지, 어떻게 몸을 씻겨 주었는지, 아이와 몸 놀이를 얼마나 함께 했는지, 아이가 몸을 뒤집거나 길 때 어떻게 대했는지 등 양육자가 아이의 몸을 어떻게 다루었느냐는 아이의 몸에 대한 태도에 많은 영향을 끼치게 됩니다.

단지 이는 부모가 아이를 잘 안아주지 않았다는 것만 이야기하는 것이 아닙니다. 얼마나 아이의 상태를 감안하고 아이의 욕구를 파악해서 접촉했느냐가 중요합니다.

아무리 어린아이라고 하더라도 원하지 않는 접촉이 있고 혼자 놀고 싶을 때가 있습니다. 더워서 땀이 나는데 꼭 껴안고 있거나, 아플 정도로 우악스럽게 껴안거나, 날카로운 수염이 난 턱으로 찌르듯 볼을 부비거나, 한 물체에 호기심이 생겨 기어가려는데 계속 놓아주지 않거나, 아이를 기쁘게 해준다는 명목으로 갑자기 공중으로 던진다면 아이는 어떨까요? 부모는 사랑스러워서 한 행동이라지만 아이도 그렇게 느낄까요?

모든 몸의 접촉이 긍정적인 것은 아닙니다. 아이가 원할 때 원하는 방식으로 몸을 접촉하는 것이 중요합니다. 즉, 접촉의 부재뿐 아니라 부적절한 접촉과 접촉의 과잉 또한 애착 손상이 될 수 있습니다. 만약 접촉과 관련해서 반복해서 불쾌감이나 긴장감을 느꼈다면 아이는 누군가 다가오는 것에 대해 늘 긴장하고 경계를 합니다.

가까운 사람이 자신의 몸을 만지는 것에 대해 이해되지 않을 정도로 예민한 반응을 보이는 사람이 있다면 이는 유아동기의 접촉과 관련된 상처가 있을 수 있습니다. 그 사람에게는 몸과 몸의 접촉이 기본적으로 행복의 신경회로와 연결되는 것이 아니라 불안 혹은 스트레스 신경회로와 연결되어 있기 때문입니다.

유난히 스킨십에 불편함을 겪고 있는 사람이라면 몸에 각인된 애착 손상을 치유함으로써 사랑과 지배의 접촉을 구분하고 몸이 새롭게 반응하도록 재교육하는 것이 필요합니다.

몸으로 전해지는
공감과 유대감

아이들이 어릴 때의 일입니다. 아이가 잠을 못 자고 보챌 때 나름 아이를 잘 재우는 노하우를 터득한 적이 있습니다.

간단합니다. 아이의 머리 쪽을 제 심장 주변의 왼쪽 가슴팍에 안정적으로 안고 가만히 아이의 호흡과 박동을 느끼는 것입니다. 그리고 그 리듬에 맞게 가볍게 흔들며 엉덩이나 등을 토닥여줍니다. 그렇게 있다 보면 서로 호흡의 리듬이 비슷해지다가 어느 순간 아이는 편하게 잠이 듭니다.

실제 학자들도 비슷한 연구 결과를 이야기합니다. 엄마가 아이와 함께 놀이에 빠지면 아이와 엄마의 심장박동이 같아지고, 공감이 잘 이루어진 심리 치료 시간에도 치료자와 내담자의 심장박동이 비슷해진다는 것입니다.

그것은 우리의 몸과 마음이 연결되어 있기 때문입니다. 정서적 공감이 일어나면 표정이나 생리 반응도 비슷해지고, 표정이나 생리 반응이 비슷해지면 서로의 공감도 더 잘 일어납니다. 우리는 잘 인지하지 못하지만 가까운 사이일수록 자동적으로 상대의 표정이나 생리 반응을 조금씩 따라하게 되는데, 이를 통해 상대의 감정을 더 잘 이해하게 됩니다.

만약 얼굴근육을 마비시키는 보톡스를 맞고 표정을 따라하기 어려워지면 어떻게 될까요? 미국 서던캘리포니아 대학의 데이비드 닐(David T. Neal) 연구팀은 이를 실험해 보았습니다. 그 결과 상대의 표정에 따른 근육 움직임의 변화가 거의 없게 되어 결국 타인의 감정을 읽는 게 둔해지는 것을 알 수 있었습니다.

이러한 생리적 동시 반응은 집단 안에서도 이루어집니다. 공연이나 강연이 끝난 뒤 형식적으로 치는 박수는 산만하기 그지없지만 다수의 관객에게 감동을 안겨준 경우는 박수가 점점 일치되어 강력한 소리를 만들어냅니다.

그렇게 보면 몸으로 전해지지 않는 공감은 '공감'이 아니라 '추리'나 '분석'입니다. 그것은 상대방의 마음을 이해했더라도 절반의 이해일 뿐입니다.

한 사람을 이해한다는 것은, 몸의 참여에 바탕을 둔 신체적 공감

위에서 이루어집니다. 그렇기에 모바일 시대에도 불구하고 전화 상담이나 인터넷 상담은 근본적인 한계를 가질 수밖에 없습니다.

실제 상담 시간에 내담자의 고통스러운 경험은 내담자의 몸을 통해 올라오고, 이는 상담자의 몸을 통해 전해집니다. 내담자의 핵심 감정이 드러날 때 공감을 느끼는 상담자는 우선 자신의 신체감각의 변화를 느낍니다. 놀랍게도 내담자가 몸으로 느끼는 감각적 경험의 위치와 성질이 고스란히 공유되기도 합니다.

예를 들어, 내담자가 유년기의 공포를 느끼며 심장이 조여드는 느낌이 들 때 상담자의 가슴에도 조이는 듯한 압박감을 느낄 수 있습니다. 그러므로 상담자는 내담자에게만 주의를 기울여서는 안 되고, 자신의 몸의 감각에 깨어 있어야 합니다.

이렇듯 누군가와 친해진다는 것은 단지 신체적인 거리가 가까워지는 것이 아니라 두 사람 간에는 신경생리학적 공명이 자주 발생하게 된다는 것을 의미합니다. 즉, 우리는 가까워질수록 상대와 몸과 마음의 경험을 공유합니다.

그러므로 누군가를 좋아하게 되면 우리는 자기도 모르게 상대를 따라 하게 됩니다. 유아동기의 '모방 본능'이 친밀감에 의해 자연스럽게 나타나기 때문입니다. 재미있는 것은 상대의 동작이나 표정 등을 따라하는 것만으로도 상대는 더 친밀함을 느낄 수 있다는 점입니다. 마치 일부러 웃다 보면 기분이 좋아지는 것처럼 말이지요.

네덜란드 라드바우드 대학의 사회심리학자 압 데이크테르하위스(Ap Dijksterhuis) 연구팀은 실험을 통해 상대를 따라 하는 작은 모방 행동이 정서적 유대감을 느끼게 한다고 발표한 바 있습니다.

이는 우리의 뇌에 있는 풍부한 거울 뉴런의 작용 때문입니다. 이 사회적 뉴런 때문에 우리는 의식적인 노력을 기울이지 않더라도 상대의 눈길, 목소리, 표정, 행동 등을 보면서 거울처럼 동일한 행동을 하게 되거나 상대의 감정과 느낌을 감지하게 됩니다.

그뿐 아닙니다. 친한 룸메이트의 경우에는 월경 주기까지 같아진다고 하니 인간은 정말 뼛속 깊이 사회적 존재인가 봅니다.

우리는 머리가 아니라 몸으로 상대와 감응하는 것을 익혀야 합니다. 상대와 같이 있는 동안 자신의 몸을 잘 느껴야 합니다. 오랫동안 차단된 내부감각을 활성화시키지 않으면 자신의 감정뿐만 아니라 타인의 감정에 대해서도 공감할 수 없습니다.

혼자 잘 살 수 없도록
설계된 인간의 몸

아이는 세상에 태어나자마자 마치 누군가를 붙잡으려는 것처럼 손을 내밉니다. 그것이 인간이 세상에 나와서 보이는 최초의 움직임입니다. 물론 이는 의식적인 게 아니라 본능적인 반사 행동입니다.

그렇다면 인간의 가장 마지막 움직임은 무엇일까요? 호스피스 의료기관 종사자들의 이야기를 들어보면, 사람들은 숨이 끊어지기 직전에 팔을 들어 올리려고 안간힘을 쓴다고 합니다. 마치 아기가 태어나 누군가를 붙잡으려는 움직임과 매우 유사합니다. 이렇듯 삶의 시작과 끝은 무척 닮아 있습니다. 인간은 요람에서 무덤까지 누군가의 몸과 맞닿기를 원합니다.

1980년대 말, 콜롬비아 보고타에서는 재정 곤란으로 인큐베이터가 부족했습니다. 당연히 조산아 사망률이 높아졌습니다. 의사들은 대안으로 하루에 몇 시간씩 조산아를 부모의 배 위에 눕힌 뒤 지내게 했습니다.

그 결과 조산아 사망률이 70퍼센트에서 30퍼센트로 떨어졌습니다. 그 과정에서 의사들은 아이의 체온에 맞춰 부모의 체온이 조절되는 것을 관찰했습니다. 아이 체온이 떨어지면 부모의 체온이 올라가고, 반대로 아이 체온이 올라가면 부모의 체온이 내려가는 것이었습니다.

촉각은 아이가 세상에 태어나 가장 먼저 부모의 사랑을 경험하는 방식입니다. 동물들은 더 말할 것도 없습니다. 포유류 동물의 새끼 사랑은 '핥기'입니다. 어미가 핥아주어야만 새끼는 정상적으로 자랍니다.

인간도 그렇습니다. 아이를 키우는 부모들은 핥아주고 싶다고 느낄 때가 있습니다. 왜 사랑을 하게 되면 입과 입을 맞추고 혀로 애무를 하겠습니까.

이렇듯 애착의 근원은 촉각 자극이기에 늙어 죽을 때까지 우리의 몸은 다른 몸을 원합니다. 영어의 'hug'는 정다운 포옹을 의미합니다. 원래 이 말은 스칸디나비아에서 온 것으로 '편안하게 하다' '위안을 주다'는 고대 노르웨이어 'hugga'와 동의어라고 합니다. 'hug'에는 '안아주다'는 의미 외에 소중히 여기고, 힘을 주고, 친밀하다는 뜻이 들어 있습니다.

물론 아무리 친한 사람이더라도 다투고 나면 얼굴도 쳐다보고 싶지 않을 때가 있습니다. 부부 사이라면 등을 돌리고 자거나 각방을 씁니다. 하지만 그렇게 마음이 상해 있을 때에도 우리 몸은 상대의 몸을 원합니다. 살갗과 살갗이 닿기를 바라고, 눈과 눈을 마주하기를 바라고, 손과 손을 맞잡기를 원합니다. 인간의 몸은 혼자 잘 살 수 있도록 설계되어 있지 않기 때문입니다.

우리는 접촉을 원하고 깊이 연결될수록 가장 큰 행복을 느낄 수 있게 설계되어 있습니다. 그러므로 인간에게 가장 큰 고통은 다른 사람과의 신체 접촉을 차단하는 것입니다.

혼자 살아도 아무런 불편함을 느끼지 못하는 이 시대에도, 인공지능과 사랑에 빠지는 새로운 문화를 눈앞에 두고 있는 지금에도, 우리의 몸은 여전히 누군가의 몸을 원합니다. 인간은 평생 동안 자신의 몸을 기대고, 자신의 몸과 맞닿을 다른 이의 몸을 필요로 합니다.

3

몸은
지혜의 원천입니다

1999년에 경남 창녕군에서 저는 공중보건의 생활을 했습니다. 당시 공중보건의 일곱 명이 관사생활을 했는데 일과가 끝나면 저녁 식사를 같이 했습니다. 한번씩 식당을 갔지만 대부분은 관사 앞에 모여 앉아 돼지고기를 구워 먹었습니다. 일주일에 사나흘 정도는 술과 고기를 먹었던 것 같습니다.

그런 생활이 반년 정도 되었을까요? 평생 먹은 돼지고기보다 더 많은 돼지고기를 먹은 느낌이었습니다. 고기 굽는 냄새만 맡아도 싫었습니다. 그러나 다른 사람들은 질리지도 않는지 여전히 잘 먹었습니다. 그렇다고 혼자 밥을 먹기도 뭐해서 썩 내키지 않은 육식 생활은 이어졌습니다.

그러던 어느 날 문득 생양파와 생마늘을 먹고 있는 낯선 제 모습을 발견했습니다. 살면서 처음 있는 일이었습니다. 그것은 분명 의식적 선택이 아니었습니다.

그럼, 누가 먹게 한 것일까요? 바로 몸입니다. 과도한 육식으로 불균형에 빠진 제 몸을 바로잡아 주기 위해 몸은 제 입맛을 바꿔주었습니다. 마치, 임신을 하게 되면 입맛이 저절로 바뀌는 것처럼 말이지요.

우리가 누구인지를 알려주는 '커다란 신체'

흔히 사람들은 생각을 깊이 하는 데서 지혜가 나온다고 생각합니다. 하지만 더 큰 지혜는 머리가 아니라 우리의 몸에 있습니다.

분석적인 사고를 거치지 않고 직관적으로 상황을 파악하는 감각을 '육감(六感)'이라고 이야기합니다. 이는 이성적인 감각이 아니라 동물적 감각에 가깝기에 '육감(肉感)'이라고도 할 수 있습니다. 머리가 아니라 몸으로 느끼는 것입니다. 실제 영어로 육감은 장을 뜻하는 'gut'을 넣어 'gut feeling'이라고 합니다.

우리는 장을 소화기관 정도로 보지만 장은 신체 기관 중에 뇌의 신호를 받지 않고 스스로 판단하는 독보적인 기관입니다. 장은 그 자체로 장신경계를 가지고 있으며 장에 있는 신경세포 수는 약 5천만~1억 개로 이는 척수의 신경세포와 맞먹습니다. 게다가 면역체계에 중요한 역할을 하며 20여 종 이상의 호르몬을 생산합니다.

이렇게 장은 중요한 신체기관이지만 주로 의식 수준 아래에서 작동하기 때문에 사람들은 장 감각을 잘 느끼지 못합니다. 그러나 시시각각 내외부의 상황을 감지하는 장의 감각은 섬엽을 거쳐서 우리의 감정을 형성하고 우리가 어떻게 행동할지를 안내해 줍니다.

사실 몸과 뇌 혹은 몸과 마음을 분리한다는 것은 불가능한 일입니다. 두뇌뿐 아니라 몸 전체가 거대한 신경망으로 연결되어 있는 것처럼 인간의 의식은 몸 구석구석에 뻗어 있습니다. 그렇기에 인간의 몸은 그냥 몸뚱이가 아니라 의식과 지혜를 가진 몸입니다.

철학자 니체는 『차라투스트라는 이렇게 말했다』에서 다음과 같이 이야기했습니다.

> 그러나 깨어난 자, 터득하고 있는 자는 말한다. "나는 전적으로 신체일 뿐, 그밖의 아무것도 아니며, 영혼이란 것도 신체에 깃들어 있는 그 어떤 것에 붙인 말에 불과하다"고.
> 신체는 커다란 이성이며, 하나의 의미를 지닌 다양성이고, 전쟁이자 평화, 가축의 무리이자 목자이다.

니체는 몸을 경멸하는 자들에게 정신은 작은 이성에 불과하고 신체야말로 큰 이성이라고 꾸짖듯 이야기합니다.

서양의 학문에서 오랫동안 몸은 주목받지 못했습니다. 철학자들은 인간의 정신에는 불멸성과 완전성의 지위를 부여하고, 신체에는 유한성과 불완전성의 지위를 부여했습니다.

특히 기독교의 등장 이후 신체에 대한 차별은 더욱 심해졌습니다.

신체에서 일어나는 자연스러운 욕망이나 충동은 사악한 것으로까지 취급당했습니다. 심지어 섹스는 오직 아이를 낳기 위해서만 해야 한다는 주장이 당연시되기도 했습니다.

그러한 전통에 니체는 정면으로 도전합니다. '정신'은 작은 이성에 불과하고 정신은 큰 이성을 가진 '신체'의 도구라고 본 것입니다. 놀라운 발상입니다. 물론 니체의 말에 동의하지 않을 수 있습니다.

그러나 니체가 말하는 신체는 몸뚱이를 말하는 것이 아닙니다. 니체에게 신체란 정신이나 뇌 심지어 영혼보다 더 큰 개념입니다. 사유가 있고, 감정과 감각들이 스며들어 있고, 영혼까지 깃들어 있습니다. 니체에게 몸은 몸뚱이가 아니라 '몸과 마음 그리고 영혼의 통합체'입니다.

니체는 정신과 육체, 이성과 감정을 구분하는 일체의 이분법적 인간관을 뛰어넘어 총체적 존재로서 인간의 몸을 이야기하고 있습니다. 그렇게 보면 몸에 지혜가 있다는 점도 수긍할 수 있습니다.

서양에 니체가 몸에 대한 통합적인 철학을 제시했다면 동양에는 맹자가 있습니다. 공자가 성인이 되어가는 사람을 '군자(君子)'라고 했다면, 맹자는 '대인(大人)'으로 표현했습니다. 그 상대어는 '소인(小人)'입니다. 그렇다면 누가 대인이고 누가 소인일까요?

『맹자』 고자장구상편 15절에는 맹자가 제자 공도자로부터 이 질문을 듣고 답한 이야기가 나와 있습니다.

從其大體爲大人 從其小體爲小人
종기대체위대인 종기소체위소인

그 대체(大體)를 따르는 사람은 대인이 되고,

그 소체(小體)를 따르는 사람은 소인이 되는 것이다.

맹자는 대인과 소인의 차이를 몸에서 찾습니다. 대인은 큰 몸을 따르는 사람이고, 소인은 작은 몸을 따르는 사람이라는 것입니다.

무엇이 큰 몸이고 무엇이 작은 몸일까요? 작은 몸은 눈과 귀 등 외부의 감각기관을 따르는 몸을 말합니다. 좋은 것을 보면 갖고 싶고, 맛있는 냄새가 나면 먹고 싶고, 좋은 소리가 들리면 끌리는 몸뚱이를 말합니다.

그에 비해 큰 몸은 마음이 담긴 몸을 말합니다. 맹자에게 인간의 몸은 마음과 연결되어 있어 동물처럼 쾌락에만 이끌리는 것이 아니라 욕구를 조절할 수 있고, 타인의 고통에 공감할 수 있으며, 선을 지향할 수 있다고 본 것입니다. 맹자가 말한 작은 몸은 몸과 마음이 분리된 몸뚱이를 말하고, 큰 몸은 몸 - 마음의 통합체를 말하는 것입니다.

우리의 몸은 그 자체로 의식과 지혜를 가지고 있습니다. 몸의 소리에 가만히 귀를 기울여보세요. 몸은 직감적으로 위험을 알려주어 우리를 보호하려고 하며, 우리가 누구인지를 말해 주고, 무엇을 해야 하고 하지 말아야 하며, 마음이 어지러운 상태에서도 어디로 나아가야 할지를 알려줍니다.

프랑스 심리 치유사인 기 코르노는 저서 『마음의 치유』를 통해 이렇게 이야기했습니다.

우리 몸은 우리가 자기 자신이나 인생을 대하는 전반적인 태도를 반영하는 거울이다. 우리 몸은 우리가 규칙을 위반할 때마다 불쾌함이나 뻣뻣함, 고통 등의 증상으로 우리에게 그 사실을 알려준다. 우리의 몸은 그 나름대로 지혜를 가지고 있으며, 우리에게 균형이 깨졌다는 신호를 보낸다. 질병은 우리로부터 배신당한 육체가 우리에게 대화를 요구하는 방법이라고 할 수 있다.

세 가지 수준의 몸과 마음

지혜란 '깨어 있음'입니다. 어떤 틀에 고착되지 않고 우리 몸과 마음에서 일어나는 것을 관찰하고 알아차리는 의식의 상태가 곧 지혜입니다. 이는 몸과 마음이 연결된 상태입니다.

그러므로 지혜로운 삶이란 '몸과 마음의 깨어남'을 필요로 합니다. 몸과 마음의 관계를 의식 차원에서 살펴보면 다음과 같이 나누어볼 수 있습니다.

1. 몸 수준의 의식

출생 후 유년기 동안 의식은 몸에 기반을 둡니다. 인지가 발달하지 못했기에 몸으로 느끼고 배우고 기억하고 관계 맺습니다.

여기에서 말하는 몸이란 마음의 발달을 담지 못한 몸뚱이 수준의 의식을 말하며 감각과 본능이 주를 이룹니다. 맹자가 말한 것처럼 '작은 몸'입니다. 그렇기에 기본적으로 즉흥적입니다. 생각하고 반응하는 것이 아니라 반응부터 이루어집니다.

사회적 인간은 당연히 몸 수준의 의식에 머물러서는 안 됩니다. 이성과 연결되어 조절할 필요가 있습니다. 그러므로 이성이 잘 발달하지 못하면 성인이 되어서도 몸 수준에서 반응하고 살아가게 됩니다.

2. 마음 수준의 의식

여기에서 마음 수준의 의식이란 '머리 수준의 작은 마음'을 말합니다. 즉, 마음 전체가 아니라 '몸과 마음의 연결이 약화된 머리 중심의 생각'을 말합니다.

우리는 유년기를 거치고 사회화가 되면서 이성이 발달되어 몸과 조율을 거치게 됩니다. 그러나 이 과정에서 몸과 마음에 트라우마를 입게 되거나 교육이라는 이름으로 과도한 이성이 개입되면 몸에 대한 심각한 억압과 통제가 일어납니다. 결국 이는 마음과 몸을 유리시키고, 마음은 사실상 이성에 의해 움직입니다. 몸에 기반을 두지 않고 생각하고 판단하고 행동하게 됩니다.

3. 몸-마음 수준의 의식

이는 몸에 기반을 두고 마음이 발달하여 몸과 마음이 잘 연결된 의식을 말합니다. 이때 우리 의식은 몸-마음의 통합체로서 기능합니다.

이 의식 상태에서는 '감각-감정-이성'이 조화와 균형을 이루기에 충동적으로 자동 반응하지도 않고 반대로 몸과 유리된 채 이성적으로만 행동하지 않습니다. 몸에 기반을 두고 생각하고 판단하고 행동하게 됩니다. 이 수준에서는 몸과 마음이 함께 기능하고 작용합니다.

그렇기에 이 통합된 상태를 '큰 몸'이라고 불러도 좋고, 그냥 '큰 마음'이라고 불러도 상관없습니다. 중요한 것은 몸과 마음 그리고 뇌의 통합입니다. 자기다워진다는 것은 외부로부터의 자유가 아니라 내부의 통합입니다. 몸-마음이 함께 움직이며 몸이 있는 곳에 마음이 머무르는 상태입니다.

어느 한 인간이 주체라고 한다면 그의 몸 또한 주체여야 합니다. 그렇게 되면 몸에 기반을 두고 느끼고 판단하고 행동하기 때문에 기본적으로 몸과 마음이 어긋나지 않습니다.

몸-마음이 통합체로서 움직일 때 몸은 주체가 됩니다. 다른 사람들에게 비추어지는 몸이 아니라 스스로 느끼고 삶을 만들어가는 주체로서의 몸이 됩니다.

깨달음은 몸에서부터

2015년에 저는 남미 파타고니아 지역에서 트레킹을 했습니다. 토레스 델 파이네를 걷는 동안 제 몸의 감각은 열릴 대로 열렸습니다. 하루는 가을 햇살이 소나비처럼 평원에 쏟아지던 날이었습니다. 세상이 눈부셨습니다. 길옆으로 펼쳐진 크고 작은 호수들에는 데칼코마

니처럼 또하나의 세상이 담겨 있었습니다.

길을 걷다가 한 호수 앞에 걸음이 멈췄습니다. 머리는 가자고 재촉 했지만 제 몸은 한 발짝도 움직이지 않았습니다. 이내 빨리 가야 한다는 마음조차 사라지고 시간은 멈춰버린 듯했습니다.

생각이 멈추자 '나'라는 의식도 사라져갔습니다. 저는 아주 가는 모래와 같은 입자가 되어 빛과 바람에 의해 공기 중으로 흩어지는 것 같았습니다. 경계가 허물어지고 텅 빈 느낌이 들었습니다. 그 느낌을 말로 표현하는 것은 참으로 어려웠습니다.

내가 아닌 것 같다는 낯선 느낌도 아니고, 나를 잃어버린 것 같은 상실감도 아니고, 내가 달라진 것 같은 이질감도 아니었습니다. 내가 세상과 하나가 된 느낌이라고나 할까요.

나중에서야 그 느낌을 '어디에도 내가 있고 그 어디에도 내가 없구나'라는 말로 표현할 수 있었습니다. 그 순간 깊은 영혼의 희열과 함께 나지막한 신음이 터져 나왔습니다. 태어나서 처음 경험한 '무아의 황홀경'이었습니다.

그날 이후로는 그 느낌을 다시 경험하지는 못했습니다. 그렇다고 다시 경험하려고 애쓰지 않습니다. 제 몸에는 그날의 감각이 고스란히 담겨 있기 때문입니다.

깨달은 사람들은 어떤 사람들일까요? 깨닫게 되면 몸을 초월하게 될까요? 우리는 깨달음을 얻기 위해서는 엄청난 고행을 해야 할 것처럼 생각합니다. 동굴이나 산 속으로 들어가 수십 년 동안 면벽수도를 하거나 며칠 동안 잠을 안 자고 곡기를 끊고 용맹정진을 해야 할 것처럼 생각합니다.

그러나 모든 번민에서 벗어나 해탈의 경지에 이르는 큰 깨달음도 있겠지만, 자기 자신과 인간과 삶을 바라보는 관점이 달라지는 작은 깨달음도 있게 마련입니다. 이 사회가 나 혼자 살아가는 것이 아니라 다 함께 살아가야 하는 것을 느끼는 것도 깨달음이고, 다른 사람 마음이 내 마음 같지 않다고 느끼는 것도 깨달음이고, 나 역시 인생의 고통과 불행에 예외일 수 없다고 느끼는 것 역시 깨달음입니다.

물론 또 언제 그랬냐는 듯이 의식이 후퇴할 수 있습니다. 하지만 그런 작은 깨달음이 쌓이면 우리 삶은 변화할 수 있습니다. 그렇다면 언제 이런 의식적 각성이 이루어질까요? 실제 의식적 각성은 몸의 각성 위에서 이루어질 때가 많습니다.

프레더릭 마티아스 알렉산더는 '알렉산더 테크닉'이라는 심신통합 프로그램을 개발한 인물입니다. 그로부터 직접 훈련을 받고 신체 자각 능력이 향상된 『멋진 신세계』의 작가 올더스 헉슬리는 그 효과를 이렇게 이야기한 바 있습니다.

> 신체 의식(body awareness)의 증진은 인간의 의지로 이루어낸 결과이고, 이런 식으로 하다 보면 모든 차원에서 의식의 증진이 이루어진다.

이 프로그램을 개발한 알렉산더는 셰익스피어 낭독을 전문으로 하는 낭송가 겸 연극배우로 활동했습니다. 그런데 어느 날부터 목소리가 잘 나오지 않았습니다. 그는 자신의 발성 패턴과 움직임을 계속해서 관찰하게 되었고 목소리가 잘 나오지 않는 원인이 좋지 못한 습관적 자세와 불필요한 긴장에서 비롯됨을 깨닫게 되었습니다.

알렉산더는 결과를 얻으려고 서두르는 습관을 멈추고, 몸을 의식적으로 관찰했습니다. 이를 통해 자신이 매 순간 무엇을 하고 있는지를 자각할 수 있게 되었고, 인간이 어떻게 움직이도록 설계되었고, 어떻게 몸과 마음이 연결되어 존재할 수 있는지에 대한 깊은 통찰을 얻었습니다.

이렇듯 몸은 초월의 대상이 아니라 의식을 확장하는 토대이며 깨달음의 통로입니다.

우리가 잘 아는 석가모니는 깨달음을 얻기 위해 아내와 어린 아들을 두고 출가를 합니다. 여러 스승을 만났지만 깨달음을 얻지 못했고 마지막으로 목숨을 건 '고행(苦行)'을 택합니다. 몸을 깨달음의 방해물로 보고 깨달음을 얻기 위해 스스로 몸에 고통을 주며 수행을 한 것입니다.

초기 경전에는 당시 수행이 얼마나 처절했는지 기록돼 있습니다. "하루에 곡식 한 톨, 물 한 그릇만 먹었다. 나의 엉덩이는 낙타의 발처럼 말랐다. 손으로 뱃가죽을 만지면 등뼈가 잡혔고, 손으로 등을 만지면 뱃가죽이 잡혔다"라고 기록되어 있을 정도였습니다.

그러나 6년의 고행에도 깨달음에 이르지 못했습니다. 뼈만 남은 그는 한 걸음도 제대로 걸을 수 없었습니다. 그 끝에 석가모니가 깨달은 것은 허약하기 이를 데 없어진 몸으로는 결코 깨달음을 얻을 수 없다는 것이었습니다.

그는 한 여인이 주는 유미죽을 먹고 몸을 회복합니다. 그리고 자신의 인생에서 선정의 기쁨에 차올랐던 어린 시절을 떠올리게 됩니다. 왕궁에 살던 10대 시절에 궁궐 밖에서 생로병사를 보며 잠부나무 아래에서 명상에 잠겼던 기억입니다.

당시 선정에 이르게 된 출발점은 호흡에 집중하는 것이었습니다. 석가모니는 강가의 보리수나무 아래에서 들숨과 날숨의 드나듦에 집중하기 시작했고 마침내 완전한 깨달음에 도달합니다. 석가모니는 몸을 초월한 것이 아니라 몸에 기반을 두고 깨달음에 이른 것입니다.

이렇게 석가모니의 깨달음 과정을 체계화시킨 게 사념처(四念處) 수행입니다. 사념처, 즉 '신수심법(身受心法)'의 네 가지에 집중하며 관찰하는데 그 첫 번째 집중의 대상이 바로 '몸'입니다. 몸에 주의를 기울여 특정 부분이나 호흡을 관찰하되 그저 있는 그대로 몸의 감각을 느끼는 것입니다.

이렇게 몸부터 시작해서 분별없는 알아차림이 지속되면 결국 진리가 드러나고 깨달음에 이르게 된다는 것이 부처의 가르침입니다. 초기불교 경전 『앙굿따라 니까야』에는 다음과 같은 이야기가 소개되어 있습니다.

비구들이여, 하나의 법이 있어, 그것을 닦고 많이 공부하면 절대적인 역겨움, 탐욕의 빛바램, 소멸, 고요함, 최상의 지혜, 깨달음, 열반을 얻게 한다. 무엇이 그 하나의 법인가? 몸에 대한 마음챙김이다.

4

내 몸은
내 건강의 주체입니다

공무원인 은영 씨는 건강관리에 무척 신경을 씁니다. 미숙아로 태어나 인큐베이터 신세를 졌고, 어릴 때부터 몸이 자주 아팠습니다. 어머니는 그런 그녀를 늘 걱정하고 과보호했습니다. 위생을 강조했고, 밖에 나가 노는 것도 자제시켰습니다. 아이들이 좋아하는 인스턴트 식품도 잘 먹지 못하게 했으며, 조금만 아파도 병원에 데리고 갔습니다. 오죽하면 그녀가 생일날 가장 먹고 싶은 음식이 바로 컵라면이었습니다.

어릴 때는 그런 엄마가 싫었습니다. 하지만 어른이 돼서는 고스란히 엄마를 따라 하고 삽니다. 유기농 재료로만 음식을 만들고, 각종 영양제를 챙겨 먹고, 조금만 몸이 이상한 것 같아도 병원에 가서 검사를 하고 치료를 합니다. 근무시간 중에 자꾸 병원을 가고 몸이 안 좋다는 이야기를 달고 살기에 동료들은 은영 씨를 싫어합니다. 건강에 유난을 떠는 것처럼 보여서입니다.

물론 몸에 주의를 기울여야 하지만 몸에 지나치게 신경을 쓰는 것은 건강에 해가 됩니다. 걱정이 병을 만든다는 말은 괜한 말이 아닙니다. 지나친 걱정은 정상적인 생리 현상이나 일반적인 신체감각을 자꾸 병적인 증상으로 해석하고 증폭시킵니다.

건강염려증처럼 몸에 지나치게 신경을 쓰는 사람들은 몸을 느끼며 더불어 살아가는 것이 아닙니다. 이들은 몸의 감각을 잘 느끼는 것이 아니라 몸에 대해 많은 생각을 하고 살아갑니다. 이들에게 몸은 자신의 건강을 책임지는 주체가 아니라 늘 전문가로부터 점검받고 치료받아야 할 대상에 불과합니다.

질병은
정말 해로운 것일까요?

얼마 전부터 급증하고 있는 감염성 질환이 있습니다. 특히 2~30대의 청장년층에서 크게 늘고 있습니다. 바로 A형 간염입니다. 그런데 왜 A형 간염이 늘어났을까요? 역설적이지만 깨끗한 위생 환경이 그 원인 중 하나입니다.

40대 이상의 성인은 상대적으로 불량한 위생 환경에서 자랐기에 대부분 어린 시절에 이 바이러스에 노출되었습니다. 다만 어릴 때

A형 간염에 걸리면 가볍게 앓고 항체가 만들어집니다. 그런데 지금 2~30대는 깨끗한 환경에서 자라다 보니 '공짜 항체'를 가질 감염 기회가 없었습니다. 결국 나이 들어 오염된 음식물이나 환경에 접촉하게 되면 쉽게 감염이 되고 심한 증상을 보입니다.

위생적인 환경이 오히려 면역력을 떨어뜨려 질병을 일으키게 된 것입니다. 물론, 2015년부터는 국가 무료 예방접종 항목에 들어갔기 때문에 이후 출생자들은 항체를 가지고 있습니다.

예방접종은 인류의 건강을 혁신적으로 바꿔놓았지만 그렇다고 모든 감염성 질환에 대해 예방접종을 할 수는 없습니다. 예방접종만큼 중요한 것은 병원균과 싸우면서 우리 몸이 가지고 있는 고유의 면역력을 높이는 것입니다.

그런 관점에서 살펴보면 우리는 몸이 아픈 것에 대해 다르게 바라볼 수 있습니다. 몸이 아파야 면역력 또한 단련되기 때문입니다. 좌절을 겪어야 좌절에 강해질 수 있는 것과 같습니다. 물론 자연치유력만을 강조하고 병원 치료나 약물을 거부하는 극단적인 태도는 조심해야 합니다. 하지만 몸이 아픈 것을 꼭 제거해야 하거나 안 좋은 것으로만 여기는 관점 역시 경계해야 합니다.

지나치지만 않는다면 몸이 아픈 것은 몸이 강해지는 과정입니다. 특히 어린 시절의 감염과 질병은 면역체계를 활성화시키고 발달시키는 트레이닝캠프라고 볼 수 있습니다.

실제 독일 하이델베르크의 암 연구센터 울리히 아벨(Ulrich Abel) 팀에 의하면 지난 5년 동안 감기나 독감에 한 번도 걸려본 적이 없는 사람이 1년에 평균 3회 정도 감기에 걸린 사람보다 암에 걸릴 확률이 4~6배나 높다고 합니다. 병균이 없는 환경이나 질병이 없는 생활이 좋은 것이 아니라 오히려 면역력을 약화시키고 인간의 건강을 위협할 수 있다는 것입니다.

'흙 먹고 자란 아이가 건강하다'거나 '어릴 때 자주 아픈 아이들이 나중에 오래 산다'는 옛말도 있습니다. 질병에 대해 무조건 해롭게 바라보거나 건강에 반대되는 개념으로 생각하는 것에서 벗어나야 합니다.

우리는 '예외적인 환자'가 되어야 합니다

외과 의사인 버니 시걸은 『사랑＋의술＝기적』이라는 책에서 오랜 임상 경험을 바탕으로 암 진단을 받은 사람들을 세 부류로 나누었습니다.

첫 번째 그룹은 암 환자의 15~20퍼센트입니다. 이들은 무의식적으로 혹은 의식적으로 죽기를 원합니다. 암 때문에 절망에 빠져서이기도 하지만 어쩌면 그전부터 삶에 대한 애착이 별로 없었을지도 모릅니다. 그렇기에 이들은 생활 습관을 바꾸는 것은 물론, 병원에서 하자고 하는 치료조차 잘 받지 않습니다.

두 번째 그룹은 60~70퍼센트의 사람들입니다. 이들은 전형적인 환자 그룹에 해당합니다. 이들은 큰 충격을 받지만 이내 의료진의 지시에 순응합니다. 치료 스케줄에 잘 따르고 하라는 대로 합니다.

마지막으로 세 번째 그룹이 있습니다. 약 15~20퍼센트의 환자들입니다. 이들은 환자이면서 동시에 치료자가 됩니다. 이들은 단순히 의료 소비자에 머무르지 않고 치료에 주체적으로 참여합니다.

이들이 건강의 주체가 되는 것은 자신의 몸을 스스로 돌보지 못했던 지난 시간에 대한 반성에서 시작합니다. 몸에 대해 진심으로 미안함을 느끼고 몸이 얼마나 소중한지를 자각하기 때문입니다. 비록 늦었지만 몸의 소리에 귀를 기울이고, 질병과 치유에 대해 공부를 하고, 공기가 좋은 곳으로 이사를 가고, 식단을 바꾸고, 운동을 하고, 마음의 평화를 얻기 위해 노력합니다.

시걸은 이들을 '예외적인 암 환자들(exceptional cancer patients)'라고 불렀습니다. 이 세 그룹 중에서 어떤 그룹이 가장 생존율이 높았을까요? 말할 필요도 없을 것입니다.

현대사회로 오면서 전문가와 비전문가의 구분은 점점 명확해지고 전문적인 영역은 더욱더 세분화되어 갑니다. 우리는 어떤 일이 생기면 그 문제에 특화된 전문가를 찾게 됩니다. 법적인 문제가 생기면 변호사를 만나고, 아이 공부를 위해서 학원을 보내고, 상담이 필요하면 상담가를 만나고, 집을 짓기 위해 건축가를 만납니다. 그렇기에 건강과 관련된 문제는 당연히 의료인을 만납니다.

현대사회에서 각종 전문가들은 특화된 전문성을 위해 많은 노력과 시간을 투자하지만, 자격을 엄격히 제한하고 지식을 독점하고 그들만의 용어를 사용하며 배타적 위치를 독점해 갑니다. 그렇기에 전문가는 그 분야의 해결사가 되고 개인은 의뢰인으로 전락하게 됩니다. 자신의 문제를 전적으로 전문가에 의존하고 스스로 문제 해결의 과정에서 소외를 자처합니다.

가장 심각한 분야가 바로 의료 분야입니다. 우리는 조금이라도 아프면 자신이 건강의 주체라는 사실을 잊은 채 왜 아프게 되었는지, 무엇을 해야 하는지 잘 살펴보지 않고 건강 문제의 해결을 모두 의료인에게 맡깁니다. 대부분의 의료인들은 자신의 지시에 순응하고 환자 역할에 충실한 사람들을 좋아합니다. 예외적인 환자들을 싫어합니다.

그러나 건강의 주체가 되려면 예외적인 환자가 되어야 합니다. 그것은 의료인의 지시를 따르지 말라는 것도 아니고, 자연 치유에 매달리라는 것이 아닙니다. 질병과 그 치료 과정을 단지 의료인에게 자신을 내맡기는 의존적 경험으로 여길 것이 아니라 자신의 생활을 되돌아보며 몸과 마음의 조화와 균형을 회복할 기회로 삼는 것입니다.

몸 안의 치유력을
깨우기 위하여

건강의 주체가 된다는 것은 무엇을 말할까요? 그 핵심은 몸을 건강의 주체로 인식하고 존중하는 것입니다. 이렇게 이야기하면 많은 이들은 '자기 몸을 소중하게 생각하지 않는 사람이 어디 있어'라고 하지만 실제로 정말 많습니다.

그냥 몸에 좋다는 음식이나 약을 많이 먹고, 열심히 운동한다고 몸을 존중하는 것이 아닙니다. 평소에 몸의 소리에 귀를 기울이지 못하고 몸을 느끼지 않고 살아간다면 몸을 존중한다고 할 수 없습니다. 질병에 걸렸을 때조차 해로운 생활 습관을 방치한 채 병원에만 열심히 다닌다면 몸을 돌본다고 할 수 없습니다. 건강한 몸에 초점을 두지 않고 예쁘고 멋있는 몸을 만드는 것에 초점을 두고 있다면 이 역시 건강의 주체라고 할 수 없습니다. 우리의 몸은 하나의 역동적인 자기보호 시스템입니다.

갑작스럽게 발생한 외상사고를 제외하면 치유란 본질적으로 의사나 약물에 의해 이루어지는 것이 아니라 우리 자신에 의해 이루어집니다. 그리고 그 치유력의 핵심은 몸입니다.

실제 우리 몸 안에는 건강을 지켜주는 수많은 보호 장치와 프로그램이 내장되어 있습니다. 예를 들어 우리 몸은 해로운 독소로부터 우리를 보호하는 해독 시스템이 있으며 간, 폐, 장은 이를 담당하는 대표적 기관입니다. 만일 간이 해독할 수 있는 양보다 더 많은 술을 마시게 되면 토하게 됩니다. 해독 시스템이 작동하는 것이지요. 그것은 머리가 시키는 것이 아니라 몸이 먼저 느끼고 반사적으로 반응하는 것입니다.

그러나 만일 그 신호를 계속 무시하면 어떻게 될까요? 음주량을 초과해서 토하는데도 반복해서 과음을 하게 되면 우리 몸의 보호 장치는 잘 작동하지 않습니다. 나중에는 아무리 마셔도 잘 토하지 않는 상태가 됩니다. 어떤 사람들은 이를 좋아합니다. 술이 세졌다고 생각합니다. 하지만 그것은 술이 세진 것이 아니라 몸의 보호 장치가 고장 났다는 사실을 의미합니다.

많은 질병이 그렇습니다. 몸의 경고 증상을 무시하다가 결국 몸의 자기보호 시스템이 무너진 결과가 질병입니다. 그런데도 사람들은 병이 나면 몸을 원망합니다. 열심히 살아가야 할 때에 왜 몸이 자기 말을 안 듣냐며 화를 냅니다. 배신감을 느끼는 사람들도 있습니다.

하지만 생각해 보세요. 몸은 지금까지 우리가 시키는 대로 군말 없이 헌신해 왔습니다. 우리가 몸에 전혀 신경을 쓰지 않고 오히려 잠을 안 재우고, 휴식을 취하지 않고, 몸에 해로운 음식을 주어도 묵묵히 우리를 위해 일해 왔습니다. 그리고 병이 나기 전에도 여러 신체 증상을 통해 자신의 이야기를 들어달라고 하소연을 했습니다. 병이 난 뒤로도 몸은 어떻게든 우리를 살려보겠다고 고군분투하고 있습니다.

몸이 우리를 배신한 것이 아니라 우리가 몸을 배신해 온 것입니다. 몸은 늘 우리를 돌봐주었고 우리 곁에 있어 주었습니다. 몸은 끝까지 내 편입니다.

질병은 몸의 배신이 아니라 몸의 비명입니다. 제발 몸의 소리에 제대로 귀를 기울여달라고 애원하는 것입니다. 그 해결을 의료인에게만 맡겨서는 안 됩니다. 우리 자신이 그 이야기를 들어주어야 합니다.

그 시작은 몸과 친해지고 몸을 자각하는 것입니다. 껍데기로 살아가는 몸은 치유력이 없습니다. 치료의 대상에 불과한 몸 역시 치유력이 없습니다. 존중받는 몸, 자각된 몸일수록 더욱 치유력을 발휘합니다. 삶의 시작부터 나와 함께 살아오고, 나를 위해 헌신해 온 내 몸에게 따뜻한 주의를 기울이고 몸이 내게 건네는 이야기에 귀

기울여야 합니다.

이 시대의 영성가인 에크하르트 톨레는 이렇게 이야기합니다.

> 당신이 몸에 대해 많이 인지할수록 면역 체계는 강해집니다. 마치 세포가 모두 활성화되는 것처럼 말이죠. 당신이 몸의 느낌에 주의 할수록 매우 강력한 자아 치료 시스템이 작동합니다. 당신이 몸 안에 주둔하지 않으면 질병이 어느새 빈틈을 타고 공격해 들어오게 되죠. 주인 없는 집에 환영받지 못하는 '손님'이 침입하기 쉬운 것처럼 말입니다. 몸을 인지할수록 신체뿐만 아니라 정신의 면역 체계도 강화됩니다.

5

내 삶의
지휘자로 살아갑니다

사람은 습관의 동물입니다. 우리는 많은 것을 매순간 스스로 선택하고 행동한다고 생각하지만 그것은 착각입니다. 우리는 단지 습관적으로 생각하고 습관적으로 행동합니다. 몸 역시 마찬가지입니다. 우리 마음처럼 몸도 습관의 덩어리입니다. 우리는 매일 90퍼센트 이상을 습관적으로 생활하고 자동적으로 반응합니다.

질병의 중요한 원인은 몸의 균형이 점진적으로 깨지고, 교정되지 못한 채 굳어버린 잘못된 생활 습관입니다. 몸을 느끼는 것이 아니라 몸을 느끼지 않는 것이 우리의 습관입니다. 느끼지 못했기 때문에 제대로 돌볼 수도 없었습니다. 건강을 위해 우리에게 필요한 것은 아주 간명합니다. 다시 몸을 느끼는 것입니다.

순간순간
생각과 행동을 관찰합니다

좋은 습관이 중요하다는 것을 모르는 사람은 없습니다. 그러나 왜 좋은 습관으로 바꾸지 못하는 것일까요? 좋은 습관을 만드는 것은 힘이 들고, 안 좋은 습관은 애쓰지 않아도 잘 만들어지기 때문입니다. 일찍 일어나는 것, 바른 자세로 앉는 것, 방을 치우는 것은 습관이 되기 어렵습니다. 반면 늦게 일어나는 것, 드러눕는 것, 방을 어지르는 것은 습관이 되기 쉽습니다.

습관은 '자동 반복'의 기능을 가지고 있기에 잠시 의식하지 않고 애쓰지 않으면 습관적 사고와 행위는 어김없이 나타납니다. 만일 당신이 퇴근하고 집에 오면 아무데나 옷을 벗어던지고 소파에 누워서 TV를 본다고 해봅시다. 나중에는 그것이 잘못된 자세나 행동이라고 생각나지도 않습니다. 편안하기 때문에 반복되기 쉽습니다.

이러한 잘못된 습관에서 벗어날 수 있는 방법은 딱 하나입니다. 깨어 있는 것입니다. 의식하고 알아차리는 것입니다.

깨어나는 것은 생각하는 것이 아닙니다. 오히려 생각에 끌려가지 않는 알아차림이 필요합니다. 순간순간 몸에 주의를 기울이는 바디풀니스의 상태가 바로 몸의 깨어남을 말합니다.

몸이 깨어나면 이는 마음의 깨어남으로 이어집니다. 내 몸뿐 아니라 생각과 행동을 관찰하는 '주시자(watcher)'가 생겨납니다. 몸의 감각과 움직임을 알아차리는 것은 물론 내가 어떤 생각을 하고 어떻게 느끼고 어떻게 행동하는지를 점점 더 잘 알아차리게 됩니다.

더 나아가 내가 무엇을 원하고 내 삶에 무엇이 중요한지를 염두하며 살아가게 됩니다. 이는 자연스럽게 습관적 반응을 줄이고 의식적 반응을 늘립니다.

몸이 깨어나면 삶이 깨어납니다. 틀에 갇힌 습관적 삶에서 삶의 변화를 이끌어가는 지휘자가 만들어지는 것입니다.

습관의 변화는 마치 장기적인 전쟁과 같습니다. 낡은 것과 새로운 것의 전쟁입니다. 이 전쟁은 수많은 전투로 이루어집니다. 그 모든 전투에서 승리하는 것은 애초부터 불가능한 일입니다. 그 수많은 전투들을 통해 배울 수 있어야 우리는 전쟁에서 승리할 수 있습니다.

그렇기에 개별 전투에서 지더라도 장수를 잃어서는 안 됩니다. 지휘관을 지켜야 합니다. 몸챙김을 통해 내 안에 자리 잡은 주시자를 보호해야 합니다.

습관에서 벗어나려면 시간이 필요합니다. 눈앞의 편안함과 만족을 추구하려는 습관의 힘에 맞서려면 치밀하고 정교해져야 합니다. 그 과정에서 안 좋은 습관 하나가 무너지고 좋은 습관 하나가 뿌리를 내리게 되면 그것이 바로 삶의 변화를 이끄는 핵이 됩니다.

지금 내가
할 수 있는 일부터 꾸준히

아직도 지구에는 많은 원시 부족이 살아갑니다. 이 부족에게는 없는 질병이 있습니다. 바로 문명병입니다. 이 문명병을 가리켜 '불일치 질환(mismatch disorder)'이라고도 표현합니다. 인간의 몸과 환경이 서로 맞지 않아 생기는 현대인의 질병을 말하는 것입니다.

실제 원시 부족을 집중 연구한 결과를 보면 천식이나 자가면역질환은 거의 발견되지 않습니다.

진화의학자들은 인간의 유전자와 몸은 여전히 구석기시대에 맞춰져 있다고 봅니다. 그럴 수밖에 없는 이유는 공동 조상까지 올라가면 인간은 약 5백만 년 가깝게 수렵 채집 생활을 했고, 최근 1만 년 들어 정착 생활을 하고 있기 때문입니다. 그렇기에 우리 유전자에는 5백만 년 동안의 인류의 생활사가 저장되어 있는 셈입니다.

우리 몸은 하루에 10킬로미터 이상을 움직이고, 육류와 과일, 채소류를 섭취하며, 자연 속에서 생활하는 데 적합하다는 것입니다.

그러나 정작 우리의 환경은 어떤가요? 하루 종일 앉아서 지내고, 과도한 탄수화물을 섭취하며, 콘크리트 숲속에서 땅 한번 밟지 않고 살아갑니다. 그렇기에 우리 몸은 탈이 날 수밖에 없습니다.

이러한 불일치 질환은 비전염성 만성질환입니다. 대표적으로 비만, 근시, 2형 당뇨병, 디스크, 위식도 역류, 평발, 고혈압 등을 들 수 있습니다. 정신질환도 예외가 아닙니다. 우울증, 불안증, 주의력결핍증, 식이장애 등도 문명이 낳은 질환입니다.

사실 불일치 질환의 치유는 간단합니다. 약을 먹는 것보다 몸에 맞는 생활습관과 환경으로 바꾸는 것입니다. 그렇다고 우리 모두 구석기시대의 수렵 채집 생활 방식으로 돌아갈 수는 없습니다.

다만 할 수 있는 것부터 하나씩 바꿔가자는 것입니다. 아파트 안에서 화분을 키우고, 일상생활에서 좀더 몸을 움직이며, 식기를 작은 것으로 바꾸고, 채소와 과일 섭취를 늘려가자는 것입니다. 각자의 상황에 따라 유연하게 말입니다.

우리에게 필요한 것은 삶의 혁명이 아닙니다. 일상의 작은 변화입니다. 몸을 느끼지 못하고 생활하다가도 한 번씩 몸에 주의를 기울여 몸을 느끼고, 내가 할 수 있는 만큼 몸을 돌보는 것입니다. 수없이 넘어지고 또 넘어져도 다시 일어나 아장아장 걸었던 내 몸의 역사처럼 서두르지도 말고, 멈추지도 말고, 꾸준히!

깨어나십시오

책을 쓰면서 미래에는 인간의 몸이 어떤 변화를 겪을지 몹시 궁금해졌습니다. 우리 후손들의 모습은 어떻게 변할까요?

미래 인간의 모습을 그려보다가 문득 1982년에 제작된 〈E.T.〉라는 영화가 떠올랐습니다. 영화 속 외계인 E.T.는 거북이처럼 긴 목, 큰 머리와 눈, 털 없는 피부, 긴 손가락, 그리고 짧은 발과 왜소한 몸통을 가지고 있습니다. 그 상상력이 어디에서 나왔을까요?

어쩌면 E.T.야말로 외계인이 아니라 미래 인간의 모습일 수도 있겠다는 생각이 들었습니다. 점점 우리가 몸을 움직이지 않고, 실내에서 머리로만 살아가다 보면 그렇게 될 수 있지 않을까요? 마치 손쉬운 먹이 사냥 때문에 날개가 사라져버린 키위새처럼 말이지요.

그러나 이는 편안함을 쫓고 습관대로 살아가는 것이 인간의 본성이라고 가정했을 때의 이야기입니다. 만약 역사학자 토인비가 말한 것처럼, 인간의 역사가 '도전과 응전'이라면 우리는 위기에 맞서 새로운 변화를 일궈낼 것입니다.

그 진정한 출발은 몸의 깨어남에서 비롯됩니다. 인간의 몸에는 도전과 응전의 역사가 깊이 새겨져 있으며, 우리의 몸에는 균형과 조화를 유지하려는 역동적인 항상성이 내재되어 있기 때문입니다.

가톨릭의 영적 스승이라고 불리는 토마스 머튼은 젊은 사제들에게 이런 말을 남겼다고 합니다.

"영적인 삶을 살기 이전에 네 삶을 살아라."

영적인 삶을 살기 위한 가장 기본적인 토대는 일단 자신의 삶을 잘 사는 데서 시작한다는 의미일 것입니다. 자신에게 기반을 두지 않는 삶이란 그 뜻과 정신이 아무리 숭고하고 아름다워도 의미가 없고 계속 이어갈 수가 없습니다. 저는 그 말을 살짝 바꿔 이렇게 이야기하고 싶습니다.

"영적인 삶을 살기 이전에 네 몸을 깨워라."

고요한 마음, 좋은 관계, 행복한 삶, 그리고 아름다운 영혼 역시 모두 몸에 바탕을 두고 이루어집니다. 몸을 초월해야 이루어지는 것이 아니라 몸에 뿌리를 두어야 지속 가능합니다. 몸을 배제한 삶은 뿌리 없는 식물과 같습니다. 영양분을 빨아들일 수 없으며 열매를 맺을 수 없습니다.

원하는 유전자를 편집한 맞춤형 아기가 태어나고, 인간과 로봇의 융합을 앞두고 있는 하이테크의 시대에 몸을 존중하고 몸과 함께 살아가자는 이야기가 너무나 진부하게 들릴지 모릅니다.

그러나 인공지능처럼 인간의 의식이 수식에 의한 연산처리 방식으로 작동하는 것일까요? 정말 자동차처럼 인공장기를 바꿔 끼우면 계속 건강하게 살 수 있을까요? 인간의 몸과 장기는 단순한 부품이 아니며, 인간의 의식 세계는 수식이나 확률로 처리할 수 없을 만큼 광활합니다.

우리가 공부를 하면 할수록 모르는 것이 더욱 많아지는 것처럼 과학기술의 발달은 그 의도와 상관없이 생명의 신비를 정복하는 쪽이 아니라 더 드러내는 쪽으로 나아갈 것입니다.

그러나 이 시대에 가장 중요한 변화는 기술의 도약이 아니라 인간의 도약이 될는지 모릅니다. 기술이 기술을 만들어내는 이 대격변의 시대에 인간 역시 전례 없는 변화를 앞두고 있습니다. 그냥 시키는 일만을 열심히 하는 인간은 도태되고, 의식적으로 깨어 있는 창의적 인간만이 살아갈 수 있는 시대가 온 것입니다.

지금 이 순간에도 시대의 변화와 함께 의식은 진화하고 있으며, 옛 인간과 새 인간을 구분하는 시금석은 바로 몸의 깨어남이 될 것입니다. 깨어나십시오.

2019년 가을
문요한

부록

2주일간의 몸챙김 훈련

독일의 철학자 페터 슬로터다이크(Peter Sloterdijk)는 인간을 '연습하는 생명체'라고 명명한 바 있습니다.

몸과 함께 살아가는 것은 결심으로 가능한 일이 아닙니다. 몸을 의식하지 않는 습관은 너무나 깊기 때문에 우리는 몸을 재교육해야 합니다. 일상에서 몸 자각을 위해 실천에 실천을 거듭해야 합니다.

이를 위해서 2주 동안 몸을 느끼면서 하루를 시작하고, 몸을 느끼면서 하루를 보내는 집중연습을 할 것입니다.

물론 2주라는 시간은 습관을 형성하기에는 부족한 시간입니다. 하지만 당신이 진정성을 가지고 몸의 주체로 살아가려는 의지와 함께 다음과 같은 지침을 2주 동안 실천한다면 몸챙김의 효과를 느낄 수 있을 것입니다. 그리고 이를 발판 삼아 그 다음 단계까지 걸어갈 수 있을 것입니다.

이제 2주 동안 몸을 깨워봅시다. 다음 열 가지 실천 지침을 가지고 몸에 주의를 기울여봅시다.

몸챙김 ① 몸을 느끼며 잠들고, 몸을 느끼며 일어납니다

잠자리에 누워 팔다리와 몸통에 잔뜩 힘을 주고 척추를 늘렸다가 셋을 센 다음, 그대로 힘을 빼고 몸을 내려놓습니다.

이는 활성 모드에서 수면 모드로 들어가겠다는 이완의 스위치입니다. 그리고 잠이 들 때까지 누워서 호흡에 주의를 기울이거나 부위별로 몸을 느끼는 바디스캔을 합니다.

일어날 때에는 팔다리를 쭉 펴서 기지개를 켜고 일어납니다. 이 역시 수면 모드에서 활성 모드로 다시 스위치를 켜는 상징적인 신호입니다.

몸챙김 ② 자리에서 일어나 몸에게 말을 겁니다

"안녕" "오늘은 어때?" 정도로 간단한 인사를 합니다. 이때 잠시 몸에 주의를 기울이고 몸이 나에게 하고 싶은 말이 있는지 들어봅니다.

몸챙김 ③ 몸을 느끼며 씻습니다

세수나 양치질, 그리고 샤워를 할 때 물이나 비누가 닿는 몸의 촉각에 주의를 기울이고, 이를 닦을 때 칫솔이 닿는 구강의 느낌과 팔과 관절의 움직임에 주의를 기울여봅니다. 때때로 안 쓰는 손으로 이를 닦거나 세수를 해봅니다. 거울을 볼 때는 눈을 바라보며 미소를 짓습니다.

몸챙김 ④ 온몸으로 식사합니다

하루에 한 끼는 시간이 돼서가 아니라 배고픔의 정도에 따라 식사를 시작하고 멈춰봅니다. 앞에 소개된 배고픔 지수를 보고 몇 점에서 식사를 시작했고 몇 점에서 끝냈는지 점수를 매겨봅니다. 식사 중에는 혀뿐 아니라 몸으로 음식의 뒷맛을 느껴봅니다.

몸챙김 ⑤ 하루 100보 몸챙김 걷기를 합니다

발바닥의 느낌에 주목합니다. 발뒤꿈치가 땅에 닿고 발가락이 땅을 누르고 떨어지는 그 감각에 주의를 기울이며 걷습니다. 땅을 큰 종이라고 생각하고 발로 물감을 묻혀 발 도장을 찍는다고 상상해봅니다. 마음속으로 '하나, 둘' 혹은 '오른 발, 왼발' 하며 구호를 붙이며 걸어도 좋습니다.

몸챙김 ⑥ 하루에 2분 바른 자세로 앉습니다

의자에 앉아 있는 동안은 틈틈이 자세에 주의를 기울입니다. 그리고 하루에 한 번씩은 2분가량 바른 자세로 앉아 호흡이나 몸의 감각에 집중합니다. 일어나고 앉을 때 가능한 천천히 일어나고 앉으면서 몸의 연결된 움직임을 느껴봅니다.

몸챙김 ⑦ 몸의 요구에 귀 기울입니다

갈증이 느껴질 때 물을 마시고, 몸이 답답하다고 할 때 자세를 바꾸고, 화장실을 가고 싶을 때 화장실에 갑니다.

몸챙김 ⑧ 활동 중에 멈추거나 속도를 늦춰봅니다

일률적인 속도로 움직이는 것이 아니라 몸 자각을 위해 몸의 속도를 늦춰봅니다. 천천히 걷기, 천천히 씻기, 느리게 말하기, 천천히 일어서기, 천천히 먹기 등 일상 활동의 속도를 늦추고 주의를 몸으로 돌려 지금 이 순간 몸은 이 경험에 어떻게 참여하고 있는지를 느껴봅니다.

몸챙김 ⑨ 상대와 대화할 때 몸의 감각에 주의를 기울여봅니다

상대의 이야기를 들을 때 내 몸 안에서 어떤 느낌이 일어나는지를 살펴봅니다.

몸챙김 ⑩ 몸챙김이 잘 이루어지지 않는 것에 대해 자책하지 않습니다

잊어버리거나 주의가 분산되는 것은 너무나 자연스러운 일입니다. 중요한 것은 잊어버렸거나 흩어지고 있음을 알아차리는 것입니다. 알아차리는 순간 우리는 다시 시작할 수 있습니다. 마음은 몸을 떠날 수 있고, 우리는 다시 마음을 몸으로 머물게 할 수 있습니다.

이제 몸을 챙깁니다

초판 1쇄 2019년 11월 15일
초판 9쇄 2024년 1월 25일

지은이 | 문요한
펴낸이 | 송영석

주간 | 이혜진
편집장 | 박신애 **기획편집** | 최예은 · 조아혜
디자인 | 박윤정 · 유보람
마케팅 | 김유종 · 한승민
관리 | 송우석 · 전지연 · 채경민

펴낸곳 | (株)해냄출판사
등록번호 | 제10-229호
등록일자 | 1988년 5월 11일(설립일자 | 1983년 6월 24일)

04042 서울시 마포구 잔다리로 30 해냄빌딩 5 · 6층
대표전화 | 326-1600 **팩스** | 326-1624
홈페이지 | www.hainaim.com

ISBN 978-89-6574-978-3